CB127948

elefante

elefante

CONSELHO EDITORIAL
Bianca Oliveira
João Peres
Tadeu Breda

EDIÇÃO
Tadeu Breda

ASSISTÊNCIA DE EDIÇÃO
Luiza Brandino

PREPARAÇÃO
Isa Paula Morais

REVISÃO
Mariana Brito
Laura Massunari

CAPA
Estúdio Alles Blau

ILUSTRAÇÃO
Amanda Mijangos

DIREÇÃO DE ARTE
Bianca Oliveira

DIAGRAMAÇÃO
Victor Prado

CORPOS, TERRITÓRIOS E FEMINISMOS

Compilação latino-americana
de teorias, metodologias
e práticas políticas

ORGANIZAÇÃO
Delmy Tania Cruz Hernández
Manuel Bayón Jiménez

TRADUÇÃO
Joana Emmerick Seabra
Joana Salém Vasconcelos
Lina P. Machado Magalhães
Manuela M. M. Silveira
Sislene Costa da Silva

PARTE I

PERSPECTIVAS POLÍTICO-TEÓRICAS

PARTE II

PROPOSTAS E APLICAÇÕES METODOLÓGICAS

PARTE III

DIÁLOGOS

Dedicamos esta edição à nossa querida e valente companheira Walda Barrios-Klee, que, de forma insistente, alegre e criativa, abriu caminhos para as lutas feministas em Nossa América.

NOTA DAS TRADUTORAS

Joana Emmerick Seabra
Joana Salém Vasconcelos
Lina P. Machado Magalhães
Manuela M. M. Silveira
Sislene Costa da Silva

Este trabalho de tradução respeita a escolha e a proposta da presente obra por uma (re)existência coletiva. Assim, movidas pela convicção da importância do trabalho coletivo, nos (re)encontramos: somos cinco mulheres cujos caminhos se entrecruzam em distintos territórios de Abya Yala. Nossas histórias e buscas pessoais nos conduziram até aqui — e nelas se implicam nossos processos de autoidentificação e de pertencimento, assim como nossas lutas e militâncias. Nesse reencontro, nos reconhecemos. Com isso, ressaltamos que esta tradução tem muito sentido para nós — *nos-otras* —, faz parte de nós, de nossas andanças, militâncias, existências e afetos. Traduzir este texto revolveu a terra debaixo dos nossos pés, tocou as nossas *entrañas* — os espaços mais íntimos em nós —, ativou memórias ancestrais e recuperou nossas utopias. Acreditamos que vocês, leitoras e leitores, também compartilharão da mesma experiência.

Por um lado, foi dolorida a aproximação com a complexidade da colonização e da patriarcalização em nossos corpos e em nossos territórios. Por outro, respiramos fundo e voltamos a recuperar o fôlego, inspiradas pelas diversas lutas e (re)existências que transbordam fronteiras e se articulam em toda a região latino-americana. Continuamos vivas e insubordinadas. Também estão cada vez mais presentes e atualizadas a luta zapatista por um mundo onde caibam muitos mundos e as vozes que ecoaram no Chile, em outubro de 2019, reivindicando “uma vida que valha a pena ser vivida”.

No contexto da história e da geografia expropriadoras de corpos, territórios e territorialidades, consideramos este um livro fundamental, não apenas por ser fruto de um esforço coletivo e de autogestão, mas também por compartilhar experiências encarnadas de conflitos e resistências atuais perante o avanço do capital. Além disso, esta publicação tem o potencial de reatualizar as nossas utopias.

As dificuldades da tradução de uma obra como esta orbitam o campo do intraduzível. Esbarram no desafio de expressar em palavras os contextos, as memórias e, como diz Rita Segato, os “projetos históricos” próprios de territórios e territorialidades específicas, mas que compartilham uma herança colonial comum. Buscando evitar qualquer tipo de atropelo dos sentidos e sentires manifestados por autoras e autores, optamos, em alguns casos, por manter as palavras em seu idioma original (aymara, castelhano, kichwa/quéchua/quíchua, maya). Para garantir a compreensão da leitora e do leitor, inserimos algumas notas de tradução nos respectivos capítulos do livro, com a função de guiar, como um mapa, o percurso nesses territórios. Ainda na linha do intraduzível, nos demos a liberdade de criar alguns neologismos, resultado desse idioma mestiço e fronteiriço que é o portunhol. Esperamos ter conseguido unir esses muitos mundos e intermediar esse diálogo tão necessário e urgente.

Por fim, agradecemos imensamente às autoras e aos autores deste livro, *hermanas y hermanos* de caminhada, pela confiança de que juntos podemos ecoar e difundir essas reflexões no Brasil e em outros territórios de língua portuguesa. Da mesma forma, estamos muito agradecidas à editora Elefante por compartilhar esse sonho conosco e por apoiar este projeto. Somos gratas também pela confiança de quem nos lê agora, com o livro em mãos. Obrigada por chegarem até aqui. Estamos apenas começando.

Boa leitura!

PREFÁCIO

Raquel Gutiérrez Aguilar
TRADUÇÃO Joana Salém Vasconcelos

Em certos tempos sociais, aquilo que Thomas Kuhn denominou "ciência normal" se abala, de modo que as certezas e as promessas anteriormente oferecidas se debilitam ou colapsam. São tempos de crise, que se tornam fecundos quando conseguem se abrir à renovação crítica de pensamentos e práticas. *Corpos, territórios e feminismos: compilação latino-americana de teorias, metodologias e práticas políticas* é justamente um livro que entra com força em diversos debates abertos nas ciências sociais contemporâneas, com o afã de apresentar, de forma organizada, ideias e argumentos para enriquecer a ampla constelação de esforços empregados para romper tal "normalidade". Trata-se de desafiar a suposta normalidade daquilo que se impõe como realidade devastadora e, simultaneamente, daquilo que se apresenta como limite do pensamento e da imaginação; ou seja, trata-se do anseio de romper esquemas argumentativos, divisões disciplinares rígidas e chaves conceituais que obscurecem e enviesam mais do que revelam e iluminam.

O volume organizado por Delmy Tania Cruz Hernández e Manuel Bayón Jiménez, ambos do Colectivo Miradas Críticas del Territorio desde el Feminismo, se apresenta como uma síntese parcial relevante e bem executada de um conjunto de aprendizados e de conhecimentos renovados que amadureceu na última década. São três as questões-chave que me interessam destacar. Inicialmente, ao longo da primeira parte do livro, as autoras se perguntam sobre uma problemática que está no centro das lutas contemporâneas em defesa dos territórios agredidos pelo capitalismo extrativista e das lutas multiformes contra todas as violências que despedaçam o corpo social: como e por que ocorre a (re)patriarcalização dos territórios, em um contexto de ampliação do conjunto devastador de atividades extrativistas e capitalistas que, atualmente, altera a geografia de todo o continente? Como se reforça e se expande a rígida amálgama triangular entre patriarcado, colonialidade e capitalismo, que constitui a estrutura mais íntima da vida que chamamos de moderna?

As cinco dimensões do que as autoras nomeiam como (re)patriarcalização dos territórios nos contextos extrativistas — política, econômica, ecológica, cultural e corporal — constituem fértil ferramenta analítica para atravessar e conectar o que, observado por outros postulados, aparece como fragmentário e disperso. A relação e a complexidade da perspectiva proposta pelas autoras nutre o debate e compõe um marco argumentativo capaz de, ao mesmo tempo, evidenciar problemas com uma força renovada e conectar assuntos cuja abordagem separada tende a debilitar as arestas mais afiadas da crítica. O conjunto de contribuições da primeira parte do livro tem como ponto de partida as experiências de espoliação, exploração, expropriação e violência, analisadas nos contextos da Argentina, do México, da Guatemala e do Equador. São situações específicas e distintas entre si, mas que se entrelaçam ao explicarem um padrão. Esse padrão de separações e hierarquizações se condensa na voraz ofensiva capitalista colonialista e patriarcal que habitamos e a que resistimos e subvertemos, ao lado de muitas outras pessoas, por meio da constelação de feminismos que cultivamos.

Na segunda parte do livro, intitulada "Propostas e aplicações metodológicas", as autoras nos conduzem, por diferentes perspectivas, a uma cadeia pertinente de reflexões — situadas na Mesoamérica, nos Andes e no Rio da Prata — a respeito das formas de produção de conhecimento consideradas legítimas atualmente. Ao apresentar suas experiências práticas de crítica à separação moderna entre razão e emoção, entre sujeito de conhecimento e objeto de estudo — fundamental na produção acadêmica consagrada —, as autoras se dedicam a documentar seus modos de proceder nos diversos quefazeres, ao mesmo tempo que esmiúçam o aprendizado de sua própria pesquisa. Essa seção me leva a questionar se não seria prolífico compreender o trabalho de pesquisa de forma integral: não apenas como encontro e troca entre sujeitos de conhecimento, mas também (e talvez em primeiro plano) como conhecimento recíproco — e potencial aliança — entre sujeitos de luta. Entender o trabalho de pesquisa sobre as mais álgidas problemáticas contemporâneas como encontro e troca entre sujeitos de luta nos desloca imediatamente do lugar absurdo de neutralidade que certo conhecimento acadêmico pretende ostentar. Contudo, também nos incentiva a assumir a responsabilidade explícita e rigorosa sobre a intenção que impulsiona a atividade investigativa. Em minha perspectiva, a reflexão sobre esse tema contribui para a coprodução de horizontes de sentido compartilhado que podem aprender a se tornar comuns ao mesmo tempo que se mantêm distintos. É, assim, um assunto nodal para as conexões e o entrelaçamento da enorme galáxia de esforços protagonizados por mulheres e homens contra o extrativismo, a exploração e a violência. Essa é uma das intenções deste livro, cuja terceira parte se dedica a abrir o diálogo com quem partilha preocupações comuns, ainda que cultive perspectivas diferentes.

Por essa razão, o livro também se constitui como desafio às posturas e práticas dominantes eminentemente patriarcais e coloniais que estruturam o conhecimento acadêmico. As autoras demonstram disposição ao diálogo e abertura a conversas sobre problemas candentes. Não desejam ser nem se colocam como "teoria rival" em relação a vozes similares, tampouco assumem um posicionamento de estar "competindo" com outros olhares próximos. Ao contrário, trazem uma contribuição organizada ao debate, esforçando-se para nutrir e ampliar o que se sabe.

Disso brota uma terceira chave de leitura, que apresento outra vez em forma de pergunta: as jovens colegas, cujo empenho deu vida a esta obra, não estarão impulsionando uma prática de pesquisa que se dedica a visibilizar-conectar e explicar problemas de grande envergadura e múltiplos sujeitos de luta, no afã de superá-los? Construir explicações rigorosas e gerais para os problemas mais relevantes tem sido a aspiração do conhecimento denominado científico desde que adquiriu tal nome, no século XVII. No entanto, esse conhecimento ficou imediatamente vinculado à expansão do capitalismo colonial e se organizou de maneira ferozmente patriarcal. O *corpus* teórico marxista canônico também se dedicou a ostentar esse título, convertido na teoria rival da chamada "ciência positiva" durante mais de um século, ainda que comodamente compartilhasse com ela seus respectivos traços patriarcais. Todo esse conhecimento se encontra hoje em crise, e durante algumas décadas se decretou o colapso de qualquer explicação geral do fenômeno social. Entretanto, "chegar a conhecer a razão de algo" não seria agora uma necessidade urgente? Essa não é uma das acepções do termo "explicar"? Sobretudo se esse "algo" condensar a dinâmica reiterada que nos ameaça e nos destrói como espécie? Dar-se conta da (re)patriarcalização capitalista dos territórios e da vida, construir argumentos para compreender o que ocorre e ensaiar explicações que nutram os esforços para subverter e superar essa situação extremada não seriam, por fim, as ações mais fecundas que podemos realizar ao dispor de tempo para pesquisar?

Meu entusiasmo por este livro, cujas autoras generosamente me convidaram a prefaciar, reside finalmente na maneira inovadora com que este trabalho reinstaura a discussão sobre a relação de ser, nitidamente, parte de um fluxo tenaz de lutas que se desdobram em nossos territórios. Com outros, nos sabemos parte de um fluxo de vida, luta e reprodução; também somos parte desse fluxo porque nos sabemos parte dele. Isso significa (re)começar a percorrer um caminho antigo e, ao mesmo tempo, contemporâneo, iluminados pelos feminismos no tempo presente. Agradeço e celebro ser parte desse esforço que deseja se tornar e está se tornando uma torrente.

RAQUEL GUTIÉRREZ AGUILAR é matemática, filósofa, socióloga e ativista mexicana. Pesquisa movimentos indígenas latino-americanos e é professora de sociologia na Benemérita Universidad Autónoma de Puebla. Na década de 1980, acompanhou os levantes dos Aymara e dos Quéchua na Bolívia e foi cofundadora do Ejército Guerrillero Túpac Katari, organização aymara ativa entre 1986 e 1992.

INTRODUÇÃO

Delmy Tania Cruz Hernández
Manuel Bayón Jiménez
TRADUÇÃO Manuela M. M. Silveira

"O mundo estava calado." Esse é o título do prefácio de *Meio sol amarelo*, um dos livros de Chimamanda Ngozi Adichie.[1] Por meio de sua escrita, a autora conta a história contemporânea de um pedaço da África: a Nigéria. No final da década de 1970, a luta desse país para se tornar a república independente de Biafra delineou a guerra civil e os fantasmas internacionais que rondavam a não separação da Nigéria, devido ao interesse em suas matérias-primas. Milhares de pessoas perderam a vida. A frase "o mundo estava calado" faz referência à ausência de vozes internacionais que dessem um *basta!* à crueldade desse massacre. Passaram-se mais de quarenta anos, e, ao redor do mundo, continuamos silenciando injustiças. Muitos são os exemplos atuais na América Latina e no Caribe; a Nicarágua é uma amostra.

Esses acontecimentos nos lembram da premissa ressaltada pela pensadora feminista Judith Butler ao questionar: o que é a vida? Alguma vida vale mais do que outra? Butler afirma que o principal problema em relação à forma como pensamos o mundo e à maneira como nossas epistemologias são construídas diz respeito a um déficit: nossa onto-

1 O prefácio à edição castelhana é assinado por Lina Meruane e está ausente na edição brasileira. "O mundo estava calado quando nós morremos" é o título do livro escrito por Ugwu, uma das personagens de *Meio sol amarelo*. [N.E.]

logia sobre o que é considerado uma vida está dividida por um projeto moral, e não ético. Assim, no imaginário coletivo, construímos vidas que merecem ser choradas e outras que não merecem. As vidas de sujeitas e sujeitos da África, Ásia, América Latina e do Caribe que lutam por seus territórios e são massacrados por defender sua identidade coletiva parecem não fazer parte de nossas estruturas de apreensão do que é a existência. Dessa forma, essas vidas passam a, simplesmente, não importar o suficiente; fazemos ouvidos moucos ao grito de *já chega!*

O projeto coletivo concretizado neste livro, nascido de vozes dissidentes de diversos cantos da América Latina, dá nome a essas sujeitas e sujeitos invisibilizados pela História — assim, com inicial maiúscula. História essa imposta pelos vencedores, quase todos homens, heterossexuais, brancos, ocidentais e burgueses. O projeto que aqui se apresenta é uma dissonância em um mundo de silêncios cúmplices; é ruptura. É uma iniciativa que tenta nomear o indizível e trata de devolver o protagonismo àquelas e àqueles que sempre lutaram pela vida e por seus territórios com o propósito de construir mundos possíveis e dignos para todos os seres que habitam este planeta.

Para povos originários, comunidades subalternas, povos em resistência e coletivos periféricos, a defesa do território é um processo de vida em devir e com memória ancestral que não começou no século XXI. A atual visibilidade que essas lutas alcançaram é uma resposta à violência sanguinária do sistema capitalista, patriarcal e colonial. Ainda que sob um regime autodenominado socialista, como ocorreu no Equador e na Bolívia, os bens comuns próprios são negados às comunidades, aos povos e aos coletivos, e a luta em defesa de seus rios, montanhas, *ejidos*,[2]

2 *Ejidos* são uma modalidade de propriedade rural social (ou núcleo agrário) fundada pelo Estado mexicano e única no mundo. Dependendo de seus recursos e de suas características, a área de superfície de um *ejido* pode ser utilizada para até cinco finalidades diferentes: cultivo ou trabalho (geralmente parcelas individuais); terras de uso comum (matas, florestas e selvas); e parcelas para fins específicos, utilizadas por decisão da assembleia geral para atender às necessidades da comunidade, tais como educação de crianças (parcela escolar), atividade produtiva feminina (fazendas agrícolas ou indústrias rurais para mulheres) e treinamento de jovens (parcela juvenil). Também existem lotes em favor do *ejido*, lugares onde se encontram os bens pertencentes aos

chacras,[3] *milpas*[4] e florestas é criminalizada. Isso ocorre porque não se tolera a defesa de suas existências e a sua raiva digna.

Como bem apontam as e os zapatistas ao se referir ao México — o que também se aplica a toda a América Latina —, modifica-se a forma de administrar o sistema, mas não o sistema em si. Este se apoia sobre os quatro pilares do modo de produção capitalista: exploração, expropriação, criminalização e ódio — direcionado, principalmente, às formas de viver que incomodam, às maneiras de ser e pensar disruptivas, que destoam do arranjo da ordem estabelecida e que dizem *basta!* Somando-se a isso e como parte desse clamor coletivo, se escuta a voz de um eco cuja potência é inimaginável e vem das margens, encarnada por corpos feminizados que dizem *nem uma a menos!*

Na última década, a defesa do território começou a aparecer nas pautas acadêmicas, da cooperação internacional e das organizações da sociedade civil como "tema"[5] emergente. No entanto, nós afirmamos que se trata de uma situação de longa data, evidenciada e encarnada, há mais de cinco séculos, por sujeitas e sujeitos dos povos organizados do Sul global por meio de suas lutas. São essas e esses que colocam seus corpos no centro, arriscando a vida e suas possibilidades de existência.

/////

ejidatarios como um todo (poços, viveiros, currais, depósitos, instalações de processamento ou transformação), e a área de assentamento humano, onde cada *ejidatario* tem direito a um lote de terra em propriedade privada para estabelecer sua moradia; ver J. Carlos Morett-Sánchez & Celsa Cosío-Ruiz, "Panorama de los ejidos y comunidades agrarias en México", *Agricultura, sociedad y desarrollo*, v. 14, n. 1, p. 125-52, 2017. [N.T.]

3 *Chacra* pode ser aqui traduzido por "chácara" para se referir ao lugar de moradia e de manutenção da vida, onde se localiza a casa, a criação de animais, o cuidado com a horta, árvores frutíferas etc. [N.T.]

4 *Milpa* deriva do idioma náhuatl, podendo significar "semeadura". Reflete os complexos sistemas agroecológicos baseados no policultivo, criados por povos originários e camponeses de Abya Yala. Também reflete seus conhecimentos e cosmovisões em conexão com a natureza. No México, revela a importância da cultura do milho. [N.T.]

5 Inserimos as aspas em sinal de reconhecimento de que, para os povos originários, os coletivos disruptivos e as comunidades subalternas, a defesa de sua existência é um processo que dura mais de cinco séculos.

Este livro é uma homenagem a essas lutas que nos antecedem. Trata-se também de uma reflexão enquanto militantes, ativistas e pensadoras comprometidas. Na verdade, significa uma pergunta frequente e ainda em aberto que nos confronta: "e vocês, o que estão fazendo?".

Apresentamos esta compilação de artigos com um pé na academia comprometida e outro na militância e no ativismo que vêm das margens, dos atores, sujeitos e companheiros de lutas pela defesa do território. Para nós, autoras, esses aspectos marcam condições de possibilidade e de existência em contextos comunitários.

Não restam dúvidas de que foram os povos em resistência que nos mostraram o caminho, mas as mulheres foram e continuam sendo as que colocam em evidência a arte de organizar a esperança. Ainda assim, mulheres de todas as idades, tempos e geografias, que defendem os territórios, são invisibilizadas, apagadas e silenciadas, mesmo sendo elas as que reproduzem a vida da própria resistência; sendo seus corpos os primeiros objetivos militares para a expropriação; sendo elas as cuidadoras das próximas gerações; sendo elas as que têm que cumprir, além de uma múltipla jornada, uma dupla militância (fora e dentro de suas comunidades).

Os artigos que compõem este livro respondem ao chamado da justiça epistêmica: não mencionamos o nome de ninguém, e sim de todas elas. Isso nos serve de espelho para continuar (nos) repensando nas lutas pela vida e pela dignidade em todos os territórios de Abya Yala.

Para nós, autoras, um ponto de partida para tentar dialogar com as lutas e com as resistências que atravessam nossos países foi a concepção de corpo-território, o corpo como território, o território como corpo social. Nos feminismos do Sul, encontramos palavras que nos orientam e nos convidam a renomear os sujeitos femininos, cujas lideranças ocupam hoje um espaço central nesse cenário. Por meio de suas vozes e ao observar as categorias como corpos e territórios, queremos escutar, entender, aprender e visibilizar as práticas de resistência, além das novas estratégias desenvolvidas pelos movimentos — e mesmo a pausa e os modos de aparecer/desaparecer diante da expropriação dos territórios.

PROCESSO COLETIVO DE CRIAÇÃO DO LIVRO

Esta publicação é um compilado sem sequência específica, no qual é possível mergulhar de forma aleatória. Trata-se de um conjunto de sugestões para analisar de maneira aprofundada e diversa as temáticas que tiveram forte impulso na América Latina nos últimos anos: extrativismo, luta das mulheres, expropriações territoriais, resistências, feminicídios, defesa do território, corpos, feminismos. Os diversos corpos que elaboraram este livro encontraram no grupo de trabalho Cuerpos, Territorios y Feminismos, do Conselho Latino-Americano de Ciências Sociais (Clacso), um pretexto para se reunir e compartilhar saberes, experiências de luta e percepções contra o patriarcado, o capital e o racismo estrutural do sistema.

As distâncias existentes em nosso continente fizeram com que nos juntássemos por regiões: América Central, Andes e Cone Sul. Assim, nos reunimos em encontros, atividades, viagens e debates que nos levaram a reflexões coletivas, de modo que boa parte dos artigos deu forma a esses momentos de troca. Depois de elaborados, os textos circularam entre as regiões e agregaram questões às reflexões enunciadas por meio de um processo de coedição entre todo o grupo de trabalho. Esse processo terminou em outubro de 2018.

Por isso, trata-se de um livro que busca se colocar fora dos cânones individuais de produção do conhecimento, evidenciando que as autoras são as responsáveis por suas possíveis imprecisões. Ao mesmo tempo, reconhecemos que essas contribuições foram geradas pela interação com outros coletivos, organizações e pessoas que contribuíram nesse processo.

PRIMEIRA APROXIMAÇÃO AO CONTEÚDO DO LIVRO

O livro está dividido em três partes, e a primeira se concentra nos conceitos de corpos, territórios e feminismos, que nomeiam a obra. Essas noções foram abordadas pelas várias perspectivas teóricas relacionadas a estudos de caso nos Andes, na América Central e no Cone

Sul. Os oito artigos que integram essa parte abarcam uma grande variedade de temáticas: a multiplicação das expropriações contra as mulheres após a chegada das atividades extrativistas, a reconfiguração das lutas populares na última década ou os motivos pelos quais as mulheres e seus corpos estão no centro da luta em defesa da vida.

Ainda nessa primeira parte, identificamos que as transformações e continuidades entre os Estados neoliberais e neodesenvolvimentistas são aspectos recorrentes e que atravessam todos esses artigos. Outro bloco de reflexões elucida processos corpo-territoriais e reúne casos terríveis de violências contra as mulheres por meio de massacres ou de processos de morte lenta, e dá voz também às formas de resistência gestadas. A primeira parte, de modo geral, ressalta um interesse especial pelas relações entre distintas perspectivas teóricas: as interseccionalidades entre as categorias de corpo e território, além de propostas como a geopolítica do corpo perante a colonialidade ou, ainda, a (re) patriarcalização dos territórios.

A segunda parte é essencial para multiplicar conteúdos e conhecimentos para a luta, pois enfoca metodologias de trabalho que inter-relacionam corpos, territórios e feminismos. O teatro, a cartografia, as emoções, a pesquisa-ação participativa, a educação popular e a escrita feminista permitem situar formas de aproximação do trabalho e da reflexão nos processos de resistência. São artigos escritos em espelhamento entre as distintas regiões: metodologias para o trabalho rural no Uruguai e na América Central; experiências de contramapeamento no Equador e no México; emoções analisadas por meio de pesquisa na Guatemala; Teatro das Oprimidas no Uruguai. São experiências narradas em primeira pessoa como uma forma de agir no mundo, e que encontraram ressonâncias múltiplas na interação produzida no processo de elaboração deste livro.

A terceira parte consiste em diálogos acerca de questões que ainda não formulamos, sobre as quais ainda estamos refletindo e pensando. Também contém perguntas e afirmações feitas com base em processos de criação entre corpos distintos que compartilham uma inquietação em relação aos axiomas generalizados. Assim, encontramos questionamentos feministas em relação à naturalização da *madre tierra* nos Andes; histórias de vida e de organização na Guatemala; diálogos decoloniais sobre a violência patriarcal; conversas entre feministas e ecologistas sobre o conceito de reprodução; reflexões desenvolvidas no Uruguai sobre autoconsciência. Trata-se de um bloco em que os estilos de escrita se adaptam menos à prosa ensaística; em que afloram diálogos entrecortados, autonarrativas e dúvidas, para que o livro termine com caminhos abertos à reflexão e dê continuidade à ação política de resistência.

PERSPECTIVAS POLÍTICO-TEÓRICAS

PARTE I

1

EXTRATIVISMO E (RE)PATRIARCALIZAÇÃO DOS TERRITÓRIOS[1]

Miriam García-Torres
Eva Vázquez
Delmy Tania Cruz Hernández
Manuel Bayón Jiménez
TRADUÇÃO Lina P. Machado Magalhães

ONDE NASCERAM E ONDE SE REALIZARAM ESTAS REFLEXÕES?

No Equador, após a declaração da exploração petroleira do bloco Ishpingo-Tambococha-Tiputini (ITT), do Parque Nacional Yasuní,[2]

1 Um fragmento deste texto foi publicado na revista *Ecología Política*, n. 54, jan. 2018. Este artigo é fruto do trabalho do Colectivo Miradas Críticas del Territorio desde el Feminismo em articulação com outras organizações e lutas pelos territórios. É resultado do caminhar em conjunto, das reflexões momentâneas e esporádicas com todo o coletivo em momentos diferentes nos últimos seis anos. As pessoas que assinam este artigo apenas colocam em palavras concretas as atividades coletivas. A ordem das assinaturas é aleatória.
2 O Yasuní é uma das zonas com maior biodiversidade do planeta e está localizado na Amazônia equatoriana. A criação do Parque Nacional Yasuní

dada pelo então presidente Rafael Correa em agosto de 2013, emergiram diferentes movimentos sociais contrários à decisão. Entre eles, destacam-se o Yasunidos — coletivo ecologista, fundamentalmente urbano, que propôs uma consulta popular para tentar impedir a exploração no bloco ITT do Yasuní — e, de maneira especialmente relevante, a Articulación de Mujeres Amazónicas. Esta última é formada por mulheres indígenas de cinco nacionalidades — Kichwa, Waorani, Sápara, Shiwiar e Shuar — e emergiu com força a partir de outubro de 2013, depois da realização de uma marcha, que foi de Puyo (Pastaza)[3] a Quito, contra a ampliação da fronteira petrolífera em seus territórios.

Nesse contexto, começam a ganhar corpo as primeiras reflexões do Colectivo Miradas Críticas del Territorio desde el Feminismo sobre as atividades extrativistas nos territórios, especificamente em relação aos corpos femininos, assim como o protagonismo das mulheres na luta contra essas atividades. Essas primeiras reflexões se concretizaram no livro *La vida en el centro y el crudo bajo tierra: el Yasuní en clave feminista* [A vida no centro e o petróleo embaixo da terra: o Yasuní em perspectiva feminista], que surgiu dos intercâmbios e das conversas com as integrantes da Articulación de Mujeres Amazónicas após a chegada delas a Quito. A publicação se transformou em nossa primeira aproximação coletiva para compreender os vínculos entre os territórios e os feminismos. Era necessário entender a defesa da terra de maneira intimamente relacionada à identidade e aos meios de reprodução da vida (água, cultivos etc.) por meio das mãos das mulheres e como parte de dinâmicas comunitárias; perceber a estreita ligação entre as dimensões material e espiritual do território; ressignificar o que as mulheres amazônicas entendem por "pobreza"; e conceber o território como espaço de intimidade, de proteção, onde também se reproduzem os vínculos sociais e familiares (Colectivo Miradas Críticas del Territorio desde el Feminismo, 2014).

/////

e de vários mecanismos para sua proteção se relaciona à sua existência como território ancestral de diversos povos originários, entre eles povos em isolamento voluntário. A existência desses povos e da biodiversidade se encontra ameaçada por dezenas de iniciativas petroleiras em seu interior. [N.T.]

3 Puyo é a capital do departamento de Pastaza, localizado na região Amazônica do país. [N.T.]

Na América Latina, o surgimento de movimentos de mulheres contra o extrativismo nos convocou a adotar um olhar feminista para a compreensão das dinâmicas dos territórios, de modo a entender como e por que as mulheres estão resistindo, além de questionar o vínculo existente entre as lutas pelos corpos feminizados e os territórios expropriados. Nesse processo, o trabalho realizado pelas feministas comunitárias e a respectiva concepção de território-corpo-terra constituíram fonte de constante inspiração e reflexão. Pensar e trabalhar o corpo-território nos abriu portas para visibilizar as relações entre a violência sobre os corpos das mulheres e os processos globais de expropriação de territórios. As metodologias que começamos a desenvolver e a construir com base no corpo e nos sentidos — como o mapeamento do corpo-território ou a cartografia corporal[4] — foram alicerces para articular múltiplos diálogos e alianças entre diversas mulheres. Foi essa relação que nos permitiu compreender como o território se (re)patriarcaliza com as atividades extrativistas e quais são as bases da resistência das mulheres contra esses processos (Colectivo Miradas Críticas del Territorio desde el Feminismo, 2017).

Nesse sentido, é importante resgatar que nossos olhares e reflexões se ancoraram no intercâmbio com mulheres de comunidades e coletivos diversos, latino-americanos e caribenhos, feministas de diferentes correntes, urbanas e rurais. Nossas análises também decorreram de espaços compartilhados com organizações e mulheres do Norte global, com as quais buscamos construir pontes e alianças que nos possibilitassem estabelecer estratégias conjuntas para deter as múltiplas violências sobre os nossos corpos-territórios.

4 O mapeamento do corpo-território ou a cartografia corporal é uma metodologia para repensar, recriar, complementar e adaptar de modo coletivo. Consiste em localizar, por meio de desenhos do próprio corpo, de que modo os sujeitos experimentam e sentem as violências exercidas nos territórios e como essas violências se materializam corporalmente. Essa ferramenta favorece a autoconsciência da corporalidade na luta pelos territórios, a corporização das agressões e resistências contra os megaprojetos extrativistas, a criação de contranarrativas que nos representam de outras formas, assim como as representações populares próprias de identidade e autorrepresentação.

A Red Latinoamericana de Mujeres Defensoras de Derechos Sociales y Ambientales, presente em dez países, mostra de forma mais consistente como a pilhagem de recursos minerais para o benefício de corporações mineradoras configura o atual sistema colonizador dos povos, das terras, das mulheres e da natureza. Mulheres em resistência à mineração em Abya Yala[5] constroem uma identidade vinculada às lutas por seus territórios, de forma que documentam, incidem, articulam e encaminham ações orientadas à proteção das defensoras em situação de alto risco devido à sua participação em espaços de denúncia de empresas mineradoras e Estados. Nesses diálogos, também são incluídas reflexões sobre a (re)patriarcalização dos territórios pelas atividades extrativistas e aquilo que essa rede e suas organizações integrantes vêm denominando como violência ambiental contra as mulheres.

Nossos intercâmbios com as mulheres indígenas de diversos países também nos permitiram analisar os tipos de resposta quando se consideram condições de gênero, classe e etnia como marcadores de hierarquização social e de conflito. Ressaltamos os encontros com a Saramanta Warmikuna, do Equador, articulação formada por mulheres indígenas andinas e amazônicas de diversos povos e nacionalidades; com a Federación de Mujeres Campesinas, Artesanas, Indígenas, Nativas y Asalariadas del Perú (Fenmucarinap); com a Tzk'at — Red de Sanadoras Ancestrales del Feminismo Comunitario em Iximulew, Guatemala. Igualmente importantes foram os encontros com as companheiras de diversas organizações indígenas mexicanas, especificamente de Chiapas, por meio de alianças com Mujeres Transformando Mundos (Mutram). Essa perspectiva se ampliou por meio da aproximação com vários coletivos equatorianos, como o coletivo lésbico-feminista La Concha Batukeada, o Geografía Crítica, o Colectivo de

5 Nome utilizado pelos indígenas Kuna do Panamá em referência à territorialidade que, posteriormente, viria a ser colonizada como América. Em idioma kuna (cuna/guna), significa "terra em plena maturidade", e "foi sugerido pelo líder aymara Takir Mamani, que propõe que todos os indígenas o utilizem em seus documentos e declarações orais, pois 'denominar nossas cidades, povoados e continentes com outro nome equivale a submeter a nossa identidade à vontade de nossos invasores e de seus herdeiros'" (José F. Juncosa, "Abya Yala: una editorial para los indios", *Chasqui*, n. 23, 1987, p. 39). [N.T.]

Investigación y Acción Psicosocial e a Acción Ecológica. Também destacamos o Centro de Derechos de la Mujer, em Honduras, o Centro de Educación Integral de Base (Ceiba), em Chiapas, México, e o coletivo feminista Minervas, do Uruguai.

Os encontros, as leituras e as discussões entre intelectuais de diversas correntes e com as quais tivemos a oportunidade de compartilhar espaços e reflexões também foram da maior importância. Para mencionar apenas alguns exemplos, tivemos encontros com Vandana Shiva, dos ecofeminismos do Sul; Lorena Cabnal, dos feminismos comunitários; Ivone Gebara, das teólogas feministas; Silvia Federici e Terisa Turner, do feminismo marxista; Yayo Herrero, dos ecofeminismos do Norte; Joan Martínez-Alier, da ecologia política e da economia ecológica; David Harvey, do marxismo anglo-saxão. Os espaços acadêmicos — como a primeira e a segunda Jornadas de Pesquisas Feministas, na sede equatoriana da Faculdade Latino-Americana de Ciências Sociais (Flacso); os intercâmbios com os estudantes da Universidad Nacional Autónoma de México; e o grupo de trabalho Cuerpos, Territorios y Feminismos, do Clacso — fomentaram discussões e questionamentos, e o avanço dessa reflexão. O conceito de *(re)patriarcalização dos territórios* que aqui propomos, portanto, é resultado desse pensamento coletivo, dessas reflexões múltiplas e de diversas críticas.

MULHERES CONTRA O EXTRATIVISMO, O COLONIALISMO E O PATRIARCADO NA AMÉRICA LATINA

Nos últimos anos, a América Latina substituiu o Consenso de Washington, alicerçado na aplicação de políticas de ajuste estrutural e de privatizações, pelo Consenso das Commodities, baseado na exportação de matérias-primas mediada pelos Estados. Esse Consenso foi adotado tanto pelos governos neoliberais como por aqueles denominados progressistas (Svampa, 2013) que atuam no paradigma da competitividade sistêmica (Wilson & Bayón, 2017). A demanda cada vez maior dos países do Norte global por matérias-primas, assim como a emergência do

Brasil e da China como novos referentes da política exterior e consumidores de recursos, levou a região latino-americana a um crescimento repentino da exportação de petróleo, minerais e produtos agrícolas.

Essa rápida expansão foi acompanhada por uma explosão espacial de megaprojetos capitalistas de diversos tipos, em territórios que estão na base da reprimarização das economias latino-americanas. O incremento das concessões para atividades mineradoras e petrolíferas sob modelos público-privados e nacional-transnacionais, a concentração da propriedade fundiária e a asfixia dos modelos camponeses em benefício das grandes empresas agroexportadoras está transformando a renda da terra no alicerce do ciclo de crescimento econômico produzido na região (Svampa, 2011).

É necessário olhar para essa profunda penetração do capital nos territórios tendo por base a escala do corpo. Parafraseando Segato (2004), a apropriação dos territórios também pressupõe a posse violenta dos corpos das mulheres como parte do que pode ser sacrificado em prol do controle territorial. Federici (2014 [2019]), por sua vez, reconhece a existência do vínculo entre acumulação originária e violência patriarcal desde o período da transição do feudalismo ao capitalismo, vínculo esse que se perpetua nos atuais contextos extrativistas.

Esses processos de expropriação e de violência ainda são configurados pelas hierarquias raciais e de gênero próprias das sociedades latino-americanas (Hernández Castillo, 2015). Como resultado do avanço colonial dos processos de penetração do capital, da constituição dos Estados nacionais e da expropriação territorial, os territórios indígenas passaram a se localizar em espaços cada vez mais remotos. Por essa razão, o território se transformou em uma categoria política de poder de autogoverno, resultando, por vezes, em Estados plurinacionais, a exemplo dos casos equatoriano e boliviano. Entretanto, o reconhecimento de Estados plurinacionais durante a gestão de governos progressistas não modificou a essência do modelo extrativista. Pelo contrário, o extrativismo continua sendo considerado o pilar de um modelo de desenvolvimento pautado na modernidade e no crescimento econômico. Isso explica por que a expansão dos megaprojetos extrativistas é uma característica comum a toda a região, independentemente da orientação política dos governos em exercício. Os limites dos governos progressistas deixam evidente a necessidade de confrontar não só o neoliberalismo mas também o capitalismo como sistema colonial que subordina as periferias aos processos de acumulação global (Machado Aráoz, 2016).

Se o extrativismo, o colonialismo e o capitalismo compartilham vínculos históricos e geográficos concretos, como explica Machado Aráoz (2016), neste texto também buscamos evidenciar os vínculos entre esses sistemas de opressão e a imposição do patriarcado. Empresas petrolíferas e mineradoras, associadas a um Estado mediador e facilitador de suas atividades, desenvolveram estratégias fundamentais para se legitimar: planejamento territorial, oferta de projetos compensatórios e cooptação de lideranças locais. Essas estratégias têm como epicentro a oferta de salários à população masculina das comunidades, e, apesar dos baixos valores e da curta duração dos empregos, objetivam ampliar a base social de aprovação da exploração petrolífera e/ou mineradora. Como afirma Terisa Turner (*apud* Colectivo de Investigación y Acción Psicosocial, 2017b), a aliança patriarcal é fundamental para a implementação de projetos extrativistas. Turner evidencia como os sistemas capitalista e patriarcal favorecem a construção de alianças masculinas entre as várias etnias e classes sociais, sempre com base nas relações de poder entre elas.

Conforme descrevemos a seguir, o trabalho assalariado masculino constitui um instrumento de integração à sociedade nacional e aos cânones de masculinidade hegemônica. Além disso, outorga mais poder aos homens no contexto familiar, o que aumenta a diferença de gênero nas comunidades. Essa é uma das razões pelas quais as mulheres das comunidades mantêm, em geral, uma postura majoritariamente contrária ao extrativismo. Como elas destacam, a chegada dos megaprojetos só aumenta o trabalho de cuidado, assim como acarreta violência, perda de soberania alimentar e, portanto, dependência (Colectivo Miradas Críticas del Territorio desde el Feminismo, 2014).

No entanto, a visibilidade política das mulheres indígenas tem crescido nas últimas décadas, e, recetemente, elas têm liderado cada vez mais as lutas pela defesa do território, tornando-se uma referência contra o extrativismo capitalista e patriarcal. Na América Central, por exemplo, surgiram movimentos de mulheres contra as megainfraestruturas associadas ao Plano Puebla-Panamá, que abrange estradas e hidrelétricas vinculadas à exploração de minérios. Esses movimentos sofrem forte criminalização e violência crescente. Na Guatemala, é emblemática a luta das mulheres xinka na resistência contra a mineração na montanha Xalapán. No caso mexicano, Chiapas emerge como um território em resistência, e o Exército Zapatista de Libertação Nacional mostra o contínuo protagonismo político das mulheres, que realizam sucessivos encontros em defesa de seus territórios e de seus corpos. Nos últimos anos, o Equador vivencia manifestações de mulheres indígenas da Amazônia contra a exploração petrolífera. Elas lideram a defesa do território por meio de articulações interétnicas centradas em deter o avanço dos projetos extrativistas. As mulheres de Cajamarca, no Peru, lutam contra a mineração e o patriarcado simultaneamente. Na Bolívia, a Red Nacional de Mujeres en Defensa de la Madre Tierra começou a levantar a voz contra o extrativismo mineral, e o coletivo Mujeres Creando se transformou em ícone do combate contra o Estado patriarcal, o avanço capitalista e a criminalização dos corpos das mulheres. No Uruguai, as organizações de mulheres estão se articulando contra o agronegócio da soja, que provoca a expropriação de terras e o empobrecimento. No Brasil, o Movimento de Mulheres Camponesas é uma referência da Vía Campesina ao reforçar o papel das mulheres na luta pela terra, globalizando as alianças na região e no mundo.

As experiências de mulheres organizadas contra o avanço do capitalismo e do colonialismo em seus territórios reforçam a conivência entre os poderes econômico e político, revelando fortes semelhanças entre os países da América Latina. Existem ações generalizadas que violentam os corpos, rompem os ciclos da vida, vinculam o patriarcado às políticas de violência específica contra os corpos das mulheres e resultam em repressão, criminalização, controle sobre a reprodução, negação política, violências machistas etc. O avanço generalizado dos megaprojetos do capital encontrou nas mulheres organizadas uma nova frente de resistência, um ator social cujo protagonismo tem sido historicamente negado.

Nos territórios urbanos, a crise da reprodução da vida requer estratégias de sobrevivência que posicionam as mulheres à frente das responsabilidades do cuidado cotidiano. Elas suportam uma sobrecarga de trabalho diário em meio à multiplicidade de violências que ocorrem nesses espaços de aglomeração. Apesar do incremento das políticas sociais nos últimos anos, as estruturas de poder classistas, patriarcais e racistas não foram modificadas. As cidades ainda continuam sendo um espaço de segregação por excelência, em especial as grandes urbes latino-americanas. Nesse sentido, é impossível analisar o processo de expropriação vinculado aos megaprojetos extrativistas sem considerar seu impacto nos espaços urbanos, cada vez mais populosos, mostrando uma crise da vida cada vez maior. Ao mesmo tempo, as contrarreformas agrárias e a liberalização do agro continuam expandindo a população urbana empobrecida oriunda do campo, incluindo mulheres em fuga de violências patriarcais. Essas migrações não se limitam à escala latino-americana: deslocam-se em direção aos espaços centrais do capitalismo, a exemplo dos Estados Unidos e da Europa, onde se demanda cada vez mais mão de obra feminina barata para atenuar as crises do cuidado, recorrendo ao espólio dos afetos e de corpos que cuidarão de outros corpos que os exploram.

As políticas concebidas para atender aos interesses do poder econômico têm provocado uma expropriação de forma ampliada. Megaprojetos extrativistas, espaços urbanos segregados e violências contra os corpos das mulheres se entrelaçam em distintas escalas: global, nacional, local, comunitária, íntima. A submissão de territórios e corpos ao capital transnacional encontrou na América Latina uma explosão ligada à rápida expansão das matérias-primas. Assim, as resistências das mulheres organizadas aliam-se à luta contra a violência capitalista, patriarcal e colonial, posicionando as mulheres como novas sujeitas políticas.

Diante desse contexto, propomos o conceito de (re)patriarcalização dos territórios como uma forma de dar nome ao entrelaçamento das violências relacionadas ao atual ciclo de expansão do capital no continente, bem como à resposta coletiva que as mulheres estão dando contra a territorialização dos megaprojetos, contra as formas neocoloniais de expropriação dos espaços de vida e contra a reconfiguração do patriarcado, como requer o modelo extrativista.

AS CINCO DIMENSÕES DA (RE)PATRIARCALIZAÇÃO DOS TERRITÓRIOS

Tal como argumentamos, as atividades extrativistas configuram, nos territórios, uma nova ordem patriarcal que conflui, enraíza, aprofunda e reatualiza relações machistas preexistentes. Aqui nos referimos aos territórios não só como espaços biofísicos e geográficos mas também como espaços de vida social, cultural e corporal. Analisar as atividades extrativistas segundo essa perspectiva permite compreender que as lógicas impostas por grandes projetos petrolíferos e de mineração vão de encontro a uma reconfiguração das relações sociedade/natureza e a uma reestruturação patriarcal das relações de gênero. Para tanto, tomaremos como eixos de análise as cinco dimensões — política, econômica, ecológica, cultural e corporal — do que denominamos (re) patriarcalização dos territórios nos contextos extrativistas.

Dimensão política: tomada de decisão masculinizada

Se tentarmos identificar quem toma as decisões sobre a implementação dos projetos extrativistas nos territórios, não há dúvida de que são os sujeitos privilegiados do capitalismo, representados pelos Estados e pelas empresas nacionais e transnacionais. Dito de outra maneira, podemos afirmar certamente que quem toma as decisões que afetam a vida das comunidades e os seus territórios são os sujeitos encarnados no que Pérez Orozco (2014) denomina BBVAH, isto é, o branco, burguês, varão, adulto, com uma funcionalidade normativa e heterossexual.

Além disso, quando tais sujeitos — as empresas ou o Estado — chegam aos territórios para persuadir ou impor a opressão extrativista, com frequência estabelecem estratégias de relacionamento individual a fim de debilitar a capacidade de negociação coletiva das comunidades. Assim, em inúmeras ocasiões, as empresas fomentam uma interlocução exclusivamente masculina, seja com as lideranças locais, seja com homens em posição de poder na família. Isso implica a exclusão das mulheres da tomada de decisão a respeito de questões que afetam a vida e o território. A lógica da relação que deriva das atividades petrolíferas e de mineração supõe, portanto, considerar as mulheres como agentes passivos e sem voz própria, que devem se situar sob a tutela das decisões masculinas. Foi o que ocorreu, por exemplo, no projeto de mineração Mirador, na porção sul da Amazônia equatoriana, quando as mulheres tomaram conhecimento da venda de suas terras à empresa apenas quando os maridos já tinham sido persuadidos a assinar os contratos (Colectivo de Investigación y Acción Psicosocial, 2017a).

Consequentemente, o extrativismo favorece a reconfiguração de espaços de interlocução e de tomada de decisão masculinizadas que se sobrepõem às estruturas políticas patriarcais prévias. Assim, dois dos fatores que motivaram o processo de mobilização e organização das mulheres contra os projetos extrativistas foram, precisamente, a sua exclusão histórica dos espaços de decisão e a cooptação das lideranças masculinas pela lógica extrativista, como aconteceu no caso da articulação Mujeres Amazónicas, no Equador, contra a ampliação da fronteira petrolífera (García-Torres, 2017).

Dimensão econômica: conformação de estruturas laborais patriarcais

A inserção das dinâmicas extrativistas nas comunidades provoca uma reorganização da economia local em função da presença central de empresas (Fundação Rosa Luxemburgo, 2013). Além de reestruturar totalmente as economias comunitárias ao substituir autossuficiência por economia assalariada, essa situação provoca grandes transformações nas relações de gênero. As ofertas de emprego nas indústrias extrativistas estão fortemente associadas ao trabalho masculino e a novas relações sociais desiguais (Himley, 2011; Sharma, 2012; Mukherjee, 2014).

Em outras palavras, quando as indústrias extrativistas se instalam nos territórios e expropriam as comunidades dos bens comuns que garantem a provisão material de forma autônoma — pela expropriação, remoção ou mesmo contaminação da água, dos rios e dos solos —, o salário pago pela empresa se torna um poderoso instrumento de dependência e sujeição. Os homens começam a trabalhar em cargos temporários, não qualificados e muitas vezes em condição de exploração, como acontece com as comunidades kakinte nos lotes de extração de petróleo e gás da Amazônia peruana (Campanario Baqué & García Hierro, 2013). Ao serem excluídas dos empregos e dos bens naturais, as mulheres perdem autonomia e tornam-se subordinadas ao salário de seus maridos. Consequentemente, na nova estrutura laboral introduzida com o estabelecimento das indústrias extrativistas, destaca-se a figura do homem provedor e da mulher economicamente dependente do salário masculino (Himley, 2011; Sharma, 2012; Mukherjee, 2014).

Portanto, a expropriação e a contaminação do território como consequência das atividades mineradoras e petrolíferas estabelecem o que Federici (2010 [2017]) denomina patriarcado do salário.[b] De tal forma, é possível afirmar que, por meio da centralidade que a economia assalariada altamente masculinizada adquire, o extrativismo contribui para aprofundar as diferenças estruturais entre homens e mulheres no interior da comunidade.

Dimensão ecológica: ruptura dos ciclos de reprodução da vida

As atividades extrativistas pressupõem uma ruptura com os ciclos de reprodução da vida: os rios se contaminam, os solos deixam de produzir, o desmatamento expulsa os animais da floresta, e, como consequência, o abastecimento de alimentos das comunidades por meio das atividades tradicionais, como a caça, a pesca e os cultivos, é gravemente afetado. Como mencionamos, reorganiza-se a divisão sexual do trabalho de modo que os homens — que nas economias ancestrais tinham uma colaboração de certo peso nos trabalhos de reprodução ao caçar ou pescar, por exemplo — passam a ser operários não qualificados das empresas.

Por um lado, as atividades extrativistas provocam o agravamento da feminização dos trabalhos de reprodução social; por outro, os impactos socioecológicos derivados das atividades mineradoras ou petrolíferas têm grande repercussão nos trabalhos de cuidado atribuídos às mulheres. São elas as que devem enfrentar as crescentes dificuldades para acessar as fontes de água limpa ou para garantir a alimentação familiar. Da mesma forma, a disseminação de doenças e a deterioração da saúde coletiva, resultado das dinâmicas extrativistas, provocam uma necessidade crescente

[b] Embora Federici faça referência ao período de transição do feudalismo ao capitalismo, a expressão também pode ser utilizada para caracterizar os contextos extrativistas atuais.

de cuidados na população, cuja responsabilidade é atribuída às mulheres (Colectivo Miradas Críticas del Territorio desde el Feminismo, 2017).

Pode-se afirmar, então, que a introdução dessas dinâmicas resulta em uma sobrecarga nos trabalhos de cuidado assumidos pelas mulheres, assim como em um agravamento importante do estresse e da ansiedade. Essa degradação da saúde é provocada pela dificuldade crescente de resolver as responsabilidades de reprodução social que recaem sobre elas, como acontece na região sul da Amazônia equatoriana com a chegada da atividade mineradora em grande escala (Colectivo de Investigación y Acción Psicosocial, 2017a).

Definitivamente, em um cenário de crise como aquele que se produz nas zonas extrativistas, onde os ciclos de reprodução são quebrados abruptamente, a tarefa de tentar reconstruir as condições de possibilidade da vida recai de forma invisibilizada sobre as mulheres. É preciso destacar, portanto, que a acumulação extrativista depende estruturalmente da apropriação do trabalho gratuito, oculto e subvalorizado realizado pelas mulheres, assim como da apropriação da natureza.

Dimensão cultural: acentuação de representações e estereótipos sexistas

A chegada massiva de trabalhadores homens às zonas mineradoras e petrolíferas, alheios às comunidades, provoca uma masculinização do território. Ademais, o estabelecimento do extrativismo com frequência é acompanhado de processos de militarização por parte das forças de segurança, públicas ou privadas, o que acentua a masculinização do espaço. Para as mulheres, esse fato gera novos sentimentos de medo e insegurança e provoca o que Federici (2010 [2017]) denomina *cercamento social*, que confina as mulheres ao espaço privado e doméstico, limitando sua mobilidade no território.

É importante acrescentar que as novas dinâmicas introduzidas como consequência da inserção das atividades extrativistas provocam mudanças nas formas de lazer e de ocupação dos espaços, facilitando a abertura de bares e o consumo de bebidas alcoólicas industrializadas. Nesse contexto, configuram-se espaços masculinizados, nos quais os homens monopolizam os lugares atravessados por novas relações de poder, justapondo-se às hierarquias de gênero anteriores (Mukherjee, 2014; Sharma, 2012; Barrientos Delgado *et al.*, 2009). A implementação de atividades mineradoras e petrolíferas privilegia, assim, a conformação de sujeitos que reforçam os estereótipos de masculinidade hegemônica, em que o polo masculino se vincula à dominação e ao controle, enquanto o feminino se associa à ideia de mulher dependente, objeto de controle e abuso sexual (Fundação Rosa Luxemburgo, 2013).

Assim, por exemplo, as mulheres da zona mineradora de Cajamarca, no Peru, denunciam que "já não podemos nem sair às ruas para tomar um café, porque nos tratam como 'putas'" (Red Latinoamericana de Mujeres Defensoras de Derechos Sociales y Ambientales, 2012, p. 19-20). Nesse novo cenário masculinizado, constrói-se um imaginário de "mulher ruim" em relação àquelas que tentam transgredir a normatividade imposta — como ocorre nos casos das defensoras dos territórios e da natureza —, e sobre as quais são aplicados determinados modelos de comportamento baseados na imposição de atributos morais e patriarcais (García-Torres, 2017).

Dimensão corporal: controle social e violência machista

As dinâmicas extrativistas impõem determinada disciplina e controle dos corpos nos territórios. Dito de outro modo, as violências exercidas sobre os territórios se materializam de forma significativamente diferente sobre os corpos sexualizados e racializados.

Nesse contexto de agravamento dos estereótipos sexistas e de masculinização massiva do território pelos trabalhadores e pelas forças de segurança pública ou privada, os homens manifestam forte sentido de apropriação sobre as mulheres e seus corpos. Assim, nas zonas mineradoras e petrolíferas, a intimidação, o abuso, as agressões sexuais e a violência machista contra as mulheres são reforçados (Colectivo Miradas Críticas del Territorio desde el Feminismo, 2014; Colectivo de Investigación y Acción Psicosocial, 2017a).

No entanto, as novas formas de lazer, introduzidas como consequência das atividades extrativistas, resultam no surgimento de prostíbulos nos territórios das comunidades. Em muitos casos, esses prostíbulos se associam aos processos de tráfico de mulheres com fins de exploração sexual (Macassi León, 2015). Existe, portanto, uma forte relação entre extrativismo e trabalho sexual — muitas vezes forçado —, pois este último supõe uma atividade que, nos contextos extrativistas, é funcional à acumulação de capital, servindo para canalizar o estresse da força de trabalho masculina (Laite, 2009).

Outra forma de controle sobre os corpos das mulheres ocorre quando são forçadas a trabalhar em condições vulneráveis e de exploração doméstica para os trabalhadores das empresas. Em alguns casos, como em Chiapas, as mulheres são obrigadas a contrair matrimônio *temporário* para servir aos trabalhadores de forma mais barata (Rojas Zamora, 2013, p. 10). Seus corpos, desejos, sonhos e trabalho são desapropriados para servir ao capital.

A violência, o abuso sexual e o controle social dos corpos das mulheres moldam os imaginários patriarcais, que se potencializam com o estabelecimento das atividades mineradoras e petrolíferas. Nesse contexto, tanto a Natureza como os corpos, notadamente os das mulheres, aparecem como espaços coisificados, apropriáveis e sacrificáveis para serem disponibilizados à acumulação de capital.

As mulheres xinka da Guatemala, que se opõem à mineração na montanha de Xalapán, sabem disso muito bem. Por isso propõem o conceito *território-corpo-terra* para afirmar que a recuperação do território-corpo das mulheres é um primeiro passo necessário à defesa do território-terra. Em outras palavras, essas feministas comunitárias reivindicam que a defesa do território-terra não é possível sem a recuperação emancipatória de seus corpos — sexualizados e racializados, e continuamente violentados (Cabnal, 2010).

CONCLUSÃO

As cinco dimensões da (re)patriarcalização dos territórios permitem compreender como os territórios da América Latina que recebem megaprojetos extrativistas passam por uma reconfiguração das relações de poder patriarcais, que se interseccionam com o classismo e o colonialismo. As mulheres, cujos territórios e corpos estão sob ameaça de expropriações vinculadas a projetos petrolíferos, mineradores, agroindustriais ou urbanos, estão se unindo para se transformar em um rio de resistência transcontinental. O conceito de (re)patriarcalização dos territórios procura desenvolver e traduzir em ideias o que há séculos é parte do conhecimento ancestral das mulheres: o capitalismo, o colonialismo e o patriarcado estão intrinsecamente relacionados. Por isso, é necessário incorporar perspectivas feministas interseccionais para pensar em transições para sociedades pós-extrativistas.

REFERÊNCIAS

BARRIENTOS DELGADO, Jaime; MERUANE, Paulina Salinas; VARAS, Pablo Rojas & OPAZO, Patricio Meza. "Minería, género y cultura: una aproximación etnográfica a espacios de esparcimiento y diversión masculina en el norte de Chile", *Revista de Antropología Iberoamericana*, v. 4, n. 3, p. 385-408, 2009.

CABNAL, Lorena. "Acercamiento a la construcción de la propuesta de pensamiento epistémico de las mujeres indígenas feministas comunitarias de Abya Yala". *In*: ACSUR-LAS SEGOVIAS. *Feminismos diversos: el feminismo comunitario*. Madri: Acsur, 2010, p. 10-25.

CAMPANARIO BAQUÉ, Yaizha & GARCÍA HIERRO, Pedro. *El caso de la empresa española Repsol: empresas domiciliadas en países ratificantes del convenio 169-OIT operando en territorios de pueblos indígenas en Perú*. Madri: Coordinación por los Derechos de los Pueblos Indigenas, 2013.

COLECTIVO DE INVESTIGACIÓN Y ACCIÓN PSICOSOCIAL. *La herida abierta del Cóndor: vulneración de derechos, impactos socioecológicos y afectaciones psicosociales provocados por la empresa minera china EcuaCorriente S.A. y el Estado ecuatoriano en el proyecto Mirador*. Quito: El Chasqui, 2017a.

COLECTIVO DE INVESTIGACIÓN Y ACCIÓN PSICOSOCIAL. "Repatriarcalización de los territorios por actividades extractivas: salud colectiva, feminismo y ecología política", *Jornadas Feministas Flacso*, 2017b.

COLECTIVO MIRADAS CRÍTICAS DEL TERRITORIO DESDE EL FEMINISMO. *La vida en el centro y el crudo bajo tierra: el Yasuní en clave feminista*. Quito: Colectivo Miradas Críticas del Territorio desde el Feminismo, 2014. Disponível em: https://miradascriticasdelterritoriodesdeelfeminismo.files.wordpress.com/2014/05/yasunienclavefeminista.pdf.

COLECTIVO MIRADAS CRÍTICAS DEL TERRITORIO DESDE EL FEMINISMO. *Mapeando el cuerpo-territorio: guía metodológica para mujeres que defienden sus territorios*. Quito: Instituto de Estudios Ecologistas del Tercer Mundo, 2017. Disponível em: https://miradascriticasdelterritoriodesdeelfeminismo.files.wordpress.com/2017/11/mapeando-el-cuerpo-territorio.pdf.

FEDERICI, Silvia. *Calibán y la bruja: mujeres, cuerpo y acumulación originaria*. Buenos Aires: Tinta Limón, 2010. [Ed. bras.: *Calibã e a bruxa: mulheres, corpo e acumulação primitiva*. Trad. Coletivo Sycorax. São Paulo: Elefante, 2017.]

FEDERICI, Silvia. *La revolución inacabada: mujeres, reproducción social y luchas por lo común*. Oaxaca: Escuela Calpulli, 2014. [Ed. bras. *O ponto zero da revolução: trabalho doméstico, reprodução e luta feminista*. Trad. Coletivo Sycorax. São Paulo: Elefante, 2019.]

FUNDAÇÃO ROSA LUXEMBURGO. *Memoria del Encuentro Regional de Mujeres y Feminismos Populares*, Puembo, 4-6 jun. 2013. Disponível em: https://www.rosalux.org.ec/pdfs/memoria_encuentro_regional_2.pdf.

GARCÍA-TORRES, Miriam. *Petróleo, ecología política y feminismo: una lectura sobre la articulación de Mujeres Amazónicas frente al extractivismo petrolero en la provincia de Pastaza, Ecuador*. Dissertação de mestrado, Quito, Faculdade Latino-Americana de Ciências Sociais, 2017.

HERNÁNDEZ CASTILLO, Rosalva Aída. "Cuerpos femeninos, violencia y acumulación por desposesión". *In*: BELAUSTEGUIGOITIA RUIS, Marisa & SALDAÑA-PORTILLO, María Josefina (org.). *Des/posesión: género, territorio y luchas por la autodeterminación*. Cidade do México: Unam-Pueg, 2015, p. 79-100.

HIMLEY, Matthew. "El género y la edad frente a las reconfiguraciones en los medios de subsistencia originadas por la minería en el Perú", *Apuntes: Revista de Ciencias Sociales*, v. 38, n. 68, p. 7-35, 2011.

LAITE, Julia Ann. "Historical Perspectives on Industrial Development, Mining, and Prostitution", *The Historical Journal*, v. 52, n. 3, p. 739-61, 2009.

MACASSI LEÓN, Ivonne. *Diagnóstico sobre trata de mujeres, niños y niñas en ocho ciudades del Perú*. Lima: Centro de la Mujer Peruana Flora Tristán, 2015. Disponível em: http://www.flora.org.pe/investigaciones/TRATA_FINAL.pdf.

MACHADO ARÁOZ, Horacio. "El debate sobre el 'extractivismo' en tiempos de resaca", *Rebelión*, 12 abr. 2016.

MUKHERJEE, Sonali. "Mining and Women: The Case of the Maria of Chhattisgarh", *Social Change*, v. 44, n. 2, p. 229-47, 2014.

PÉREZ OROZCO, Amaia. *Subversión feminista de la economía: aportes para un debate sobre el conflicto capital-vida*. Madri: Traficantes de Sueños, 2014.

RED LATINOAMERICANA DE MUJERES DEFENSORAS DE DERECHOS SOCIALES Y AMBIENTALES. *Encuentro Latinoamericano de ecofeminismo y protección*, Cajamarca, Perú, 1-4 set. 2012.

ROJAS ZAMORA, Alma Rosa. "La trata de las personas en San Cristóbal", Colectivo Educación para la Paz y los Derechos Humanos A.C., 2013. Disponível em: http://www.cepazdh.org/wp/wp-content/uploads/trata-sancristobal2013.pdf.

SEGATO, Rita. *La escritura en el cuerpo de las mujeres asesinadas en Ciudad Juárez: territorio, soberanía y crímenes de segundo estado*. Buenos Aires: Tinta Limón, 2004.

SHARMA, Sanjay. "The Impact of Mining on Women: Lessons from the Coal Mining Bowen Basin of Queensland, Australia", *Impact Assessment and Project Appraisal*, v. 28, n. 3, p. 201-215, 2012.

SVAMPA, Maristella. "Pensar el desarrollo desde América Latina", 2011. Disponível em: http://www.maristellasvampa.net/archivos/ensayo56.pdf.

SVAMPA, Maristella. "'Consenso de los Commodities' y lenguajes de valoración en América Latina", *Nueva Sociedad*, n. 244, 2013.

WILSON, Japhy & BAYÓN, Manuel. *La selva de los elefantes blancos*. Quito: Ediciones Abya Yala/IEETM, 2017.

2

MULHERES, CORPOS E TERRITÓRIOS: ENTRE A DEFESA E A DESPOSSESSÃO[1]

Delmy Tania Cruz Hernández

TRADUÇÃO Sislene Costa da Silva e Manuela M. M. Silveira

De acordo com o relato de Vicenta, desde que ocorreu a tragédia de Acteal,[2] seu corpo ficou vazio. Em seu mapa do corpo-território, ela colocou apenas uma cruz no lugar do coração; o resto da sua figura

1 Embora eu assine a autoria do artigo, os argumentos que dão corpo ao texto também são fruto do trabalho e das reflexões dos coletivos dos quais faço parte: Miradas Críticas del Territorio desde el Feminismo, Mujeres Transformando Mundos e Centro de Educación Integral de Base. Além disso, as premissas que apresento são parte de minha tese de doutorado e do trabalho de campo que realizei entre janeiro e setembro de 2017 na Meseta Comiteca de Chiapas, México, e no sudeste da Amazônia equatoriana.

2 A chacina conhecida como massacre de Acteal aconteceu em 22 de dezembro de 1997, quando paralimitares executaram 45 indígenas Tzotzil que rezavam em uma igreja na localidade de Acteal, no estado mexicano de Chiapas. As vítimas haviam sido removidas de suas comunidades de origem por causa do conflito armado na região e pertenciam à organização Las Abejas. [N.T.]

estava desabitada. Em língua tsotsil,[3] disse que, enquanto não houver justiça em seu território, não poderá sentir mais nada em seu corpo.[4]

Enquanto Vicenta relata sua experiência, no rosto de Rosa se nota uma lágrima. Ela fala logo depois de Vicenta e a primeira coisa que diz é: "Sinto a dor da companheira aqui no meu coração", enquanto toca o próprio estômago... Rosa pega seu mapa e afirma com voz potente:

> Eu desenhei minha casa, coloquei umas montanhas com árvores. No meu peito, coloquei a roça de milho, porque é dela que vivemos: plantamos milho para consumo da família. No meu ventre coloquei as árvores porque são parte da nossa vida e gosto que haja flores e animais. Coloquei uma montanha onde estão cavando e uma máquina de remover areia. Nos nossos pés está o rio de águas turvas, que é o que nos resta... (Rosa, bairro La Concepción Jocnajab, Comitán, Chiapas; informação verbal)

Tanto Rosa como Vicenta enunciam a vida em seus territórios por meio de seu próprio corpo: em um, não há nada mais do que a busca por justiça; no outro, há roças de milho, árvores, montanhas destruídas. Percebemos que o que sobra são as águas turvas, poeira e tristeza provocadas pela contaminação do rio. Ambas as mulheres, com seus relatos, nos convidam a pensar o corpo como lugar central para habitar, ouvir, sentir, perceber o território.

Algumas feministas sugerem que o corpo das mulheres é o primeiro lugar de luta. No entanto, certas questões emergem quando os territórios são violentados por grupos paramilitares ou quando há ameaças da chegada de empresas extrativistas a seus espaços. O que acontece com o corpo das mulheres? Os corpos feminizados em contextos comunitários podem reivindicar a mesma autonomia que aquela de ambientes urbanos, onde o paradigma individual é uma premissa?

3 Uma das nove línguas indígenas de Chiapas, e a que possui maior número de falantes.

4 Oficina realizada por Miradas Críticas del Territorio desde el Feminismo, Mujeres Transformando Mundos e Centro de Educación Integral de Base em outubro de 2015, em Comitán, Chiapas.

Este artigo tece o vínculo entre corpos feminizados e a expropriação em territórios indígenas, além de compartilhar o significado da defesa do território nas mãos, na vida, na voz e no corpo das mulheres. Ressalta, principalmente, a vida cotidiana como estratégia de defesa.

TERRITÓRIOS COLONIZADOS E CRIMINALIZAÇÃO DA DEFESA

Um dos cenários que se destacam no século XXI na América Latina mostra o aumento das disputas por territórios, sobretudo aqueles habitados por povos ancestrais. A violência estrutural em que estamos imersas se ampliou devido à política estatal intimamente ligada aos planos neoliberais, cuja repercussão se dá principalmente nos territórios indígenas. Tendo como ponto de partida a análise da economia política do capitalismo tardio, atualmente desenvolvida por David Harvey, que segue as ideias de Rosa Luxemburgo (1978 [2021]), reconhecemos que a acumulação original nunca terminou. As potências colonizadoras outrora se valeram da pilhagem de recursos naturais, bem como das formas alternativas de produção e consumo dos povos colonizados. Atualmente, essas formas de espoliação continuam ocorrendo, mas assumem facetas mais violentas, que geram novas configurações territoriais, pois aparecem outros atores inesperados no cenário, como o crime organizado e suas alianças (Segato, 2014). Parafraseando Eduardo Galeano, as veias da América Latina e do Caribe continuam sangrando.

Os projetos extrativistas de mineração, hidrocarbonetos e agroindústrias se instalam em cada vez mais geografias em toda a América Latina. Geralmente os negócios são implementados por grandes empresas transnacionais, mas, nos últimos anos, identificamos a incorporação de algumas empresas estatais. Como bem sugere Gartor (2014), "se existe algo em comum entre governos progressistas e neoliberais da região, é a consolidação de um modelo neodesenvolvimentista com base extrativista".

A espoliação nunca foi um ato pacífico. Historicamente, a violência tem sido um método constante de acumulação de capital não só nos seus primórdios mas também nos dias atuais (Luxemburgo, 1978

[2021]). No entanto, os povos nativos de várias partes da América Latina buscaram maneiras de defender os seus territórios. Tal como destacam os zapatistas, as resistências dos povos desde a Colônia até a atualidade são uma afronta aos poderes que pretendem impor sua hegemonia a todo custo.

A violência é legitimada pelos de cima quando quem defende o território são os povos originários (Gilly, 2006). Uma das estratégias repressivas dos Estados contra as vozes dissidentes é retirá-las da *legalidade* a fim de acusá-las como criminosas. Além disso, as pessoas consideradas lideranças enfrentam assédio policial e ameaças à vida de seus familiares (Hernández Castillo, 2014). Nesse sentido, situações de violência política causam sérios danos à saúde ou chegam até mesmo a levar à morte.

A criminalização das mulheres tem características específicas, uma vez que o foco da violência se concentra em seus corpos e na intimidação da maneira de ser *mulher* nas comunidades, de modo a colocar em dúvida sua atuação moral:

> Durante algum tempo deixei de pedir coisas à organização dos homens, nem mesmo queria participar, porque cada vez que pedia, eles riam de mim. Uma vez pedi dinheiro para construir a casa das mulheres, para que pudéssemos conversar, fazer oficinas, nos reunir, e eles começaram a dizer na assembleia que eu queria dinheiro para colocar no bar que, segundo eles, eu tenho em Puyo [cidade na Amazônia equatoriana]; a minha filhinha estava lá, ela ouviu tudo. (Liderança em Lorocachi, Pastaza, 17 jun. 2017; informação verbal)

Quando mulheres organizadas levantam a voz para defender o território, enfrentam uma hidra de muitas cabeças: como indígenas, transgridem o espaço racial construído pelas políticas governamentais e partidárias ocidentalizadas, que não consideram que as mulheres racializadas tenham lugar nesse espaço. Como se a atenção e a escuta às reivindicações indígenas implicasse a separação de seu corpo e de sua língua. "Foi necessário separar os seus corpos indígenas de suas línguas, que falam um espanhol partido" (Belausteguigoitia Rius, 2001, p. 234). Um exemplo desse racismo é a atitude do governo do Equador, liderado então por Rafael Correa, quando, em outubro de 2013, se recusou a receber a Marcha das Mulheres Amazônicas na cidade de Quito. Essas mulheres protestavam contra a expansão da fronteira petrolífera promovida pela 11ª rodada[5] e contra a licitação de concessões de petróleo em seu território; tinham o objetivo de evitar a contaminação de solos, rios e florestas, bem como outras consequências sociais e culturais. Além disso, por serem mulheres, violam e transgridem o espaço patriarcal, reforçado por políticas estatais e cuidadosamente tecido ao longo dos séculos nas suas próprias comunidades. Para nomear esse processo de longa duração, Segato (2016) propõe o conceito de *pacto estatal-colonial*.

"A punição para a transgressão das mulheres indígenas é desacreditá-las", diz Belausteguigoitia Rius (2001, p. 242), ao ressaltar como as mulheres são duplamente marcadas quando resistem à invasão de suas terras ou de seus corpos, pois são consideradas traidoras da sua comunidade e nação.

> Mulheres indígenas ativas, que pressionam as divisões militares, que reivindicam mandados oficiais justificando e legalizando o avanço e a invasão, donas — embora de modo efêmero — de sua terra e defensoras de seu espaço são transgressoras não somente perante o Estado e o Exército, mas também perante suas próprias tradições e práticas socioculturais. (Belausteguigoitia Rius, 2001, p. 242)

AS MULHERES DIANTE DA LUTA EXTRATIVISTA

Nas últimas décadas, houve um aumento no número de estudos sobre a defesa do território em diversos países da América Latina. Contudo, pouco tem sido dito a respeito da organização das mulheres na defesa do território, e quase nada se sabe sobre o que elas defendem.

5 Espécie de leilão de concessões públicas para exploração de petróleo e mineração. A 11ª rodada petroleira foi realizada em 2012 e abriu para licitação dezesseis blocos petrolíferos na Amazônia sul-equatoriana (províncias de Pastaza e Morona Santiago). [N.T.]

A palavra e a luta das mulheres organizadas em defesa dos seus territórios ganharam visibilidade na última década, embora elas o tenham feito desde a chegada dos espanhóis (Hernández Castillo, 2014). Os mecanismos adotados pela espoliação dos territórios e de seus recursos naturais, sociais e culturais marcaram cenários diferentes, que evidenciaram a luta das mulheres outrora invisibilizada. Na última década, elas tiveram de enfrentar o ressurgimento das indústrias extrativistas apoiadas pelos governos latino-americanos que promovem a venda dos seus territórios. Além disso, a exacerbada acumulação e concentração de riqueza nas mãos de uma minoria de empresários e especuladores — aquilo que Segato (2016) denomina *dueñidad*[b] — criou uma geopolítica global sem fronteiras, com novas formas de dominação entre países imperialistas e países dependentes via livre mercado. Isso afeta os países periféricos, notadamente as zonas rurais e o campesinato, excluídos da equação da acumulação neoliberal, embora sustentem o sistema capitalista por meio de mão de obra, consumo e trabalho de cuidados. Sem espaço no mercado imposto pelo sistema, muitos homens decidem migrar para países "ricos" ou pegar em armas e se unir ao narcotráfico. Enquanto isso, as mulheres optam pelo trabalho informal, sem deixar de lado as tarefas de reprodução nas suas comunidades nem a defesa do território.

Os cenários atuais que o capitalismo impõe a todos os povos do sistema-mundo afetam especialmente os povos originários e atingem de forma particular as mulheres, sobretudo quando em seus territórios há matérias-primas valiosas, cuja extração contribui para a acumulação. Antes espaços de vida, os territórios tornam-se lugares hostis para se habitar quando as alianças patriarcais entre

b Desde 2016, Segato vem trabalhando a ideia de *dueñidad* em diversas entrevistas. Na conferência magistral que deu em março na celebração dos cinquenta anos de Clacso-América Central, na Cidade da Guatemala, ela explicou esse conceito, atribuindo-lhe características específicas que podem ser encontradas em toda a América Latina. [*Dueñidad* é uma categoria formulada para explicar os dispositivos subjetivos e objetivos de controle social pela posse da terra, da água, do corpo, da moradia, do dinheiro etc. Está relacionada a uma pedagogia da crueldade, que objetifica os apossados e as posses como instrumentos de reafirmação violenta de seu poder. — N.T.]

o capital e as relações machistas comunitárias deixam as mulheres sozinhas para defendê-los.

O argumento deste texto parte da caracterização das mulheres como sujeitas políticas que enfrentam o grande capital. Além disso, mostra como elas constroem sua reflexão política para defender os territórios por meio de suas práticas cotidianas, de que maneira se organizam e como põem o corpo na luta, a despeito da violência sistêmica vivida cotidianamente.

A DEFESA DO TERRITÓRIO POR MEIO DA VOZ E DO CORPO DAS MULHERES

Se as mulheres têm sido referência na defesa dos territórios, como podemos explicar sua invisibilidade nos processos de luta? Não há resposta conclusiva a essa pergunta; nem sei se é essa a intenção. Acredito, sem dúvida, que um conjunto de ações fez com que as mulheres se constituíssem atualmente como "nova" sujeita política indígena a ser considerada nas análises que tratam da defesa territorial.

Certamente, as vozes que hoje ouvimos das mulheres foram impulsionadas pelos tipos de alianças formadas nos territórios em cada contexto. Para começar, poderíamos mencionar a presença ativa das mulheres em eventos e processos mobilizados pela teologia da libertação em toda a América Latina, o que fomentou meios de organização social e deu origem a uma base organizada que, em alguns lugares, como o México, exigiu a distribuição justa da terra e a abolição de várias opressões a que a população indígena, mantida em condições de escravidão, estava submetida. Muitas das mulheres da América Latina que se organizaram com base no chamado da teologia da libertação, embora não tenham alcançado a propriedade da terra ou visibilidade, ganharam experiência organizativa (Olivera Bustamente, 2014).

Na América Latina, outro importante divisor de águas que colocou as mulheres novamente no centro foi a Lei Revolucionária das Mulheres, promovida e promulgada pelas combatentes do Exército Zapatista de Libertação Nacional em 1994. Essa legislação possibilitou ecoar as vozes das mulheres e evidenciou sua presença ativa em amplos movimentos sociais (Olivera Bustamente, 1995).

Atualmente, as mulheres indígenas organizadas são uma referência de luta por levantarem sua voz e colocarem seus corpos no processo de defesa de seus territórios, apesar do racismo, do machismo e do classismo que enfrentam.

Centraremos a análise naquilo que as mulheres organizadas defendem em seus territórios. Em primeiro lugar, temos de nos concentrar na escala do corpo, pois é esse o ponto em que o capital se reproduz (Federici, 2004 [2017]) e em que as dinâmicas de conquista dos territórios foram recriadas (Hernández Castillo, 1998; Freyermunth, 1998; Olivera Bustamente, 1988, 1995, 1998, 2001, 2014).

Os corpos feminizados são alvos do controle territorial (Segato, 2014). De fato, o sistema capitalista se desenvolveu com suporte na espoliação dos saberes e na exploração do corpo da mulher, como argumenta Federici (2004 [2017]). O processo de espoliação dos corpos feminizados continua e é um fenômeno a que a autora denomina acumulação primitiva permanente.

Um aspecto fundamental para compreender a defesa do território promovida pelas mulheres é considerar a análise da vida cotidiana, uma vez que é por meio desse espaço-tempo que as mulheres organizadas constroem suas estratégias-reflexões para a defesa de seu corpo-terra, corpo-território. Contudo, a fim de tornar a reflexão mais complexa, entender a vida cotidiana como uma categoria de análise implica enquadrá-la no contexto da violência que hoje se vive, como já mencionado.

A VIOLÊNCIA E A VIDA COTIDIANA NA DEFESA DO TERRITÓRIO

A violência que se mostra nos cenários da América Latina, sobretudo em territórios de povos originários, é um elemento definidor da defesa territorial promovida pelas mulheres: altera sua vida cotidiana e muda o significado de colocar o corpo nessa resistência.

A violência contra as mulheres não é um acontecimento isolado, não é exclusiva da relação entre mulheres e homens, nem ocorre somente em espaços "privados": é, antes, um *continuum* histórico que atualmente assume diferentes facetas, ataca a vida e os corpos das mulheres (Segato, 2016) e está, sem dúvida, articulada à expropriação territorial. Embora seja verdade que a relação que as mulheres estabeleceram com a terra tem sido frequentemente conflitiva e mediada pela exclusão, o território é a representação do seu cuidado, de estar e ser; é, em parte, a definição das suas formas de existência material. Nesse sentido, a espoliação afeta diretamente suas vidas cotidianas e seus corpos.

Os estudos de Nancy Scheper-Hughes, Philippe Bourgois, Veena Das, Pierre Bourdieu, Eduardo Gudynas, Silvia Federici e Rita Segato ajudam a compreender como a violência interage nas estruturas sociais e também no cotidiano. Bourgois (1996, 1989, 2003), Scheper-Hughes (1987, 1996) e Bourdieu (1999a [2001], 1999b [2008], 2000 [2002]) articulam três manifestações invisíveis da violência: a estrutural, a simbólica e a normalizada. O *continuum* em que essas manifestações se encontram está impregnado de poder e resulta em atravessamentos hierárquicos, enquanto elas se sobrepõem horizontalmente. Desse modo, passam a reproduzir não somente a si mesmas mas também estruturas políticas de desigualdade que as fomentam e as impulsionam. Considero que, ao articular esses três aspectos da violência que não são imediatamente visíveis, é possível demonstrar as relações entre as manifestações e as formas específicas virtualmente infinitas de violência que se encontram na vida cotidiana e ao longo da história. Segato (2003, 2016) e Das (1997, 2008) permitem vislumbrar como as mulheres e seus corpos recebem um tratamento diferente no fenômeno da violência, porque o epifenômeno desta são os corpos femininos; neles estão inscritos diálogos para o mundo masculino.

Segato (2016) postula que a guerra do século XX tem uma nova tonalidade: as novas configurações são mais sutis, porque pretendem esconder os entramados existentes entre as políticas estatais, as empresas transnacionais extrativistas e o narcotráfico. Para a autora, a violência contra as mulheres agravou-se e as múltiplas cabeças[7] dessa violência se modificaram. Existe hoje uma nova forma de apropriação dos corpos das mulheres originada em guerras não formais, no paradigma territorial e na mudança da cultura política. Como afirmam Segato (2004) e Hernández Castillo (2014), no momento em que o território é visto como um corpo, se transforma em espaço de disputa.

Ao estudar a violência sobre o corpo das mulheres, observamos como o fenômeno se materializa de forma sistêmica na esfera sexual. Apesar de o exercício da sexualidade ser parte fundamental da reconfiguração violenta dos corpos nos territórios, a intenção de desapropriação dos corpos responde ao fato de que neles se encontram sabedoria, conhecimentos, redes; neles, a vida se reproduz (Federici, 2014 [2019]). Assim, é por meio da reprodução cotidiana que novas formas de vida comunitária são construídas e as formas de fazer política são transformadas.

Mas como a vida cotidiana acontece? O que fazemos dela, o que reproduzimos? Esses questionamentos nos levam a pensar que a vida cotidiana é um lugar articulador da existência; é mediação, prefiguração e espaço de invenção; é lugar de repetição, seriação, naturalização, ou seja, é uma prática social, além de lugar e tempo em que vamos sendo e acontecendo (Giddens, 1988 [2009]). Não se pode pensar à margem da estrutura que a produz e a legitima. É o lugar onde a reprodução da vida transcorre de forma material e simbólica. Para Heller (1998), a vida cotidiana é a reprodução do particular, em que o particular é o ser humano; nela a humanidade se reproduz. Toda a humanidade tem vida cotidiana, embora cada vida tenha as suas particularidades. A vida cotidiana é o espaço perfeito para compreender a reprodução do *habitus* (Bourdieu, 1999b [2008]), pelo qual as mulheres organizadas como sujeitas políticas reproduzem a vida social e material, vivenciam as várias formas de violência e criam estratégias para a defesa do território.

Enquanto a estrutura determina as sujeitas sociais, elas também rompem com as determinações e muitas vezes abrem brechas no sistema. As mulheres organizadas em um território estremecem esse lugar quando se pronunciam a favor da vida e pela defesa dos espaços

7 Paráfrase ao movimento zapatista quando compara o capitalismo a uma hidra de várias cabeças.

que habitam, mesmo que não sejam as proprietárias legais. As companheiras organizadas na Meseta Comiteca de Chiapas dão exemplos evidentes de resistência e defesa do território com base na vida cotidiana.

Uma estratégia fundamental que as mulheres encontram para fazer ecoar a própria voz é valorizar seu trabalho reprodutivo, bem como o de suas filhas e de seus filhos, mesmo quando essa atividade provoca incômodo nas demais pessoas por romper estereótipos de gênero definidos nas comunidades:

> Nós, mulheres, somos as que mais trabalhamos na comunidade. Tem homens que não querem ver isso... (risos de Sara, outra mulher organizada), tem outros que reconhecem. Eu, por exemplo, ensino o meu filho a fazer tortilhas. Algumas pessoas, quando o veem fazendo tortilhas, lavando pratos, recolhendo lenha ou alimentando os animais, dizem que ele se vai tornar mulher, gritam coisas para ele... mas, para mim, é importante que na comunidade vejam que o nosso trabalho vale a pena. Caso contrário, como é que vão nos dar valor? Assim podemos falar e fazer valer a nossa palavra. (Tere, San Nicolás, Trinitaria, trecho de entrevista, 12 ago. 2017; informação verbal)

Ao valorizar e evidenciar o trabalho reprodutivo, as mulheres constroem políticas para a defesa do território e visibilizam a produção construída dia após dia. Mostram como, por meio de seu trabalho, o território se torna lugar de resistência, de reconstrução de valores e, ao mesmo tempo, de sentidos comunitários.

Do mesmo modo, as mulheres organizadas no coletivo El Colibrí, que vivem na região fronteiriça de Chiapas, promovem "o uso" não capitalista dos recursos naturais — terra, água, montanhas — e têm se mantido contrárias à comercialização da natureza:

> Na nossa comunidade se encontra o Rio San Vicente. Ele nasce aqui bem grande e vai sendo canalizado para irrigar a cana-de-açúcar. Todos os agrotóxicos provenientes das plantações de abacate vão para o rio. Ele vai sendo contaminado, vai desaparecendo. Os proprietários da cana-de-açúcar se apropriaram dele. E nós, o que fazemos? Antes, nada... Agora já realizamos diálogos, temos que nos juntar com outras comunidades afetadas e sermos capazes de replicar a informação que vamos

> ouvindo. Temos que falar na assembleia que o rio é para todos. (Zenaida, 1º Toxitour, Tzimol, Chiapas, 6 nov. 2017)

As mulheres comentam que, antes de estarem organizadas, percebiam os impactos nas suas comunidades, a exemplo da contaminação do rio e da concentração de água por parte dos proprietários de fazendas de cana-de-açúcar. No entanto, não se sentiam capazes de falar a respeito, muito menos de enfrentar a situação. Uma vez iniciado o processo de reflexão com mulheres de outros territórios e com aquelas de sua própria comunidade, deram-se conta da importância de levantar a voz, mas, acima de tudo, como afirma Zenaida:

> Ganhamos mais coragem e perdemos a vergonha, aprendemos a parar de falar na escuridão. Além disso, o problema do rio afeta mais a nós, mulheres. Se a água está suja, é mais trabalho para as mulheres. E se o rio está sujo, vamos à procura de outros rios e vamos para outro lugar mais distante, assim como acontece com as mulheres de San Nicolás. (Zenaida, depoimento na oficina de reflexão "O que é a organização e como ela serve às mulheres?", Comitán, Chiapas, 15 maio 2017)

Rosa e Zenaida compartilham uma preocupação. No início, mostramos como Rosa, por meio do seu mapeamento corporal, narrava a tristeza que sentia ao ver o rio poluído. Por essa razão, ela preenchia os pés com águas turvas e malcheirosas, que também cobriam parte das coxas e entravam pela vagina. Quando a companheira Zenaida lhe perguntou por que a água ia "até o interior", ela respondeu que, "quando a água está suja, mata também por dentro, na alma".

Zenaida tem raízes indígenas Tojolabal e é originária da Meseta Comiteca, na fronteira entre o México e a Guatemala. A ideia que compartilha com sua comadre Rosa é que seus territórios são corpos e os corpos são territórios, ou seja, o corpo não é apenas natural: é também construído social e politicamente (Esteban, 2004; Bordo, 2001). Por meio das declarações e exemplos de mulheres organizadas em territórios em resistência, podemos afirmar que o corpo também é construído territorialmente, sobretudo em contextos comunitários. Portanto, o corpo-território torna-se uma conjunção indispensável para viver e compreender o lugar, para habitar segundo uma cosmogonia diferente. Por isso, a água contaminada invade por dentro, ou, quando falta justiça, o corpo tem apenas uma cruz no seu coração, como narrava Vicenta.

O território como corpo é um espaço de interação cotidiana, histórica, material e simbólica em disputa. As bases fundamentais para essa defesa são as vozes, as práticas de resistência e as estratégias individuais e comunitárias que as mulheres organizadas põem sobre a mesa quando sentem que sua vida, seu trabalho, seus conhecimentos e seus espaços estão ameaçados. No entanto, as mulheres organizadas na zona fronteiriça de Comitán desenvolveram um processo de diagnóstico e de discussão sobre os problemas que as afetam diretamente, bem como as suas famílias e as suas comunidades. Organizadas, geram novas formas de compreender o território, de entender a maneira de serem mulheres, assim como seus corpos, sua vida. Dessa forma, colocam sua voz no debate, afirmam como querem viver e como enfrentarão a expropriação vivenciada diariamente.

REFERÊNCIAS

BELAUSTEGUIGOITIA RIUS, Marisa. "Descarados y deslenguadas: el cuerpo y la lengua india en los umbrales de la nación", *Debate Feminista*, n. 24, p. 230-52, 2001.

BORDO, Susan. "El feminismo, la cultura occidental y el cuerpo", *La Ventana*, v. 2, n. 14, p. 7-82, 2001.

BOURDIEU, Pierre. *Meditaciones pascalianas*. Barcelona: Anagrama, 1999a. [Ed. bras.: *Meditações pascalianas*. Trad. Sergio Miceli. Rio de Janeiro: Bertrand Brasil, 2001.]

BOURDIEU, Pierre. *Razones prácticas: sobre la teoría de la acción*. Barcelona: Anagrama, 1999b. [Ed. bras.: *Razões práticas: sobre a teoria da ação*. 9. ed. Trad. Mariza Corrêa. Campinas: Papirus, 2008.]

BOURDIEU, Pierre. *La dominación masculina*. Trad. Joaquín Jordà. Barcelona: Anagrama, 2000. [Ed. bras.: *A dominação masculina*. 2. ed. Trad. Maria Helena Kühner. Rio de Janeiro: Bertrand Brasil, 2002.]

BOURGOIS, Philippe. *Ethnicity at Work: Divided Labor on a Central American Banana Plantation*. Baltimore: Johns Hopkins University Press, 1989.

BOURGOIS, Philippe. “In Search of Masculinity: Violence, Respect and Sexuality among Puerto Rican Crack Dealers in East Harlem”, *British Journal of Criminology*, v. 36, n. 3, p. 412-27, 1996.

BOURGOIS, Philippe. *En busca de respeto: vendiendo crack en Harlem*. Buenos Aires: Siglo XXI, 2003.

DAS, Veena. “Language and Body: Transactions in the Construction of Pain”. *In*: KLEINMAN, Arthur; DAS, Veena & LOCK, Margaret (org.). *Social Suffering*. Santa Cruz: University California Press, 1997.

DAS, Veena. “Violence, Gender and Subjectivity”, *Annual Review of Anthropology*, v. 37, p. 283-99, 2008.

ESTEBAN, Mari Luz. “Antropología encarnada. Antropología desde una misma”, *Papeles del Ceic*, n. 12, 2004.

FEDERICI, Silvia. “La acumulación de trabajo y la degradación de las mujeres: la construcción de la ‘diferencia’ en la ‘transición al capitalismo’”. *In*: FEDERICI, Silvia. *Calibán y la bruja: mujeres, cuerpo y acumulación originaria*. Madri: Traficantes de Sueños, 2004. [Ed. bras.: “A acumulação do trabalho e a degradação das mulheres: a construção da ‘diferença’ na ‘transição’ para o capitalismo”. *In*: FEDERICI, Silvia. *Calibã e a bruxa: mulheres, corpo e acumulação primitiva*. Trad. Coletivo Sycorax. São Paulo: Elefante, 2017.]

FEDERICI, Silvia. *La revolución inacabada: mujeres, reproducción social y luchas por lo común*. Oaxaca: Escuela Calpulli, 2014. [Ed. bras. *O ponto zero da revolução: trabalho doméstico, reprodução e luta feminista*. Trad. Coletivo Sycorax. São Paulo: Elefante, 2019.]

FREYERMUNTH, Enciso Graciela. “Antecedentes de Acteal: muerte materna y control natal, ¿genocidio silencioso?”. *In*: HERNÁNDEZ CASTILLO, Rosalva Aída (org.). *La otra palabra: mujeres y violencia en Chiapas antes y después de Acteal*. Cidade do México: Ciesas, 1998, p. 63-82.

GARTOR, Miriam. “El feminismo reactiva la lucha contra el ‘extractivismo’ en América Latina”, *Rebelión*, 19 fev. 2014. [Ed. bras.: “As mulheres na luta contra o extrativismo na América Latina”, *Vermelho*, 27 fev. 2014.]

GIDDENS, Anthony. *La constitución de la sociedad: bases para la teoría de la estructuración*. Buenos Aires: Amorrortu, 1988. [Ed. bras.: *A constituição da sociedade*. 3. ed. Trad. Alvaro Cabral. São Paulo: Martins Fontes, 2009.]

GILLY, Adolfo. *Historia a contrapelo: una constelación*. Cidade do México: Era, 2006.

HELLER, Agnes. *Sociología de la vida cotidiana*. Barcelona: Península, 1998.

HERNÁNDEZ CASTILLO, Rosalva Aída (org.). *La otra palabra: mujeres y violencia en Chiapas antes y después de Acteal*. Cidade do México: Centro de Investigaciones y Estudios Superiores de Antropología Social, 1998.

HERNÁNDEZ CASTILLO, Rosalva Aída. “Cuerpos femeninos, violencia y acumulación por desposesión”. *In*: BELAUSTEGUIGOITIA RUIS, Marisa & SALDAÑA-PORTILLO, María

Josefina (org.). *Des/posesión: género, territorio y luchas por la autodeterminación*. Cidade do México: Unam-Pueg, 2014, p. 79-100.

LUXEMBURGO, Rosa. *La acumulación del capital*. Barcelona: Grijalbo, 1978. [Ed. bras.: *A acumulação do capital*. Trad. Luiz Alberto Moniz Bandeira. Rio de Janeiro: Civilização Brasileira, 2021.]

OLIVERA BUSTAMANTE, Mercedes. *Nicaragua: el poder de las mujeres*. Cidade do México: Cenzontle, 1988.

OLIVERA BUSTAMANTE, Mercedes. "Práctica feminista en el Movimiento Zapatista de Liberación Nacional". *In*: ROJAS, Rosa (org.). *Chiapas ¿y las mujeres qué?*, tomo 2. Cidade do México: La Correa Feminista, 1995, p. 168-184.

OLIVERA BUSTAMANTE, Mercedes. "Acteal: los efectos de la guerra de baja intensidad". *In*: HERNÁNDEZ CASTILLO, Rosalva Aída (org.). *La otra palabra: mujeres y violencia en Chiapas antes y después de Acteal*. Cidade do México: Centro de Investigaciones y Estudios Superiores de Antropología Social, 1998, p. 114-24.

OLIVERA BUSTAMANTE, Mercedes. "Igualdad de género y etnia: desafío para las mujeres indígenas chiapanecas". *In*: GALL, Olivia (org.). *Chiapas: sociedad, economía, interculturalidad y política*. Cidade do México: CEIICH-Unam, 2001, p. 235-60.

OLIVERA BUSTAMANTE, Mercedes. *Subordinaciones estructurales de género: las mujeres marginales de Chiapas frente a la crisis*. San Cristóbal de las Casas: Universidad de Ciencias y Artes de Chiapas/Centro de Derechos de la Mujer, 2014.

SCHEPER-HUGHES, Nancy. "The Mindful Body: A Prolegomenon to Work in Medical Anthropology", *Medical Anthropology Quarterly*, v. 1, n. 1, p. 6-41, 1987.

SCHEPER-HUGHES, Nancy. "Small Wars and Invisible Genocides", *Social Science & Medicine*, v. 43, n. 5, p. 5-43, 1996.

SCHEPER-HUGHES, Nancy & BOURGOIS, Philippe. "Introduction: Making Sense of Violence". *In*: SCHEPER-HUGHES, Nancy & BOURGOIS, Philippe (org.). *Violence in War and Peace: An Anthology*. Oxford: Blackwell Publishing, 2004.

SEGATO, Rita. *Las estructuras elementales de la violencia: ensayos sobre género entre la antropología, el psicoanálisis y los derechos humanos*. Buenos Aires: Prometeo, 2003.

SEGATO, Rita. *La escritura en el cuerpo de las mujeres asesinadas en Ciudad Juárez*. Buenos Aires: Tinta Limón, 2004.

SEGATO, Rita. "Las nuevas formas de la guerra y el cuerpo de las mujeres", *Sociedade e Estado*, v. 29, n. 2, p. 341-71, 2014.

SEGATO, Rita. *La guerra contra las mujeres*. Madri: Traficantes de sueños/Tinta Limón, 2016.

3

INTERSECCIONALIDADES NO CORPO-TERRITÓRIO

Alicia Migliaro González
Dina Mazariegos García
Lorena Rodríguez Lezica
Juliana Díaz Lozano
TRADUÇÃO Lina P. Machado Magalhães

APRESENTAÇÃO: CORPOS MUITOS E TERRITÓRIOS OUTROS

Corpos muitos caminham por Nossa América. Tonalidades diversas, paleta mestiça que concentra e dilui pigmentos. Formas várias, que se estendem ou engrossam por distintas latitudes. Corpos como pontos de encontro da memória que percorre nossas veias, dos territórios que habitamos e de todas as que habitaram antes de nós. Corpos e territórios. Geografias sexualizadas, racializadas. Carne e osso oprimidos em seus lugares de origem ou lançados na diáspora de um continente que transborda suas fronteiras.

Nestas linhas pretendemos pensar, discutir, debater coletivamente as contribuições que o conceito de interseccionalidade oferece à construção do corpo-território. Começaremos propondo uma definição conceitual, tendo como base correntes do feminismo não hegemônico; em seguida, apresentaremos uma breve genealogia do conceito, os contextos históricos e as lutas que lhe deram origem. Em seguida, ao utilizar a interseccionalidade como ferramenta analítica, abordaremos os atravessamentos da construção corpo-território em algumas correntes do feminismo latino-americano. Por último, compartilharemos algumas reflexões sobre os desafios da interseccionalidade na e pela construção do corpo-território para pensar certos desafios da realidade latino-americana atual.

INTERSECCIONANDO: O QUE QUEREMOS DIZER COM INTERSECCIONALIDADE?

> *Aí está a armadilha: quando o feminismo, com a desculpa de não se perder nem se dispersar pelo caminho, apenas atende à opressão de gênero. Afinal, quem são as mulheres afetadas apenas por opressões de gênero? As brancas, heterossexuais, burguesas, pertencentes a um povo não colonizado, diagnosticadas como mulheres ao nascer e cujas capacidades funcionais cumprem com a norma. Elas sim são minoria, uma minoria socialmente privilegiada.*
>
> — Itziar Ziga, *Malditas, una estirpe transfeminista* (2014)

O conceito de interseccionalidade provém da teoria feminista do final do século XX (sobretudo do feminismo negro e dissidente estadunidense) e pretende abarcar as sucessivas formas de dominação e de opressão que recaem sobre algumas mulheres. Refere-se à articulação de traços socioculturais que definem os sujeitos e podem se estabelecer como categorias de estratificação social e, portanto, de dominação política. Assim, a atribuição de classe/raça/gênero configura as condições de possibilidade para as diferentes formas de exploração que os sujeitos vivenciam e sobre as quais a sociedade se organiza. Essa atribuição separa com base na denúncia e demonstra a impossibilidade de analisar as dimensões da desigualdade isoladamente e/ou como a somatória de diferentes desigualdades. Pelo contrário, sugere que as desigualdades estão entrelaçadas à vida de sujeitos e coletivos de forma complexa e que precisamos nos situar nessa complexidade para que possamos analisá-las.

O conceito irrompeu no espaço acadêmico como tentativa de resistir à homogeneização do feminismo, ampliando e problematizando a leitura sobre modos de dominação. Pensar segundo a interseccionalidade conduz a duas advertências epistêmicas. A primeira é o reconhecimento de múltiplos sistemas de dominação, que, longe de atuar como canais separados, se relacionam e se potencializam reciprocamente. Segundo Valdés Gutiérrez (2005), o sistema de dominação é múltiplo, porém estruturado como um só; portanto, embora seja possível observar os traços das desigualdades estruturais, precisamos refinar as ferramentas para compreendê-las. A segunda é a necessidade de heterogeneizar os sujeitos de conhecimento, que já não serão um tipo ideal (o espelho do homem branco, burguês, heterossexual), mas encarnarão histórias singulares e coletivas que atualizarão as desigualdades.

A compreensão das desigualdades sociais e de suas múltiplas articulações tem sido objeto de preocupação das ciências sociais. Explicar como elas são produzidas, multiplicadas e articuladas não é tarefa fácil. Nesse sentido, o conceito de interseccionalidade oferece um potencial explicativo que permite transcender a metáfora aritmética (a dominação múltipla como conjunto das desigualdades) para passar a uma metáfora geométrica (a dominação múltipla como a interseção de diversas desigualdades que encarnam nos sujeitos). Embora algumas vozes críticas argumentem que a interseccionalidade não resolve o problema, já que ainda pressupõe raízes de opressão diferenciadas e preexistentes, há um consenso de que ela ao menos oferece novas leituras sobre um problema complexo (Dorlin, 2009 [2021]).

Com base nesses fluxos epistêmicos, a interseccionalidade se transforma em uma ferramenta analítica, pois permite compreender como as distintas dimensões da opressão atuam simultaneamente e se atualizam nas trajetórias vitais de sujeitos de carne e osso (Platero, 2012). Essas tradições feministas formaram uma ferramenta privilegiada para enunciar as desigualdades múltiplas e interdependentes do mundo em que vivemos (Brah & Phoenix, 2004). De acordo com Viveros Vigoya (2016), a interseccionalidade, além de ser um paradigma, é uma ferramenta de análise que permite compreender e interpretar a questão social de forma complexa. Analogamente, evidencia e acentua o cruzamento, bem como a combinação das identidades de gênero, classe, raça, idade e outras que se concretizam em ações de dominação e de opressão vivenciadas sobretudo pelas mulheres e pelos corpos feminizados.

Por outro lado, a interseccionalidade também visibiliza as relações de poder e o seu impacto sobre as pessoas individuais ou coletivas, complexificando o olhar sobre a produção de desigualdades. Como afirma María Lugones (2008), entendemos que a perspectiva interseccional não é a única: existem outras categorias e estruturas possíveis para tratar das relações entre ordens de poder e desigualdade. Ao estudar categorias de gênero, classe e etnia, Lugones as analisa sob a denominação de "teia" e de "trama", pois expressam integridade ao observar o tecido: a individualidade das tramas se torna difusa no desenho ou na tela (Lugones, 2008). É preciso, contudo, reconhecer que o uso e a difusão da interseccionalidade vêm criando espaços conceituais que facilitam a compreensão das "disputas históricas sobre o controle do trabalho, do sexo, da autoridade coletiva e da intersubjetividade" (Lugones, 2008, p. 79). Trata-se de entender tais dimensões de forma interrelacionada, pois constituem o modelo capitalista, eurocêntrico e globalizante que estabelece o padrão das relações de poder. Para situar a ação política da interseccionalidade, é necessário lembrar que tal perspectiva feminista questiona as subordinações e dominações cujas bases históricas se assentam nas normas e construções sociais privilegiadas para o sujeito masculino branco, heterossexual e proprietário. Esse sujeito pertence à cultura e à lógica epistêmica dominante, e é a partir daí que se estabelece a exclusão ou o privilégio, construindo estereótipos sistêmicos como o racismo, o classismo e as relações desiguais de poder.

Nesse sentido, Patricia Hill Collins (2006) estabelece que a interseccionalidade é uma maneira específica de entender de que modo o entrelaçamento de diferentes sistemas de opressão é instalado e reforçado mutuamente. A organização do poder em uma sociedade se dá, portanto, por meio de matrizes de dominação. Em qualquer matriz, existem duas características: (i) sistemas de opressão que se interseccionam histórica e socialmente; e (ii) sistemas de interseção da opressão que se organizam de modo específico via sistemas interrelacionados de dominação — estrutural, disciplinar, hegemônica e interpessoal (Hill Collins, 2006).

Em síntese, o conceito de interseccionalidade, mais do que explicar, oferece uma metáfora, uma imagem radical de um novo pensamento para compreender as opressões das mulheres (no plural, indicando não apenas as opressões vivenciadas por mulheres brancas, burguesas, heterossexuais) e dos corpos feminizados.

MEMÓRIAS: UMA BREVE GENEALOGIA DO CONCEITO

O conceito de interseccionalidade não tem uma certidão de nascimento com uma data estabelecida, tampouco uma origem única. Aliás, várias autoras feministas (Brah & Phoenix, 2004; Ziga, 2014; Viveros Vigoya, 2016) concordam que a noção de interseccionalidade é anterior à sua denominação como tal, e que o seu surgimento representou uma ruptura epistêmica no interior das ciências sociais (Dorlin, 2009 [2021]). Desse modo, o conceito emanou de reflexões precedentes de certas tradições feministas que versavam sobre desigualdades:

> Emma Goldman já relata em suas memórias como a necessidade da revolução a favor da emancipação operária estava intimamente vinculada com a emancipação das mulheres, uma vez que a experiência das operárias e as estruturas conformadoras da sociedade de classes não podiam ser consideradas independentes. (López, 2013, p. 239)

No entanto, é comum considerar a década de 1970 e o feminismo negro estadunidense como marcos fundadores do conceito. As afro-estadunidenses criticavam o feminismo branco, pois consideravam que respondia unicamente às necessidades de determinadas mulheres, desconsiderando outras realidades e culturas diferentes das ocidentais. Ao mesmo tempo, as feministas socialistas (principalmente as italianas) estavam visibilizando conexões entre racismo, sexismo e privilégio de classe em seus estudos sobre mulheres e trabalho, nos quais utilizavam as ferramentas teóricas do marxismo de forma adequada para lutar contra o racismo e o colonialismo.

O conceito foi formulado em 1989 por Kimberlé Crenshaw, advogada de origem afro-estadunidense, no contexto de uma disputa legal em defesa de trabalhadoras negras (Viveros Vigoya, 2016). A interseccionalidade foi proposta como uma referência empírica fortemente apoiada na tradição do feminismo negro (com uma evidente vinculação com o manifesto feminista negro do Combahee River Collective,[1] de 1977). Foi enunciada no contexto da defesa de um caso paradigmático, em que o tribunal responsável por julgar a causa de um grupo de trabalhadoras que tinham sido demitidas pela General Motors Assembly Division [Divisão de montagem da General Motors] (1976), no Missouri, negou-lhes a indenização. Nessa oportunidade, o júri se recusou a reconhecer a discriminação de sexo e de raça de forma simultânea, alegando que, em concordância com as leis vigentes nos Estados Unidos, as demandas de discriminação só poderiam ser apresentadas por sexo ou por raça, mas não como uma combinação de ambas (Rey Martínez, 2008, p. 259).

Crenshaw então deu evidências empíricas de que as mulheres que defendia se encontravam em uma espécie de encruzilhada — imagem que ela utiliza para propor o conceito de interseccionalidade. Em sua defesa, argumenta que certas desigualdades não podem ser identificadas como simples somatória, ao contrário: interseccionam-se consubstancialmente de forma pessoal-social e evidenciam relações de poder existentes na sociedade. Crenshaw parte da premissa de que o gênero, a classe, a raça e outras categorias sociais não são naturais, e sim construídas socialmente de forma interrelacionada para incluir ou excluir individual ou coletivamente. Anos depois, surpreendida pela difusão do conceito, ela se dedicou a teorizá-lo. No texto *Mapping the Margins* [Mapeando as margens] (Crenshaw, 1991), a autora propõe uma análise sistemática da interseccionalidade em dois âmbitos: estrutural (raça, gênero e classe são estruturas de poder interrelacionadas que

1 Em tradução livre, Coletivo do Rio Combahee, organização feminista de mulheres negras e lésbicas da cidade de Boston, em atividade entre 1974 e 1980. Seu nome provém da ação guerrilheira dirigida por Harriet Tubman em 2 de junho de 1863, na região de Port Royal, na Carolina do Sul. Essa ação libertou mais de 750 escravos e foi a única campanha militar na história estadunidense planejada e liderada por uma mulher (Davis, 2004 [2016]).

determinam a vida dos sujeitos) e político (tratando do conflito gerado pela interligação dessas dimensões nas agendas políticas estatais e dos movimentos sociais). A interseccionalidade emerge para nomear o que é evidente e também para demonstrar a restrição das tradições sociais e políticas que servem de base para a ideia de dominação.

Entretanto, como mencionamos, o conceito não tem data de nascimento nem filiação precisa. Propor essa especificação significa silenciar as vozes que, em diversas temporalidades e geografias, tentaram nomear as dominações. Nesse sentido, Viveros Vigoya (2016) reconhece que a perspectiva interseccional tem antecedentes históricos que datam de dois séculos atrás e menciona várias personalidades, entre elas Olympe de Gouges,[2] que fez uma comparação entre a dominação colonial e a dominação patriarcal. Também menciona Sojourner Truth, que, em seu paradigmático discurso de 1851, "E eu não sou uma mulher?", fez uma analogia entre as mulheres e os escravizados.

Certas autoras latino-americanas, como Martha Zapata Galindo e María Lugones, não acreditam que a interseccionalidade represente novas contribuições para a realidade da região. Outras, como Viveros Vigoya (2016), defendem que o chamado feminismo dissidente (mulheres negras, de povos tradicionais, lésbicas, trans) teve início na América Latina na década de 1980. Esse debate começou a criticar o feminismo e a sua desconsideração das feminilidades não hegemônicas. Menciona-se particularmente o caso da peruana Clorinda Matto de Turner, cujo livro *Aves sin nido* [Aves sem ninho] destaca a vulnerabilidade étnico-racial e de gênero a que as mulheres indígenas da época colonial estavam sujeitas (Viveros Vigoya, 2016, p. 4). A relevância política e epistemológica do conceito de interseccionalidade resulta da vinculação com a perspectiva decolonial, segundo a qual o sujeito colonial deve ser abordado necessariamente em sua heterogeneidade.

Em uma análise mais recente sobre a teoria interseccional, Elsa Dorlin (2009 [2021]) argumenta que o conceito propôs duas vias para abordar a dominação. Por um lado, uma abordagem analítica segundo

2 Ativista pelo direito das mulheres durante a Revolução Francesa, autora da Declaração dos Direitos das Mulheres e das Cidadãs (1791), uma versão feminista da Declaração dos Direitos do Homem e do Cidadão (1789). [N.T.]

a qual toda dominação expressa em si mesma a interseccionalidade, pois não é possível isolar as dimensões de raça, classe e gênero — posicionamento que muitas vezes transformou a própria noção de interseccionalidade em redundância. Por outro lado, uma abordagem fenomenológica segundo a qual a interseccionalidade se estabelece com base na experiência dos sujeitos ao encarnar as categorias de raça, classe, gênero, mas não as categorias sociais em si mesmas.

Embora a noção de interseccionalidade não resolva todos os problemas,[3] tem sido de muita utilidade para superar o modelo abstrato de mulher hegemônica do feminismo liberal e compreender as vivências, significações e problemáticas de todas as mulheres.

INTERSECCIONALIDADE NO CORPO-TERRITÓRIO DA NOSSA AMÉRICA

Focalizando nossas latitudes, devemos nos perguntar: de que modo a interseccionalidade se entrelaça com o feminismo latino-americano?

Aura Cumes (2009), pesquisadora maya-kaqchikel, escreve sobre a complexidade das lutas das mulheres indígenas na Guatemala. Inspirada pela feminista estadunidense bell hooks, dedica-se a compreender como as mulheres indígenas vivenciam o entrecruzamento de opressões e a exigência dos movimentos indígena e feminista para que adotem determinada posição. Com base nessa premissa, elabora uma crítica ao reducionismo das visões analítico-políticas dos distintos movimentos, que se limitam a um único eixo, seja de gênero, seja de etnia/raça, seja de classe social. Propõe também analisar o racismo, o patriarcado e o classismo como sistemas de dominação que não só não funcionam de maneira separada como também operam de maneira interrelacionada e diferenciada entre homens e mulheres. Com a intenção de desafiar tanto o movimento indígena como o movimento

3 O conceito não resolve, por exemplo, a articulação entre as dimensões da dominação.

feminista, a autora argumenta que, assim como devemos questionar as reivindicações étnicas pretensamente neutras com relação ao gênero na medida em que se baseiam em relações de poder, também devemos considerar as vozes das mulheres, no plural, em sua diversidade. Assim, a autora questiona o repúdio às reivindicações "essencialistas" das mulheres indígenas praticado pelo feminismo etnocêntrico hegemônico, considerando-o categoricamente equivocado. Em contrapartida, convida o feminismo hegemônico a questionar a imagem dessas mulheres como vítimas passivas dos homens indígenas, como um exercício sem a intenção de "ocultar a existência de relações de poder, de dominação, mas para visibilizar as lutas criativas das próprias mulheres indígenas" (Cumes, 2009, p. 13). Ela também debate com o movimento indígena guatemalteco, criticando um essencialismo indígena que justifica o machismo e o sexismo como produtos exclusivos da Colônia. Embora o essencialismo seja uma estratégia de luta crucial em uma sociedade profundamente racista, "a cultura não pode continuar sendo mais importante do que as próprias mulheres; deve-se revelar de que modo a cultura é vivida e sob quais condições de poder" (Cumes, 2009, p. 47).

A autora resgata e ressignifica os princípios de complementaridade e dualidade, diferença e identidade, presentes nos movimentos indígenas guatemaltecos e na cosmovisão maya. Procura-se distanciar dos discursos que negam a existência de relações de dominação entre mulheres e homens e reafirma a necessidade de reivindicar os conceitos de complementaridade e dualidade, "compreendendo como funcionam em um diálogo com a realidade e com proposições políticas que não negligenciam o questionamento das relações de opressão existentes" (Cumes, 2009, p. 37). Propõe ressignificar a diferença dialogando com "outros" feminismos (não hegemônicos), reconhecendo a dificuldade do vínculo de algumas mulheres indígenas com o feminismo, de modo a evidenciar que a diferença reivindicada

> não é a que justifica um tratamento desigual, mas a que busca processos libertadores; que não é construída em hierarquia, e sim em horizontalidade; que não se impõe, mas é reivindicada pelas sujeitas em um contexto complexo e crítico. [...] Em situações de dominação, a diferença se construiu como um mecanismo de práticas excludentes e discriminatórias;

mas, nas lutas pela justiça, a diferença é construída como uma afirmação da diversidade. (Cumes, 2009, p. 44)

Cumes encontra uma ponte entre o feminismo da diferença, por meio do qual se aborda a diversidade, e o feminismo decolonial, cuja reivindicação é o entendimento de que a fundação de sociedades coloniais teve como base o tratamento desigual entre indígenas e não indígenas, mas também entre mulheres e homens. Complexifica a luta das mulheres indígenas, uma vez que são questionadas pelos movimentos indígenas, pelo multiculturalismo e pelo próprio movimento de mulheres e feminista. Quando lutam como mulheres, são deslegitimadas pelo movimento indígena, acusadas de divisionistas, de traidoras que colocam em perigo o tecido social comunitário e que podem prejudicar a autonomia das organizações ou ocidentalizá-las, sobretudo se adotam um discurso feminista. São também questionadas por adotarem reivindicações étnicas, acusadas de indecisão e de não priorizar as lutas das mulheres. A autora denuncia, assim, que algumas feministas reproduzem práticas racistas, fazendo uso de seu privilégio e vendo o multiculturalismo como uma distração para a luta universal das mulheres, postura que repercute as acusações da esquerda de que as lutas indígenas e das mulheres dividem o movimento. Finalmente, Cumes critica a imagem das mulheres aprisionadas em lutas étnicas, incapazes de questionar o poder masculino de seus povos, assim como a ausência de discussão sobre a dominação existente entre as próprias mulheres:

> O racismo das mulheres brancas e mestiças pesa tanto quanto o patriarcado dos homens brancos, mestiços e indígenas. [...] Na América Latina, em grande medida, as mulheres brancas tiveram para com as mulheres indígenas e afrodescendentes uma relação de patroa/empregada, proprietária/escrava ou senhora/mucama. A história nos tornou desiguais e seria muito infeliz esconder essas assimetrias sob um argumento equivocado da universalidade de uma forma de ser mulher, levantando uma única bandeira de libertação. (Cumes, 2009, p. 34)

Do movimento de mulheres negras se visualiza como, por meio da articulação das variáveis de raça, classe e gênero (bandeiras de luta historicamente levantadas pelos movimentos negros e de mulheres no Brasil), as reivindicações feministas vão sendo enegrecidas enquanto as propostas e reivindicações do movimento negro vão sendo feminizadas. Uma das porta-vozes do movimento de mulheres negras, a feminista afro-brasileira Sueli Carneiro (2017), une-se às reivindicações das mulheres indígenas ao questionar o feminismo hegemônico brasileiro de viés eurocêntrico que omitiu a centralidade da raça nas hierarquias de gênero. Ela também questiona a experiência histórica diferenciada das mulheres negras em relação aos efeitos da opressão qualitativamente diferentes dos que atingem as mulheres brancas, além das histórias de resistência e luta nas quais as mulheres negras foram protagonistas. As duras condições históricas que coisificaram os negros em geral, e as mulheres negras em particular, moldam uma história latino-americana marcada pela apropriação sexual do corpo de mulheres negras e indígenas pelos senhores brancos — violência sexual colonial que constitui a base do sistema hierárquico de raça e gênero vigente na sociedade atual. Carneiro interpela, assim, o movimento feminista institucionalizado, reivindicando a diferença da opressão patriarcal vivenciada pelo corpo das mulheres racializadas. Ela situa a condição específica de mulher e negra, questionando o mito da fragilidade feminina compreendido pelo feminismo hegemônico como a base das opressões dos homens sobre mulheres:

> Quando falamos do mito da fragilidade feminina que justificou historicamente a proteção paternalista dos homens sobre as mulheres, de que mulheres estamos falando? Nós, mulheres negras, fazemos parte de um contingente de mulheres, provavelmente majoritário, que nunca reconheceram em si mesmas esse mito, porque nunca fomos tratadas como frágeis. Fazemos parte de um contingente de mulheres que trabalharam durante séculos como escravas nas lavouras ou nas ruas, como vendedoras, quituteiras, prostitutas... Mulheres que não entenderam nada quando as feministas disseram que as mulheres deveriam ganhar as ruas e trabalhar! Fazemos parte de um contingente de mulheres com identidade de objeto. Ontem, a serviço de frágeis sinhazinhas e de senhores de engenho tarados. Hoje, empregadas domésticas de mulheres liberadas e dondocas, ou de mulatas tipo exportação.
>
> Quando falamos em romper com o mito da rainha do lar, da musa idolatrada dos poetas, de que mulheres estamos falando? As mulheres

> negras fazem parte de um contingente de mulheres que não são rainhas de nada, que são retratadas como antimusas da sociedade brasileira, porque o modelo estético de mulher é a mulher branca. Quando falamos em garantir as mesmas oportunidades para homens e mulheres no mercado de trabalho, estamos garantindo emprego para que tipo de mulher? Fazemos parte de um contingente de mulheres para as quais os anúncios de emprego destacam a frase: "exige-se boa aparência". (Carneiro, 2017, p. 110)

Algo similar aconteceu com a rica tradição do movimento anarquista do Rio da Prata dos finais do século XIX e princípios do XX, não com base na dimensão étnico-racial, mas na dimensão de classe. Laura Fernández Cordero (2017) escreve sobre o cruzamento entre o pensamento libertário e a crítica às desigualdades de gênero. O anarquismo operário rioplatense foi uma corrente mestiça que se nutriu do ideal libertário trazido por operários imigrantes europeus, reconfigurado nos limites e possibilidades latino-americanos. Personagens revolucionárias como Virginia Bolten, Juana Rouco e María Collazo questionavam, em jornais populares, tanto a opressão de classe como a opressão patriarcal, mas não se falava em feminismo. Havia uma hegemonia do feminismo liberal burguês que expressava um completo desdém e incompreensão das problemáticas de mulheres das classes populares.

Levaria um tempo para que o feminismo e o movimento popular se encontrassem a ponto de alterar a perspectiva estratégica e organizacional dos agrupamentos de esquerda. A propósito desse encontro, destacamos os estudos sobre o feminismo no movimento *piquetero* argentino, no final de 1990 e início dos anos 2000, no qual a multiplicidade de desigualdades se tornou condição necessária para pensar a emergência das mulheres *piqueteras*[4] como sujeitas políticas (Andújar, 2014). A esse respeito, Andujar explica que não foram as

4 "A palavra *piquetero* tem origem nos piquetes (*pickets*) que trabalhadores e trabalhadoras sem emprego decidiram fazer, cortando rotas e caminhos para protestar e exigir trabalho ante ao aumento das taxas de desemprego que assolaram o país [Argentina] durante a década de 1990" (Andrea D'Atri & Celeste Escati, *The Piquetera/o Movement of Argentina* [O movimento piqueteiro da Argentina]. Toronto: Association for Women's Rights in Development, 2008, p. 1). [N.T.]

mulheres que apareceram recentemente na cena política, e sim as ciências sociais hegemônicas, cegas à interseccionalidade, que apagaram as diferenças e invisibilizaram as mulheres.

Desse modo, de norte a sul e de leste a oeste do nosso continente, a interseccionalidade nos reivindica e nos desafia como mulheres migrantes, indígenas, negras, mestiças, do campo ou das zonas precarizadas da metrópole. Mulheres que, com suas mãos, fazem o mundo girar e levantam sua voz para que sejam reconhecidas em todas as partes que definem os limites dos corpos que encarnam.

REFLEXÕES FINAIS: DIÁLOGOS NA, COM BASE NA E POR MEIO DA INTERSECCIONALIDADE

Conforme mencionado, o conceito focaliza de que modo as formas de dominação se cruzam e se entrelaçam, como as fibras de um tear que opera estrutural e historicamente em determinado tempo-espaço. No entanto, para que uma interpretação interseccional não implique um olhar vindo "de cima" e "de fora" das relações sociais — como se fosse possível criar um cenário cruzando as desigualdades por fora dos sujeitos que as experimentam —, sugerimos analisar as interseções tendo por base a experiência. Isso significa adotar uma perspectiva que reconheça e revele as relações opressivas, mas que também visibilize na mesma trama as estratégias de disputa e ressignificações que realizamos individual e coletivamente.

Nos estudos feministas e de gênero existe, de fato, um debate que contribui significativamente para a construção da categoria experiência. Autoras como Mary Nash ressaltam a utilidade da categoria para pensar os vínculos entre vivências pessoais, processos históricos e trajetórias das mulheres como coletivo social dinâmico. Nash enfoca os processos históricos de aprendizagem das mulheres em suas trajetórias de luta e nas relações de poder de gênero (Elizalde, 2008). De acordo com a teoria feminista, a vida pessoal é o terreno político, público e lugar de transformação e (re)produção das relações existentes (Vargas, 2008), ao mesmo tempo que "a transformação nas relações de gênero está intimamente relacionada ao questionamento da existência de ambas as esferas e lugares de pertencimento que são atribuídos às mulheres e aos homens" (Andújar, 2005).

Por meio de enfoques descolonizadores, a experiência também aparece como categoria-chave para a recuperação das narrativas que têm sido ignoradas pelos relatos patriarcais e androcêntricos imperialistas. Diversas vozes de feministas latino-americanas destacaram as experiências de mulheres subalternizadas, com base em sua classe social, etnia, gênero e nacionalidade, como elaborações que podem expressar formas de resistência ao sistema hegemônico. É importante elucidar, entretanto, que nem sempre existe uma relação direta entre o lugar de subalternidade ocupado por essas mulheres e a construção de experiências de transformação ou de questionamento à hegemonia. Da mesma forma, essa experiência não é em si mesma transparente para aqueles que pesquisam: enquanto material complexo que é, habilita camadas ou níveis de leitura que permitem interpretá-la como forma de continuidade e de impugnação das lógicas dominantes. Consideramos que a abordagem da experiência pode nos aproximar da compreensão da dimensão cabal da interseccionalidade.

Finalmente, analisar o mundo pela perspectiva interseccional é uma tentativa de resgatar o que ficou oculto na experiência de vida das mulheres: é um convite à desconfiança.

> Acho que a única alternativa é a recusa de se opor igualdade e diferença; é insistir continuamente nas diferenças: como condição das identidades individuais e coletivas, como desafio constante à rigidez dessas identidades, da história como ilustração repetida do jogo das diferenças, como o autêntico significado da própria igualdade. (Scott, 2008, p. 218)

Essa advertência nos coloca no caminho para compreender a interseção das desigualdades em relação à experiência de vida dos sujeitos. É importante mencionar que as categorias apresentadas como naturais e transparentes estão longe de sê-lo. Pelo contrário, são construções sócio-históricas, modelos que permitem compreender a dinâmica e, portanto, são abstrações que dificilmente se manifestam de forma pura. Assim, pensamos na interseccionalidade como uma categoria de análise entrelaçada com as trajetórias vitais. Compartilhamos aqui o caráter disruptivo que Scott atribui ao gênero como categoria, principalmente pela possibilidade de problematizar perguntas aparentemente simples: o que é ser mulher? O que é ser homem não hegemônico? O que é ser trans, trava, bicha, dissidente? O que é trabalhar (dentro e fora) de casa? O que é cuidar de filhos e de idosos? O que é se organizar e participar politicamente? O que é defender um território ou denunciar os danos ambientais? Quando se compreende que ser mulher não é ser apenas uma coisa, ou a somatória de algumas coisas, mas ser em um tempo sócio-histórico e em relações materiais de existência, talvez as perguntas devessem se concentrar no *como*. Considerar a interseccionalidade como categoria de análise oferece novos caminhos à problemática levantada, direcionando o olhar às experiências dessas mulheres, a exemplo de como transitam por diferentes papéis, espaços e identidades que são encarnados indivisivelmente em suas próprias histórias de vida. Pensamos na possibilidade de problematizar algumas perguntas: o que é e como é ser mulher? Como lutam e por que lutam essas mulheres? Elas se consideram ecologistas, sindicalistas, feministas? Todas elas, algumas ou nenhuma? Como entendem e significam suas histórias de vida?

Nós, mulheres, emergimos como sujeitas sociais para evidenciar os limites das construções hegemônicas. Mas a resistência vem de várias frentes, e também emergimos na história para questionar as próprias noções totalizantes de Mulher, com inicial maiúscula, que, tal como argumenta a feminista basca Itziar Ziga (2014) criticando o feminismo liberal, não existe senão à imagem e semelhança da mulher branca, burguesa, heterossexual. Visualizar e sustentar uma interpretação que evidencie a multiplicidade de formas de dominação que pairam sobre os sujeitos é uma urgência nos tempos atuais. A interseccionalidade permite olhar criticamente para o que a ciência disse e, principalmente, para o que não disse. Possibilita, ademais, resgatar a categoria mulher do espartilho liberal que só reconhece certas mulheres e ampliá-la a todas aquelas outras que, eventualmente, podem incomodar. Pensar, ler, pesquisar, intervir, escrever por meio da interseccionalidade e da epistemologia feminista aguça o ouvido, o tato e o olhar para comprender vivências, significações e experiências.

REFERÊNCIAS

ANDÚJAR, Andrea. "De la ruta no nos vamos: las mujeres piqueteras (1996-2001)", X Jornadas Interescuelas, Universidad Nacional del Litoral, Rosario, Argentina, 20-23 set. 2005.

ANDÚJAR, Andrea. *Rutas argentinas hasta el fin: mujeres, política y piquetes 1996-2001*. Buenos Aires: Fundación Rosa Luxemburgo, 2014.

BRAH, Avatar & PHOENIX, Ann. "Ain't I a Woman? Revisiting intersectionality", *Journal of International Women's Studies*, v. 5, n. 3, p. 75-86, 2004.

CARNEIRO, Sueli. "Ennegrecer el feminismo". *In*: SEPTIEN, Rosa Campoalegre & BIDASECA, Karina (org.). *Más allá del decenio de los pueblos afrodescendientes*. Buenos Aires: Clacso, 2017, p. 109-16. [Ed. bras.: "Enegrecer o feminismo: a situação da mulher negra na América Latina a partir de uma perspectiva de gênero". Disponível em: https://bit.ly/3K2Qp8S.]

CRENSHAW, Kimberlé. "Demarginalizing the Intersection of Race and Sex: A Black Feminist Critique of Antidiscrimination Doctrine, Feminist Theory and Antiracist Politics", *University of Chicago Legal Forum*, v. 1989, n. 1, p. 139-67, 1989.

CRENSHAW, Kimberlé. "Mapping the Margins: Intersectionality, Identity Politics, and Violence against Women of Color", *Stanford Law Review*, v. 43, n. 6, p. 1241-99, 1991.

CUMES, Aura Estela. "Multiculturalismo, género y feminismos: mujeres diversas, luchas complejas". *In*: PEQUEÑO, Andrea (org.). *Participación y políticas de mujeres indígenas en América Latina*. Quito: Flacso/Ministerio de Cultura, 2009.

DAVIS, Angela. *Mujeres, raza y clase*. Madri: Akal, 2004. [Ed. bras.: *Mulheres, raça e classe*. Trad. Heci Regina Candiani. São Paulo: Boitempo, 2016.]

DORLIN, Elsa. *Sexo, género y sexualidades: introducción a la teoría feminista*. Buenos Aires: Nueva Visión, 2009. [Ed. bras.: *Sexo, gênero e sexualidades: introdução à teoria feminista*. Trad. Jamille Pinheiro Dias e Raquel Camargo. São Paulo: Ubu/Crocodilo, 2021.]

ELIZALDE, Silvia. "Debates sobre la experiencia: un recorrido por la teoría y la praxis feminista", *Oficios Terrestres*, v. 14, n. 23, p. 18-30, 2008.

FERNÁNDEZ CORDERO, Laura. *Amor y anarquismo: experiencias pioneras que pensaron y ejercieron la libertad sexual*. Buenos Aires: Siglo XXI, 2017.

HILL COLLINS, Patricia. "Intersecting Oppressions", 2006. Disponível em: https://bit.ly/3Bj94bo.

LÓPEZ, Silvia. "Intersecciones: cuerpos y sexualidades en la encrucijada", *Revista Española de Ciencia Política*, n. 32, p. 239-42, 2013.

LUGONES, María. *Colonialidad y género*. Vestal: Binghamton University, 2008.

PLATERO, Raquel Lucas. *Intersecciones: cuerpos y sexualidades en la encrucijada*. Barcelona: Bellaterra, 2012.

REY MARTÍNEZ, Fernando. "La discriminación múltiple: una realidad antigua, un concepto nuevo", *Revista Española de Derecho Constitucional*, v. 28, n. 84, p. 251-83, 2008.

SCOTT, Joan. *Género e historia*. Cidade do México: FCE, 2008.

VALDÉS GUTIÉRREZ, Gilberto. "Diversidad y articulación en América Latina de los desafíos de los movimientos sociales ante la civilización excluyente, patriarcal y depredadora del capital", *Dialéctica*, v. 29, n. 37, p. 37-64, 2005.

VARGAS, Virginia. "Nuevas formas de participación política y de luchas feministas en lo local y en lo global en el nuevo milenio", *IV Congreso Iberoamericano de Estudios de Género,* Rosario, 30 jul.-1º ago. 2008.

VIVEROS VIGOYA, Mara. "La interseccionalidad: una aproximación situada a la dominación", *Debate Feminista*, n. 52, p. 1-17, 2016.

ZIGA, Itziar. *Malditas: una estirpe transfeminista*. Navarra: Txalaparta, 2014.

4

A GEOPOLÍTICA DO ÚTERO: POR UMA GEOPOLÍTICA FEMINISTA DECOLONIAL EM ESPAÇOS DE MORTE LENTA

Sofía Zaragocin
TRADUÇÃO Sislene Costa da Silva

Há partes do corpo que criam territorialidades próprias. Neste texto, sugiro que o útero cria sua própria territorialidade em espaços determinados pela *colonialidade dos colonos*,[1] onde a violência lenta (Nixon, 2014) e a morte evitável (Povinelli, 2002, 2011; Berlant, 2007) são naturalizadas. Tomo como exemplo a resistência corporal das mulheres épera (Eperara Siapidaara) do norte de Esmeraldas, no Equador,[2] que, a fim

1 A tradução mais coerente da expressão seria colonialismo. Em outros artigos em português, foi traduzido como "colonialismo dos colonos", "colonialismo de povoamento" ou "colonialismo dos colonizadores". No entanto, respeitando a decisão da autora e sua intenção de ressaltar a permanência da colonialidade após o fim do colonialismo, optamos pela forma *colonialidade dos colonos*. [N.T.]
2 O trabalho etnográfico dessa pesquisa de doutorado foi pormenorizado em outros artigos. Neste texto, me interessa enfatizar aspectos teóricos sobre a relação corpo/território/morte.

de evitar a extinção do seu povo, fazem do útero uma trincheira para enfrentar a morte coletiva. As mulheres épera contrariam múltiplas formas de violência espacial ao criarem territorialidade por meio de seus papéis e corporalidades reprodutivas, dando à luz o que poderíamos denominar *geopolítica do útero*. Minha reflexão se situa nas interseções entre a geopolítica feminista anglocêntrica e o feminismo decolonial latino-americano, em um contexto de colonialidade dos colonos intimamente relacionado à morte lenta de espaços-corpos. Assim, em um primeiro momento, proponho a colonialidade dos colonos como marco analítico do contexto equatoriano e, posteriormente, faço uma breve revisão da literatura sobre o corpo na geopolítica feminista anglocêntrica para apresentar, finalmente, a geopolítica do útero segundo a geopolítica feminista decolonial.

COLONIALIDADE DOS COLONOS: UMA COLONIALIDADE ANALÍTICA TERRITORIAL

Este texto retoma uma proposta analítica específica relativa à colonialidade, que, em inglês, se denomina *settler colonialism*; em espanhol, *colonialidad de colonos*; e, em português, colonialidade dos colonos.[3] Trata-se de afirmar que a eliminação sistemática dos povos indígenas não deve ser concebida como um evento ou uma série de eventos isolados, mas como uma estrutura de invasão (Wolfe, 1999). Diferentemente do genocídio ou do etnocídio, a invasão estrutural por colonos, além de eliminar a população indígena, também procura se apropriar de seus

3 Esse conceito tem sido aplicado em contextos geográficos como o dos Estados Unidos, do Canadá, da Austrália e de outros países considerados parte do Norte global metafórico. Sua utilização relacionada ao contexto latino-americano é muito recente, como a discussão suscitada em um painel específico do congresso de 2017 da Latin American Studies Association [Associação de estudos latino-americanos] (Lasa). Outro exemplo é a publicação recente *Journal of Settler Colonialism*, que discute a emergência do marco do colonialismo para a América Latina.

territórios (Wolfe, 1999; Veracini, 2011, 2014). Essa é uma proposta analítica da colonialidade baseada na expropriação e apropriação territorial que explica as formas contemporâneas de eliminação de povos e nacionalidades indígenas, caracterizada primordialmente como um projeto territorial. Pela eliminação ou morte dos povos indígenas, os colonos passam a se apropriar dos territórios sob novas regras do biopoder baseadas no "aqui e agora" (Morgensen, 2011). É nesse processo contemporâneo de contínua colonialidade que se acentuam geografias racializadas relacionadas à supremacia branca (Bonds & Inwoods, 2016) e à masculinidade branca-hetero-colonial[4] (Gahman, 2016). A colonialidade dos colonos é, consequentemente, um projeto territorial altamente racializado e sexualizado.

As intelectuais feministas indígenas que escrevem sobre a injustiça espacial-corporal no escopo da colonialidade dos colonos, em países como Estados Unidos, Canadá e Austrália, identificam-se segundo suas próprias noções de feminismo decolonial, determinadas por seus espaços de enunciação. Em sintonia com o feminismo decolonial latino-americano, incluirei tais noções neste texto para dialogar com os feminismos periféricos segundo a experiência de mulheres racializadas e colonizadas (Zaragocin, 2017). Assim, sugiro que esta análise sobre a colonialidade, em conjunto com as críticas feministas indígenas (autoproclamadas como tais) imersas nesta discussão, é pertinente para analisar certas zonas equatorianas onde ocorrem a violência e a morte lenta de povos e nacionalidades indígenas, com o objetivo de tomar suas terras.

Segundo essa análise crítica, a eliminação de povos e nacionalidades indígenas responde à questão de como e quando eles morrem.[5] Sob a "lógica da eliminação" de Patrick Wolfe, a resposta aponta tanto a morte física como a morte cultural. A morte coletiva de povos racializados sob a colonialidade dos colonos é lenta e poderia ser evi-

4 Em inglês, *white hetero-settler masculinity*.

5 Essa pergunta é extremamente problemática devido à essencialização de corpos-espaços, razão pela qual este texto se refere à colonialidade dos colonos em relação a povos e nacionalidades indígenas, mais especificamente às mulheres indígenas. Outros artigos se referem à eliminação de populações não indígenas perante a colonialidade dos colonos; ver Pulido (2016).

tada (Povinelli, 2011; Berlant, 2007), já que se manifesta, por exemplo, nas doenças causadas pela contaminação resultante do racismo ambiental ou do capitalismo racializado. Os Épera morrem por falta de água potável e pela poluição do Rio Cayapas, fonte central de sua subsistência: é o espaço aquático (Oslender, 2002) onde se alimentam, bebem e tomam banho e também lugar de diversão para os *guaguas*.[b] Contudo, a contaminação causada pela produção da palma africana, pela indústria madeireira, pela mineração e pelo abandono estatal dos serviços básicos leva essas pessoas a morrer de doenças evitáveis e curáveis, como a diarreia. O fato de que povos e nacionalidades indígenas morram em espaços cotidianos normaliza a morte de crianças e jovens, cujas vidas não são perdidas de modo natural, ainda que os serviços de saúde assim o justifiquem. As mortes evitáveis são naturalizadas, normalizadas e levadas ao extremo. A assimilação cultural é outra forma de morte lenta explicada pela colonialidade dos colonos (Wolfe, 1999) que pressupõe a apropriação cultural de povos e nacionalidades e consiste em outra forma de eliminar as populações racializadas. Física ou culturalmente, os povos racializados morrem de modo coletivo e em espaços-tempos da vida cotidiana, que normaliza seu desaparecimento paulatino.

MORTE/CORPO/TERRITÓRIO NA PERSPECTIVA DA COLONIALIDADE DOS COLONOS

A luta territorial das mulheres racializadas é um tema que relaciona intimamente o corpo e a terra. Neste artigo, quero enfatizar que esse vínculo se torna mais agudo pela associação morte/corpo/território, em que a morte do lugar[7] se conecta diretamente à morte dos corpos.

b Bebês e/ou crianças em idioma kichwa.

7 Refiro-me aqui a várias identidades espaciais, o que se deve à minha formação em geografia feminista, segundo a qual as relações de gênero criam diferentes tipos de espacialidade além do território. Proponho aqui a utili-

A contaminação feroz resultante do racismo ambiental e do capital racializado contamina e adoece os corpos — adoecimento reforçado pelo fato de, como propõem certas autoras, os corpos e os territórios conformarem ontologicamente um todo (Cabnal, 2010; Cruz Hernández, 2016). A violência exercida simultaneamente contra o corpo e o espaço tem sido teorizada de maneira distinta, de modo a enfatizar o aspecto espacial da experiência e sua conceitualização. Na perspectiva latino-americana, as diferentes visões sobre as espacialidades feministas[8] destacam a relação intrínseca entre violência de gênero e dinâmicas espaciais específicas. Há, por exemplo, uma relação direta entre o aumento da violência de gênero em zonas de extrativismo, sobretudo as de mineração (Colectivo Miradas Críticas del Territorio desde el Feminismo, 2014; Ulloa, 2016), a violência territorializada com o femi(geno)cídio (Segato, 2012, 2013) e o desenvolvimento de geografias do feminicídio (Zaragocin, Silveira & Arrazola, 2018).

Os feminismos comunitários (Cabnal, 2010), por sua vez, propõem a existência de uma relação ontológica e epistemológica entre corpo e território que permite compreender que, se o corpo está doente, o espaço também está; a cura do corpo-território ocorre, portanto, de modo mútuo e dependente.[9] Já os feminismos decoloniais (Paredes, 2008) relacionam a violência sexual contra o corpo da mulher indígena com o ocorrido em terras ancestrais quando da apropriação colonial. Ulloa agrupa algumas das abordagens mencionadas como feminismos territoriais, definindo-as como "lutas territoriais-ambientais lideradas por mulheres indígenas, afrodescendentes e camponesas que se centram na defesa do cuidado do território, do corpo, da natureza e na crítica aos processos de desenvolvimento e extrativismo" e "se baseiam em uma visão da continuidade da vida articulada aos territórios" (Ulloa, 2016, p. 136). Para a autora, os extrativismos relacionam

/////

zação do termo *espacialidades feministas* para englobar justamente essas outras identidades espaciais fomentadas com base em posicionamentos feministas.

8 Diferencio essa visão dos feminismos territoriais de Astrid Ulloa (2016).

9 Durante a visita de Lorena Cabnal ao Equador, a organização Acción Ecológica organizou um *toxitour* na província de Sucumbíos (localizada na Amazônia equatoriana) para testemunhar os derramamentos de petróleo. Nesses espaços, Lorena curou a terra como uma forma de curar os nossos corpos.

os corpos-territórios das mulheres aos processos de apropriação e expropriação. A relação mais direta com processos de morte individual e coletiva e suas espacialidades está fora dessas reflexões.[10] Para aportar nas discussões sobre feminismos territoriais (Ulloa, 2016) e espacialidades feministas na América Latina, menciono em seguida as reflexões de mulheres indígenas intelectuais a respeito dos efeitos espaciais da colonialidade dos colonos. Segundo elas, trata-se de uma estrutura que depende de geografias injustas e de injustiças espaciais para se sustentar e se autorreproduzir (Goeman, 2017).

Colonialidade dos colonos como projeto racializado e sexualizado

A colonialidade dos colonos se manifesta pela eliminação étnica dependente do lugar amiúde por meio do fortalecimento do patriarcado heterossexual. O espaço cotidiano se converte, assim, em um lugar de controle e vigilância colonial (Denetdale, 2017), tornando-se um projeto particularmente racializado e sexualizado (Barker, 2017; Goeman, 2013, 2017). A eliminação de uma etnia atravessa necessariamente os corpos de mulheres racializadas, em razão de sua capacidade reprodutiva e do papel que exercem para a continuidade da vida (Smith, 2015). A relação entre mulheres racializadas e reprodução espacial em contextos de eliminação étnica está diretamente intrincada ao papel dessas mulheres na continuidade da vida[11] e à implicação delas nos processos de morte-corpo-terra. A lógica da eliminação étnica passa pelos corpos de mulheres indígenas precisamente porque é por meio das funções reprodutivas desses corpos que se pode enfrentar a estrutura colonial, cuja finalidade é sua morte coletiva (Smith, 2015).

10 Utilizo o termo espacialidades na perspectiva da geografia feminista, em que se promove a possibilidade de falar sobre outras dimensões do espaço para além do território.

11 A reprodução cultural e física das mulheres indígenas tem sido proposta em debates sobre direitos das mulheres e direitos indígenas; ver Speed (2008), Picq (2012) e Cumes (2012).

As teorias feministas indígenas a que me refiro neste texto têm se centrado em deter espacialidades dominantes sobre seus corpos e sua cotidianidade, as mesmas que resultaram em configurações territoriais racializadas e sexualizadas (Barker, 2017). Para a intelectual indígena Mishuana Goeman (2013), do território ancestral Seneca, a ideologia espacial dos Estados-nações se baseia em espaços coloniais heteropatriarcais onde se impõe uma ordem patriarcal da heterossexualidade sobre o espaço e os corpos, sobretudo os das mulheres indígenas. Nesse contexto, Goeman (2013) afirma que conquistar a descolonização espacial é uma forma de justiça espacial possível. Isso ocorre por meio de geografias encarnadas nos corpos de mulheres indígenas, criadoras de outras relações sociais que nos levam em direções que transcendem o mapeamento do espaço heteropatriarcal do colono. Para a autora, criar outras espacialidades pela corporificação das mulheres indígenas é uma forma de deter o espaço heteropatriarcal da colonialidade dos colonos e, portanto, conter a eliminação de povos e nacionalidades indígenas. Essas reflexões ajudam a compreender as estratégias propostas por mulheres indígenas que enfrentam a eliminação de sua etnia (Naylor *et al.*, 2018) por meio de suas corporalidades e de uma parte específica de seu corpo.

O ponto em comum entre as propostas de feminismos indígenas em contextos de colonialidade dos colonos e algumas das correntes de territorialidades feministas[12] mencionadas anteriormente é o consenso de que a colonialidade de gênero define as relações generificadas locais (Espinosa-Miñoso, Correal & Muñoz, 2014; Naylor *et al.*, 2018). Por sua vez, evidencia-se a relação corpo-terra, na qual o corpo das mulheres indígenas se torna alvo da violência exercida por essas estruturas coloniais (Goeman, 2017). A heteronormatividade patriarcal que se materializa em injustiças espaciais (Goeman, 2017) se conecta à reprodução biológica e social das mulheres racializadas na América Latina. O controle para a eliminação de uma população e a resistência ao etnocídio fazem com que, por meio da geopolítica feminista decolonial (Naylor *et al.*, 2018), o útero seja considerado uma entidade geopolítica. Desenvolvo essa reflexão a seguir.

12 Em sua visita ao Equador, Lorena Cabnal mencionou que o feminismo comunitário que propõe não era necessariamente decolonial.

Os corpos existem em lugares e, ao mesmo tempo, são lugares (McDowell, 1999). Nas últimas duas décadas, a geografia feminista anglocêntrica[13] favoreceu a escala do corpo (Longhurst & Johnston, 2014) ao utilizar o termo corporificação (*embodiment*) (Johnson, 2008). Segundo essa tradição intelectual, o corpo foi teorizado em torno da maternidade e, em maior grau, como entidade geopolítica (Longhurst & Johnston, 2014). A geopolítica feminista, uma subdisciplina da geografia feminista, mostra as relações de força que operam por meio e sobre os corpos, fazendo com que certas subjetividades e corporalidades sejam vulnerabilizadas, exploradas ou violadas em relação à segurança, à população, ao território e ao nacionalismo (Dixon & Marston, 2011).

O imaginário geopolítico feminista (Hyndman, 2001) abarca corpos, subjetividades e corporalidades, teorizando sobre eles com base na escala do cotidiano e transformando-os em *lugares* nos quais, por meio de práticas socioespaciais, as tensões geopolíticas se impregnam. A relação entre escalas de poder via corpo e experiência situada é o pilar da geopolítica feminista anglocêntrica. É por essa lógica que se deu ênfase à escala do íntimo e do espaço-tempo da cotidianidade, a fim de compreender as relações de poder em espaços onde o poder estatal tem sido pouco analisado. Desse modo, tem-se explorado a forma como as geografias das emoções são utilizadas por meio da geopolítica. Por exemplo, o medo vivenciado pelas mulheres dentro de casa como consequência da violência de gênero e da violência gerada pelo Estado devido às suas omissões sobre o feminicídio (Pain & Smith, 2008; Zaragocin, Silveira & Arrazola, 2018).

O trabalho de Sara Smith (2012) é em especial pertinente, porque propõe uma geopolítica íntima em que a luta territorial considera o amor, a reprodução corporal e os e as *guaguas*, em que os corpos não

13 Por anglocêntrica me refiro ao corpus teórico publicado principalmente em inglês e produzido em centros de poder do conhecimento no metafórico Norte global, isto é, a geografia feminista produzida em centros acadêmicos ou de pesquisa nos Estados Unidos, na Inglaterra e no Canadá.

são somente territórios, mas se tornam territórios imersos em projetos geopolíticos. Por meio de abordagens específicas que criam espacialidades próprias, a geopolítica feminista abre um espaço conceitual para entender as diferentes interpretações de morte/território/corpo em uma pluralidade de geografias do mundo nas quais as mulheres enfrentam a morte coletiva de seus povos. Torna-se necessário, portanto, uma reflexão conceitual dirigida a uma geopolítica feminista decolonial que permite conceber a geopolítica do útero.

Há algum tempo, a hegemonia da produção anglocêntrica na geografia feminista tem sido analisada por seu papel determinante no debate acadêmico internacional (García Ramón, Simonsen & Vaiou, 2006). Em comparação com outras vertentes da geografia crítica, a geografia feminista tem incluído vozes de fora do mundo anglocêntrico, em revistas como *Gender, Place & Culture* (García Ramón, Simonsen & Vaiou, 2006). No entanto, o que algumas geógrafas de determinados países entendem como inclusão epistêmica é considerado, por pesquisadoras latino-americanas, como esforços em certa medida limitados e com pouca interação conceitual. Seguindo a tradição intelectual da geografia feminista, a geopolítica feminista se baseou em ontologias e epistemologias ocidentais e universais (Naylor, 2017). Como nos demais domínios do campo da geografia crítica, surgiram correntes de pensamento pós-colonial; contudo, os esforços para descolonizar a disciplina ainda são recentes (Sundberg, 2014; Radcliffe, 2017; Naylor *et al.*, 2018).

Para evidenciar o útero como uma entidade geopolítica, utilizo o viés da geopolítica feminista decolonial, para a qual a análise espacial da colonialidade de gênero é vista por meio de uma pluralidade de posturas geográficas (Naylor *et al.*, 2018). Em particular, defino a geopolítica feminista decolonial como uma geopolítica feminista que

> considera a colonialidade de gênero em configurações estatais-imperiais e as resistências espaciais racializadas e de gênero que se relacionam com noções de soberania e autodeterminação. Por sua vez, abre um diálogo entre a geopolítica crítica e a pluralidade de propostas de feminismo decolonial que originam epistemologias, ontologias e geopolíticas alternativas. (Naylor *et al.*, 2018, p. 203)

A utilização do útero pelas mulheres épera, de Santa Rosa de los Épera, é um exemplo da geopolítica feminista decolonial, produto da resistência espacial-corporal que surge da reprodução física e cultural. Na Colômbia, os Épera (Eperara Siapidaara) constituem um dos povos em vias de obliteração. No Equador, há apenas quatrocentos indivíduos dessa etnia. Segundo a Organização de Mulheres Épera do Equador, para enfrentar essa possível morte coletiva, propõe-se a reprodução das mulheres épera a fim de assegurar a continuidade da vida desse povo. A regulação corporal proposta pelas mulheres épera é repleta de pormenores, e aqui não pretendo simplificar a complexidade da reprodução de uma cultura pura,[14] mas quero destacar a resistência espacial-corporal do útero como uma entidade geopolítica.

A GEOPOLÍTICA DO ÚTERO

Quando as mulheres épera reivindicam o útero como trincheira diante da eliminação de seu povo, atribuem a essa parte específica do corpo o poder de sobrevivência à expropriação territorial e à morte lenta. Ressalto que não é por meio do corpo todo, mas por uma parte em particular que se produz resistência. Isso ganha ainda mais importância em um contexto de narrativas dominantes sobre corpos racializados mostrados como oprimidos, sexualizados, fracos e em direção a uma futura morte coletiva (TallBear, 2013). No caminho para essa morte anunciada que depende do lugar, uma parte desses corpos transcende e enfrenta os próprios poderes globais e hegemônicos que causam sua lenta aniquilação. Nesse sentido, sugere-se que há partes corporais que podem resistir de forma distinta em relação a outras quando usadas de maneira estratégica para criar uma territorialidade própria. Pessoas com próteses, por exemplo, estabelecem uma territorialidade diferente por meio dessa parte do corpo.

14 Faço essa discussão em outros artigos, publicados nos periódicos *Antipode* e *Journal of Settler Colonial Studies*.

Essa reflexão difere das análises de María Rodó-de-Zárate (2014) sobre a interseccionalidade do espaço, nas quais ela mostra como certas variáveis da diferença (orientação sexual, idade, gênero) são experimentadas a depender do lugar onde se encontram os corpos. Diferentemente de Rodó-de-Zárate (2014), que se concentra na configuração do espaço por variáveis de identidade e de sentimentos, sugiro que há partes corporais mais sensíveis em determinados espaços que em outros. Consequentemente, existem partes do corpo que têm mais protagonismo ou potencial político em certos espaços-tempos do que outras. Em contextos de morte e violência lenta que provocam a eliminação étnica de povos, o útero se torna uma entidade geopolítica, porque é por meio dele que se confrontam as estruturas da lógica de eliminação. A geopolítica do útero não implica reforçar a ideia de maternidade obrigatória, mas, ao contrário, procura mostrar que essa parte corporal pode confrontar a lógica de eliminação de povos racializados.

Como várias autoras têm salientado, o corpo gera territorialidade. Entretanto, há partes corporais que geram territorialidades distintas. A relação útero-territorialidade se manifesta de maneira variada e inter-relacionada a depender do lugar. A territorialidade que o útero pode gerar tem sido proposta por diferentes correntes do feminismo por meio dos debates sobre aborto, direitos sexuais e empoderamento. O útero também é um lugar corporal no qual se moldam encontros e desencontros sobre o dever ser de diferentes feminismos. Na América Latina, a luta pela descriminalização do aborto é uma luta territorial. Dessa forma, o útero é a parte do corpo onde pode haver maior autonomia e empoderamento ao se decidir não ter filhos ou interromper uma gravidez; para outras pessoas, o útero é um lugar de resistência por meio da procriação e do empoderamento que implica, especificamente, tornar-se mãe.

A corporificação produzida pelo útero é mais visível nas lutas das pessoas transexuais, em que todas as pessoas podem encarnar uma gravidez, não somente as mulheres. Não relaciono o útero diretamente a mulheres ou à maternidade, de modo a não cair em essencialismos, inclusive nos casos autodenominados estratégicos ou radicais. Isso faz parte da compreensão do útero como uma entidade geopolítica. A geopolítica feminista decolonial nos permite argumentar que as Épera estão atuando geopoliticamente por meio de uma parte do corpo, ao mesmo tempo que enfrentam os efeitos da colonialidade dos colonos. Elas estão criando, por meio uma parte corporal, outras identidades espaciais que incluem territorialidades.

CONCLUSÕES

A morte do espaço e a sua íntima relação com a morte do corpo fazem parte de um *continuum* de colonialidade existente hoje, que ressaltei neste texto por meio da proposta analítica da colonialidade dos colonos. Nesse cenário existe uma variedade de resistências corporais-espaciais, entre as quais se inclui a autodeterminação espacial que contesta as injustiças espaciais. O útero, como entidade geopolítica e segundo uma geopolítica feminista decolonial, apresenta várias possibilidades. Neste artigo mostrei somente uma delas: o útero como entidade geopolítica perante a morte do espaço e dos corpos, processo pelo qual as mulheres reivindicam essa parte do corpo para criar uma territorialidade de resistência. Na literatura existente sobre a relação entre espaços e corpos afetados por lógicas de violência e morte lenta, deve-se dar atenção ao que ocorre com o corpo sob essas dinâmicas para se abrirem possibilidades conceituais a respeito da relação corpo-terra, corpo-território ou território-corpo-terra. Essa perspectiva também estimula outras noções de corporalidade (que incluem outras partes do corpo) de acordo com uma variedade de identidades espaciais em contextos específicos onde a morte do lugar converge com a morte dos corpos.

REFERÊNCIAS

BARKER, Joanne (org.). *Critically Soverign: Indigenous, Gender, Sexuality and Feminist Studies.* Durham: Duke University Press, 2017.

BERLANT, Lauren. "Slow Death (Sovereignty, Obesity, Lateral Agency)", *Critical Inquiry*, v. 33, n. 4, p. 754-80, 2007.

BONDS, Anne & INWOOD, Joshua. "Beyond White Privilege: Geographies of White Supremacy and Settler Colonialism", *Progress in Human Geography*, v. 40, n. 6, p. 715-33, 2016.

CABNAL, Lorena. "Acercamiento a la construcción de la propuesta de pensamiento epistémico de las mujeres indígenas feministas comunitarias de Abya Yala". *In*: ACSUR-LAS SEGOVIAS. *Feminismos diversos: el feminismo comunitario*. Madri: Acsur, 2010, p. 10-25.

COLECTIVO MIRADAS CRÍTICAS DEL TERRITORIO DESDE EL FEMINISMO. *La vida en el centro y el crudo bajo tierra: el Yasuní en clave feminista*. Quito: Colectivo Miradas Críticas del Territorio desde el Feminismo, 2014.

COLECTIVO MIRADAS CRÍTICAS DEL TERRITORIO DESDE EL FEMINISMO. *Mapeando el cuerpo-territorio: guía metodológica para mujeres que defienden sus territorios*. Quito: Instituto de Estudios Ecologistas del Tercer Mundo, 2017.

CRUZ HERNÁNDEZ, Delmy. "Una mirada muy otra a los territorios-cuerpos femeninos", *Solar — Revista de Filosofía Iberoamericana*, v. 12, n. 1, p. 35-46, 2016.

CUMES, Aura Estela. "Mujeres indígenas, patriarcado y colonialismo: un desafío a la segregación comprensiva de las formas de dominio", *Hojas de Warmi*, n. 17, p. 1-16, 2012.

DENETDALE, Jennifer. "Return to 'The uprising at Beautiful Mountain in 1913': Marriage and Sexuality in the Making of the Modern Navajo Nation". *In*: BARKER, Joanne (org.). *Critically Soverign: Indigenous, Gender, Sexuality and Feminist Studies*. Durham: Duke University Press, 2017, p. 69-98.

DIXON, Debora & MARSTON, Sallie. "Introduction: Feminist Engagements with Geopolitics", *Gender, Place & Culture: A Journal of Feminist Geography*, v. 18, n. 4, p. 445-53, 2011.

ESPINOSA-MIÑOSO, Yuderkys; CORREAL, Diana Gómez & MUÑOZ, Karina Ochoa (org.). *Tejiendo de otro modo: feminismo, epistemología y apuestas descoloniales en Abya Yala*. Popayán: Universidad del Cauca, 2014.

GAHMAN, Levi. "White Settler Society as Monster: Rural Southeast Kansas, Ancestral Osage (Wah-Zha- Zhi) Territories, and the Violence of Forgetting", *Antipode*, v. 48, n. 2, p. 314-35, 2016.

GARCÍA RAMÓN, María Solores; SIMONSEN, Kirsten & VAIOU, Dina. "Does Anglophone Hegemony Permeate Gender, Place and Culture?", *Gender, Place and Culture: A Journal of Feminist Geography*, v. 13, n. 1, p. 1-5, 2006.

GOEMAN, Mishuana. *Mark My Words: Native Women Mapping Our Nations*. Minneapolis: University of Minnesota Press, 2013.

GOEMAN, Mishuana. "Ongoing Storms and Struggles. Gendered Violence and Resource Exploitation". *In*: BARKER, Joanne (org.). *Critically Sovereign: Indigenous Gender, Sexuality, and Feminist Studies*. Durham: Duke University Press, 2017, p. 99-126.

HYNDMAN, Jennifer. "Towards a Feminist Geopolitics", *Canadian Geographer*, v. 45, n. 2, p. 210-22, 2001.

JOHNSON, Mark. "What Makes a Body? The Journal of Speculative Philosophy New Series", *The Journal of Speculative Philosophy*, v. 22, n. 3, p. 159-69, 2008.

LONGHURST, Robyn & JONHSTON, Lynda. "Bodies, Gender, Place and Culture: 21 Years On", *Gender, Place and Culture: A Journal of Feminist Geography*, v. 21, n. 3, p. 267-78, 2014.

MCDOWELL, Linda. *Género, identidad y lugar: un estudio de las geografías feministas*. Trad. Pepa Linares. Madri: Cátedra, 1999.

MORGENSEN, Scott. "The Biopolitics of Settler Colonialism: Right Here, Right Now", *Settler Colonial Studies*, v. 1, n. 1, p. 52-76, 2011.

NAYLOR, Lindsay. "Reframing Autonomy in Political Geography: A Feminist Geopolitics of Autonomous Resistance", *Political Geography*, v. 58, p. 24-35, 2017.

NAYLOR, Lindsay; DAIGLE, Michelle; ZARAGOCIN, Sofia; RAMÍREZ, Margaret Marietta & GILMARTIN, Mary. "Interventions: Bringing the Decolonial to Political Geography", *Political Geography*, v. 66, p. 199-209, 2018.

NIXON, Rob. *Slow Violence and the Environmentalism of the Poor*. Cambridge: Harvard University Press, 2014.

OSLENDER, Ulrich. "'The Logic of the River': A Spatial Approach to Ethnic-Territorial Mobilization in the Colombian Pacific Region", *Journal of Latin American Anthropology*, v. 7, n. 2, p. 86-117, 2002.

PAIN, Rachel & SMITH, Susan. "Fear: Critical Geopolitics and Everyday Life". *In*: PAIN, Rachel & SMITH, Susan (org.). *Fear: Critical Geopolitics and Everyday Life*. Burlington: Ashgate Publishing, 2008.

PAREDES, Julieta. *Hilando fino desde el feminismo comunitario*. La Paz: Comunidad Mujeres Creando Comunidad, 2008.

PICQ, Manuela L. "Between the Dock and a Hard Place: Hazards and Opportunities of Legal Pluralism for Indigenous Women in Ecuador", *Latin American Politics and Society*, v. 54, n. 2, p. 1-33, 2012.

POVINELLI, Elizabeth. *The Cunning of Recognition: Indigenous Alterities and the Making of Australian Multiculturalism*. Durham: Duke University Press, 2002.

POVINELLI, Elizabeth. *Economies of Abandonment: Social Belonging and Endurance in Late Liberalism*. Durham: Duke University Press, 2011.

PULIDO, Laura. "Geographies of Race and Ethnicity II: Environmental Racism, Racial Capitalism and State-Sanctioned Violence", *Progress in Human Geography*, v. 41, n. 4, p. 524-33, 2016.

RADCLIFFE, Sarah. "Decolonising Geographical Knolwedges", *Transactions of the Institute of British Geographers*, v. 42, n. 3, p. 329-33, 2017.

RODÓ-DE-ZÁRATE, Maria. "Developing Geographies of Intersectionality with Relief Maps: Reflections from Youth Research in Manresa, Catalonia", *Gender, Place & Culture: A Journal of Feminist Geography*, v. 21, n. 8, p. 925-44, 2014.

SEGATO, Rita. "Femigenocidio y feminicidio: una propuesta de tipificación", *Herramienta*, n. 49, 2012.

SEGATO, Rita. *La escritura en el cuerpo de las mujeres asesinadas en Ciudad Juárez: territorio, soberanía y crímenes de segundo estado*. Buenos Aires: Tinta Limón, 2013.

SMITH, Andrea. *Conquest: Sexual Violence and American Indian Genocide*. Durham: Duke University Press, 2015.

SMITH, Sara. "Intimate Geopolitics: Religion, Marriage and Reproductive Bodies in Leh, Ladakh", *Annals of the Association of American Geographers*, v. 102, n. 6, p. 1511-28, 2012.

SPEED, Shannon. *Rights in Rebellion: Indigenous Struggle and Human Rights in Chiapas*. Palo Alto: Standford University Press, 2008.

SUNDBERG, Juanita. "Decolonizing Posthumanist Geographies", *Cultural Geographies*, v. 21, n. 1, p. 33-47, 2014.

TALLBEAR, Kim. "Genomic Articulations of Indigeneity", *Social Studies of Science*, v. 43, n. 4, p. 509-33, 2013.

ULLOA, Astris. "Feminismos territoriales en América Latina: defensas de la vida frente a los extractivismos", *Nómadas*, n. 45, p. 123-39, 2016.

VERACINI, Lorenzo. "Introducing: Settler Colonial Studies", *Settler Colonial Studies*, v. 1, n. 1, p. 1-12, 2011.

VERACINI, Lorenzo. "Understanding Colonialism and Settler Colonialism as Distinct Formations", *Interventions: International Journal of Postcolonial Studies*, v. 16, n. 5, p. 615-33, 2014.

WOLFE, Patrick. *Settler Colonialism and the Transformation of Anthropology: The Politics and Poetics of an Ethnograph Event*. Londres: Cassell, 1999.

ZARAGOCIN, Sofia. "Feminismo decolonial y Buen Vivir". *In*: VAREA, Soledad & ZARAGOCIN, Sofía (org.). *Feminismo y Buen Vivir: utopías decoloniales*. Cuenca: Pydlos, 2017, p. 17-25.

ZARAGOCIN, Sofia; SILVEIRA, Manuela & ARRAZOLA, Iñigo. "Hacia una geografía del femicidio en Ecuador". *In*: NAVAS, María Gabriela & MAKHLOUF, Muna (org.). *Apropiaciones de la ciudad: género y producción urbana — la reivindicación del derecho a la ciudad como práctica espacial*. Barcelona: Pol.len, 2018, p. 77-113.

5

RETRATOS DO NEODESENVOLVIMENTO NA ARGENTINA: DESENVOLVIMENTO(S), SAQUEIO(S) E CORPO(S) ENTRE A EXPLORAÇÃO E A LUTA

Mariano Féliz

TRADUÇÃO Lina P. Machado Magalhães

DO DESENVOLVIMENTO AO NEODESENVOLVIMENTO POR MEIO DA CRISE (NEOLIBERAL)

Historicamente, a ideia e a estratégia de desenvolvimento se tornaram uma forma de canalizar as contradições de classe no contexto das formações sociais capitalistas (Negri, 2002; Dalla Costa, 2009). Na Argentina, com a crise do neoliberalismo no final dos anos 1990, o discurso do desenvolvimento recuperou o fôlego. Se na era neoliberal apareceu em forma de ajuste, de reestruturação por meio de um Estado pretensamente ausente que devia se retirar, mas nunca o fazia, o discurso do desenvolvimento retorna a partir dos anos 2000 e passa a remeter às formas do desenvolvimentismo histórico de meados do século XX, com um conteúdo de classe diferente.

A ideia de desenvolvimento se consolida na periferia sul-americana pouco depois da Segunda Guerra Mundial, em meados do século XX. Do início dos anos 1940 até o final dos anos 1960, o desenvolvimentismo se consolidou como estratégia do grande capital nacional (para se integrar à irrupção simultânea da classe trabalhadora massificada) e do crescente avanço do capital estrangeiro. A partir dos anos 1930 e 1940, no governo de Getúlio Vargas, no Brasil, e de Juan Domingo Perón, na Argentina, até os governos militares iniciados respectivamente em 1964 e 1966 nesses territórios — entre outros tantos —, o desenvolvimentismo se configurou como padrão de reprodução social dominante. Além disso, se conformou como eixo de um projeto hegemônico com anseios de conter e de canalizar as exigências das massas operárias; como mencionamos, a ideia era tentar integrar conflituosamente o ciclo local de capital ao processo de internacionalização do capital imperialista.

No século XXI, o neodesenvolvimento se constitui de forma similar para conter a irrupção da nova composição política das classes populares. Tal como no passado, as transformações atuais na composição social e técnica do conjunto do capital são visíveis: a nova fração dominante é o grande capital de tendência transnacional.

Na Argentina, o desenvolvimentismo histórico nasceu como efeito das transformações na composição de classes durante a primeira metade do século XX (durante a crise agroexportadora finissecular). O neodesenvolvimentismo, analogamente, apareceu como resposta mediada das classes dominantes às contradições emergentes da era neoliberal. Se o desenvolvimento nasceu para conter a irrupção da nova classe operária industrial masculina migrante (interna) que se consolidou nos primeiros anos do peronismo, o neodesenvolvimento se propôs como saída diante da rápida expansão do precariado piqueteiro feminino migrante (internacional) na cena política (fini)neoliberal.

A crise desenvolvimentista de finais dos anos 1960 abriu caminho para uma rearticulação na estratégia de desenvolvimento. Tratava-se de uma crise global, originária de uma luta conduzida pelos elos mais frágeis da cadeia imperialista e, ainda, de segmentos diversos do povo trabalhador do capitalismo no centro e nas periferias dependentes.

Essa crise se expressou como circulação das lutas: das batalhas de afrodescendentes por seus direitos civis básicos nos Estados Unidos às lutas francesas de maio de 1968; das barricadas do Cordobazo argentino à campanha por salários para o trabalho doméstico e à greve de mulheres na Islândia, em 1975; da Revolução Cubana de 1959 (e sua radicalização socialista em 1961) ao outono quente italiano de 1969.

O neoliberalismo funcionaria como uma longa transição para superar essa crise, de modo que o ajuste estrutural e a violência em escala ampliada passaram a ser a nova cara do desenvolvimento. Essas violências (pois o ajuste é, acima de tudo, violência) atuam em alcance global, em um amplo leque de modalidades de ataque às formas de resistência popular contra o projeto do capital. A violência da dívida externa e das ditaduras cívico-militares nos países dependentes é a forma mais óbvia, acompanhada por uma radicalização do autoritarismo estatal no centro (Negri, 2003). A posteriori, a própria crise neoliberal pavimentaria o caminho para a construção de uma nova estratégia de neodesenvolvimento como meio para conter o renovado ciclo de lutas nascido no interior do ajuste. Dessa forma, o desenvolvimento e o ajuste estrutural, o keynesianismo e o neoliberalismo são as facetas de um mesmo processo de reprodução ampliada do capital. Dentro de cada era histórica existem distintas faces mais populistas, conservadoras ou liberais, mas todas voltadas à necessidade de canalizar as contradições sociais, políticas e econômicas do processo de valorização do capital.

O DESENVOLVIMENTO COMO LEGADO DO NEOLIBERALISMO

A transição ao neodesenvolvimentismo na Argentina assume os resultados do neoliberalismo: enfrenta sua superação dialética e o nega para expressar uma nova fase qualitativa do seu conteúdo de classe (Féliz & Pinassi, 2017).

A primeira etapa do neodesenvolvimento é a necessidade de consolidar uma nova composição social e técnica do capital. O grande capital transnacional emerge como potência dominante dentro do conjunto do capital após três décadas de violentas lutas. Em escala global, o capital é flexibilizado, expandido e financeirizado (Marini, 2008; Ceceña, 2000; Harvey, 2009a, 2009b).

Na Argentina, esse capital atravessa a maioria dos setores econômicos e concentra-se especialmente naqueles que têm capacidade de produção e de apropriação da renda extraordinária: mineração e hidrocarbonetos, agronegócio, logística e serviços financeiros (Azpiazu & Schorr, 2010). Essa nova composição é consequência da transformação neoliberal do mundo e da conformação de uma matriz colonial-imperialista inédita que, além do mais, configura uma nova forma de produção, apropriação e uso da mais-valia na Argentina. Isso significa produção mais extrativista e apropriação mais transnacional, mais financeirizada, com uso mais suntuário do valor criado. Como explica Kalecki (1977), a massa de mais-valia passa a se constituir macroeconomicamente por meio das decisões de gasto de capital. A internacionalização do capital e a sua concentração na cadeia local-internacional de proprietários/apropriadores (a "classe ociosa" de Thorstein Veblen) resultam na sua constituição extrovertida, extrativista, suntuária.

Em segundo lugar, o neoliberalismo deixa ao neodesenvolvimentismo uma nova composição do conjunto dos trabalhadores como um todo, ou seja, a classe-que-vive-do-trabalho, como denomina Antunes (2000). Dentro dela, multiplicam-se formas de superexploração, de precariedade estendida, de uso da força de trabalho que flexibiliza a sua gestão; ao mesmo tempo, relações reais de dominação e de exploração são mascaradas, invisibilizadas por formas "autônomas" de emprego (trabalho independente, falsas cooperativas, contratos de locação de obra etc.). Nessa nova composição social e técnica, amplas camadas de trabalhadores se situam na periferia da fábrica social, em condições de superexploração. Em cada empresa transnacional, existe uma miríade de núcleos que contribuem para aquelas cotas imensas de valor (ou seja, de tempo de trabalho vivo alienado, abstrato) e compensam os enormes volumes de capital constante investidos (meios de produção e insumos materiais que não produzem valor nem mais-valia). O grande capital moderno não pode existir (ou se valorizar) sem essa massa de trabalho superexplorado nas margens da fábrica social.

Em terceiro lugar, como mencionamos, o extrativismo de base transnacional se transforma no núcleo dinâmico da valorização. Esse processo tem um fundamento crescentemente imperialista: cada segundo de valor e cada quilo de valor de uso (ouro, soja, madeira, água, terra etc.) se destina à demanda da fração circulante de capital constante (matérias-primas, energia não humana e insumos) do capital imperialista. A subordinação real da natureza ao capital (Sabbattella, 2010) alcança novos patamares, e o uso dos recursos naturais atinge níveis de superexploração conforme as práticas produtivas desenvolvem escalas e modalidades que se tornam destrutivas ao metabolismo universal da natureza (Bellamy Foster, 2013). Essa potência destrutiva se mimetiza com as práticas sociais do patriarcado que dispõe dos corpos-territórios das mulheres como matéria explorável (Segato, 2013; Palermo, 2017). Os territórios, frentes de batalha do capitalismo na sua versão neoextrativista, tornam-se eixos primários das redes de tráfico de pessoas e de exploração ilimitada desses corpos-territórios das mulheres, que o desenvolvimento do capital pretende expropriar e explorar, mas que, por sua vez, resistem (Segato, 2013).

A apropriação da renda extraordinária e a pilhagem de riquezas naturais para exportação é o eixo da produção de valor capitalista na economia dependente. Essa renda extraordinária é permanentemente disputada por distintas frações do capital e da classe trabalhadora. Entre as primeiras, há uma tendência de se consolidar uma nova formação sociopolítica que vincula os interesses materiais do grande capital imperialista/extrativista às frações médias não trabalhadoras que vivem da apropriação de rendas (diretamente do solo e/ou de formas derivadas, como renda imobiliária e financeira) ou da apropriação de parte da mais-valia do grande capital (poderes hierárquicos transnacionalizados).

Esse processo se sustenta em níveis gigantescos de capitalização (centralização e concentração de capital), isto é, com níveis elevados de composição orgânica nos setores extrativistas-rentistas. Embora esses setores empreguem relativamente poucos trabalhadores diretos, apropriam muito trabalho em forma de lucros extraordinários. A outra face desse processo de concentração rentável no grande capital é, como mencionado, o fortalecimento de formas de superexploração da força de trabalho e precarização do emprego nos demais setores e nos capitais menores, que devem ceder — por meio de trocas desiguais — parte do trabalho que exploram.

O desfecho é o de uma pressão crescente sobre o trabalho de reprodução da vida, na esfera dos cuidados, realizado fundamentalmente pelas mulheres (Féliz & Díaz Lozano, 2018). A precarização das formas de trabalho remunerado, especialmente na periferia da classe trabalhadora, aumenta a imposição de que as mulheres sejam a variável de ajuste em última (e primeira) instância. Além disso, vidas cotidiana e comunitária precárias sobrecarregam as mulheres em sua função de desenvolver formas criativas para resolver mais com menos. A essa crescente carga psíquica e de tempo, adiciona-se a necessidade de complementar a renda insuficiente do domicílio. As condições de necessidade e a precarização das redes de cuidado (com a ação cada vez mais limitada do Estado) obrigam as mulheres a aceitar empregos de baixa remuneração e condições de trabalho instáveis. Essas ocupações, em muitos casos, são trabalhos de cuidado para famílias dos segmentos dominantes ou para trabalhadores com melhores salários. Além disso, essas relações gênero-classistas são também racializadas, dado que uma parte importante das trabalhadoras de cuidado é migrante de países limítrofes, o que as vulnerabiliza ainda mais.

O núcleo da classe trabalhadora — concentrado nos setores e empresas que organizam o processo de valorização — compensa as condições da crescente precariedade laboral com a capacidade organizativa que lhe permite enfrentar essa insegurança, ainda que parcialmente, por meio do salário e das horas trabalhadas. O núcleo da classe trabalhadora formalizada/masculina/institucionalizada atua como barragem de contenção: o grande capital expande seu anseio de exploração pela extração exacerbada do excedente laboral, encontrada nos espaços de valorização que concentram a força de trabalho mais precarizada/feminizada/mal (não) remunerada. A superexploração do trabalho tem cara de mulher.

O neodesenvolvimento é assim construído com base no histórico triângulo de fogo do capitalismo, porém em condições renovadas. A superexploração histórica do trabalho no capitalismo dependente (Marini, 1973) se acentua pela pressão dos modelos imperialistas de extrativismo da natureza na era da transnacionalização do capital. A articulação entre ambos os processos amplia de maneira estrutural a superexploração do corpo das mulheres no terreno da produção e da reprodução.

CONFIGURAÇÕES DO ESTADO NO NEODESENVOLVIMENTO

A estratégia de neodesenvolvimento é resultado da explosão das contradições que expressam suas condições de possibilidade. A nova composição política do povo trabalhador abre caminhos para a configuração de uma nova forma de Estado e de sistema político, ao passo que a nova configuração do conjunto do capital marca os limites dessa reconfiguração estatal.

Essa nova força de trabalho formal obriga os setores dominantes, em especial seus segmentos hegemônicos, a exigir a canalização institucional das demandas. Na crise neoliberal, as empresas enfrentavam reivindicações que se expressavam nas ruas, externas à institucionalidade, de maneira descentralizada e dispersa e, portanto, por fora do controle das normas estatais. A partir de meados de 2002, em combinação com a prevalência da forma sindicato como estratégia de organização do trabalho formalizado, as demandas existentes foram contidas pela revitalização das formas institucionais preexistentes. As convenções coletivas de trabalho (CCT) por setor de atividade e a política de salário mínimo recuperaram dinamismo. Essas instituições habilitam a contenção do conflito trabalhista construído em torno da organização das bases trabalhadoras, sobretudo no âmbito das grandes empresas, nas quais tal organização é mais estável e articulada. A institucionalização do conflito permite neutralizar as alas mais radicais, porém à custa da redistribuição de uma parte da renda extraordinária aos núcleos de trabalhadores integrados.

Ao mesmo tempo, as demandas dos segmentos precarizados na periferia da fábrica social são progressivamente integradas às novas configurações estatais (as políticas sociais universais básicas). O movimento piqueteiro argentino, articulado por mulheres e homens desempregados na periferia das grandes cidades, desde o início reivindica trabalho, dignidade e mudança social (Dinerstein, Contartese & Deledicque, 2010). São exigências teórico-políticas e práticas, realizadas por meio da auto-organização, de atos produtivos autogeridos, de cooperativas, de formas de organização territorial com projeção prefigurativa (lideranças sem hierarquia, democracia de base, autonomia política). Esses segmentos recentemente organizados do povo em luta rejeitam, a princípio, as estratégias de institucionalização, que são formas de controle social e integração sistêmica. Entretanto, uma combinação de políticas normaliza conflituosamente essas demandas de maneira progressiva, sem permitir sua autonomização (Dinerstein, Contartese & Deledicque, 2010).

Diferentemente das estratégias de integração do movimento operário formalizado e sindicalizado, a estratégia estatal em relação ao movimento piqueteiro foi de reconhecer a demanda de renda, mas sem considerar a exigência de trabalho digno. Ao longo da década neodesenvolvimentista, as políticas sociais se consolidaram em transferências de renda em troca da realização das tarefas de cuidado: programas de auxílio social para chefes e chefas de família desempregados; planos familiares; Asignación Universal por Hijo (AUH).[1] Simultaneamente, promove-se certa formalização do "trabalho doméstico", que recebe remuneração de aproximadamente um salário mínimo, à custa da perda do direito de receber a AUH. Na verdade, essas políticas descansam sobre a divisão sexual do trabalho imposta pelo capitalismo patriarcal, de modo a reforçá-las (Féliz & Díaz Lozano, 2018). Por um lado, reconhecem a relevância social das mulheres no seio do povo em luta e na sociedade de modo geral; por outro, reforçam e limitam o seu papel social como "cuidadoras".

O Estado neodesenvolvimentista aposta no controle social por meio da reprodução da matriz patriarcal-capitalista de divisão do trabalho. Os homens formalizados consolidam a institucionalidade histórica (pela forma sindicato), fortalecendo o seu bem-estar relativo no interior da força trabalhista. As mulheres, por sua vez, são conflituosamente normalizadas dentro dos padrões históricos de fragmentação do trabalho produtivo e reprodutivo. As CCT e a política de salários mínimos protegem os homens sindicalizados, enquanto as mulheres recebem transferências de renda condicionadas ao trabalho de cuidado e a certa formalização do trabalho de reprodução mercantilizado (basicamente, serviço doméstico em residências), com renda permanentemente inferior à masculina e abaixo da linha de pobreza.

1 Trata-se de uma quantia mensal por cada filho ou filha menor de dezoito anos, paga pelo governo argentino a mães e pais que se encontram desempregados, que têm empregos informais ou são trabalhadores domésticos. [N.E.]

De modo não paradoxal, ainda que contraditório, no neodesenvolvimento o Estado reconstrói políticas de contenção do conflito social que expressam a fragmentação social da classe-que-vive-do-trabalho. A divisão interseccional entre homens e mulheres, entre trabalhadores formais e informais, entre empregados de grandes capitais e trabalhadores precarizados, trabalhadores produtivos e reprodutivos, remunerados e não remunerados, explorados e superexplorados se consolida na prática do Estado na era do neodesenvolvimento.

HEGEMONIA NEODESENVOLVIMENTISTA E RESISTÊNCIAS POPULARES

A crise neoliberal abriu um espaço necessário para a reconfiguração das formas da hegemonia do capital. A fragmentação do sentido comum neoliberal, por meio da crise orgânica, criou um hiato que precisava ser suturado em um processo de relegitimação. A reconstrução de uma estratégia de desenvolvimento para recriar o mito do capitalismo possível em um território dependente foi tarefa central das forças políticas que pretendiam conduzir o aparato estatal (Féliz, 2016).

Uma vez atravessada a crise e superados os limites do Plano de Convertibilidade[2] — como técnica de governo, e não só como programa econômico —, as condições macroeconômicas e sociopolíticas estavam preparadas para começar o caminho da reconstrução hegemônica. Nesse sentido, é importante retomar o fato de que a hegemonia enquanto categoria remete à capacidade de certas parcelas das forças sociais dominantes de impor sua visão de mundo como senso comum e como estratégia. Essa capacidade está apoiada em uma ma-

2 Política monetária de ajuste estrutural implementada pelo governo de Carlos Menem, na Argentina, entre 1991 e 2001. O peso argentino foi pareado ao dólar estadunidense, forçando a acumulação de reservas em dólar para lastrear a moeda argentina e, posteriormente, viabilizar o câmbio flutuante no modelo clássico do neoliberalismo. O percurso é análogo ao Plano Real no Brasil. [N.T.]

terialidade social, em uma capacitação histórica e socialmente determinada de criar realidade com base em posições dominantes. A soberania do capital se expressa no Estado como forma social, ou seja, como abstração real (Salama, 1979), e é por meio dela que as frações dominantes trabalham para constituir hegemonia social.

As forças políticas, por sua vez, procuram se projetar como articuladoras, como expressão das forças sociais em disputa no nível material. Por si mesmas elas não constroem hegemonia social, mas contribuem para o fortalecimento da hegemonia social das frações dominantes (como é o caso dos "partidos de ordem") ou podem contribuir — porventura e contra as tendências socialmente dominantes — para a transformação das condições materiais (objetivas, subjetivas, simbólicas), que permitem mudar a correlação de forças sociais em favor das classes não dominantes. Isso significa que as forças políticas estatais ocupam o próprio Estado como forma de regime político, como expressão das forças sociais em luta (*à la* Poulantzas), e não necessariamente como expressão direta de determinadas frações sociais (*à la* Miliband).

O neodesenvolvimento tem por base uma nova forma de Estado que expressa materialmente a dominação social de uma fração particular do conjunto do capital, como mencionado. Essa forma não opera de maneira linear, mas expressa as contradições das forças sociais concretas em luta *e* a estratégia da força política no poder estatal. As forças sociais em luta impõem ao Estado o seu poder social; o Estado (bem como as forças políticas que o conformam) responde em função dessas forças e de sua orientação estratégica. Durante a fase constitutiva do neodesenvolvimentismo na Argentina (2002-2008), o kirchnerismo orientou sua ação estratégica à conformação de um *capitalismo en serio*, um "capitalismo de verdade", sob a fórmula "crescimento com inclusão social" (Féliz, 2017b).

A MACROECONOMIA DO NEODESENVOLVIMENTO OU O DESENVOLVIMENTO CAPITALISTA COMO ESTRATÉGIA

A estratégia de neodesenvolvimento consolidou um padrão de acumulação na periferia apoiado em uma nova composição social e técnica do capital e também em uma nova constituição política das classes populares.

Do ponto de vista da reprodução ampliada do capital, essa estratégia buscava sustentar uma política macroeconômica que construísse um padrão de demanda capaz de multiplicar a acumulação sobre a base da apropriação da renda extraordinária e da superexploração do trabalho. A política econômica deveria valorizar a materialidade da nova composição do capital, aproveitando ao máximo seu potencial de produção de mais-valia.

A tática escolhida foi a política do dólar alto, concretizada com a desvalorização da moeda e da força de trabalho nacional, o que permitiu tirar proveito da conjuntura internacional favorável, em um contexto de economias imperialistas em expansão e preços altos para a exportação de commodities até 2008. Isso favoreceu a manutenção de um ciclo de acumulação de capital variável (emprego), em condições superexploratórias do trabalho e da natureza, por um período de cinco anos, durante o qual milhões de postos de trabalho foram criados e ampliou-se a fronteira de exploração dos minérios, da soja e do petróleo.

Tal política só tem viabilidade em um contexto de expansão, que dê margem a uma redistribuição parcial da renda extraordinária e à absorção também parcial das demandas populares, sobretudo as que operam no plano da redistribuição marginal da renda. Quando essa expansão se reduz, inevitavelmente se inicia o ajuste, e o neodesenvolvimento começa a perder o brilho e as roupagens progressistas para revelar a sua essência capitalista que é exploradora e destruidora. Essa política de competitividade pela via da desvalorização da moeda nacional só é efetiva se consegue desvalorizar a força de trabalho, reduzir o salário real relativo (Shaikh, 1991) e/ou incrementar a intensidade do trabalho reprodutivo. Sem mudanças materiais na organização da produção ou da reprodução social, isto é, sem maiores níveis de produtividade, a competitividade só expressa níveis maiores de exploração absoluta: trabalho mais extenso, intenso e mais superexplorado.

Durante a década de 2000, a economia dependente argentina conseguiu manter o mito do crescimento inclusivo enquanto a apropriação internacional do valor doméstico — intercâmbio desigual "para fora" — foi compensada com formas de superexploração do trabalho, da natureza e dos corpos das mulheres — intercâmbio desigual "para dentro". Mais competitividade por meio de mais exploração absoluta, bem como a resistência social contra ela, é o limite enfrentado pela economia dependente.

O esgotamento do ciclo expansivo do mercado mundial, a partir de 2007-2008, marcou os limites da estratégia, e a pressão para compensar as condições da dependência se tornou insustentável. Isso se expressa tanto nas tensões no espaço da produção/apropriação direta de capital como na mediação específica estatal.

A inflação crescente começou a operar como meio para a desvalorização salarial (Féliz, 2015). A disputa pela apropriação da renda e a redução do mais-trabalho nos espaços do capital produtivo e da reprodução social começam a se manifestar abertamente sob a forma de tensões inflacionárias. A demanda empresarial de contenção dos salários aumenta e, apesar disso, a perda de competitividade não pode ser evitada. Ocorre uma contradição crescente: os salários reais deixam de se recuperar, porém as políticas estatais não conseguem superar a tensão inflacionária, o que configura um padrão de inflação e estancamento (Féliz, 2015).

No âmbito da reprodução social, as políticas de redistribuição atingem seus limites com a expansão do universalismo básico por meio da AUH. Do Plan Jefes y Jefas[3] de 2002 à AUH, consolida-se um padrão de redistribuição de renda que só consegue evitar a explosão sociopolítica nos espaços da fronteira social do capitalismo dependente. Ainda assim, diante da impossibilidade de manter essa redistribuição, a crise transicional do neodesenvolvimento abre caminho às formas de reconhecimento simbólico (de direitos) que pretendem mediar e fragmentar a conflitividade social em ascensão (Féliz & Díaz Lozano, 2018). Dessa maneira, as forças políticas estatais

3 Programa de auxílio social do governo argentino destinado a chefes e chefas de família que estejam desempregados e que tenham filhos de até dezoito anos de idade ou incapacitados. Também contempla mulheres grávidas. [N.E.]

procuram compensar a perda de realidade do mito do crescimento com inclusão social por meio de modalidades de operação que, com a construção de direitos de cidadania (limitados), permitem manter a solidez da aliança hegemônica.

Apoiado em uma nova configuração do trabalho produtivo-reprodutivo e da superexploração dos corpos das mulheres, o projeto hegemônico é bloqueado, já que não pode garantir a continuidade de suas formas de legitimação. A composição política do povo trabalhador passa por uma nova mutação ao longo da década, agora dentro do espaço sociopolítico da formação social neodesenvolvimentista (Féliz, 2015). De fato, as forças políticas promotoras da articulação neodesenvolvimentista em sua etapa kirchnerista não conseguem compreender essa mutação e, logo, observam a dissolução da materialidade das relações políticas que as situam na liderança do bloco no poder. A redistribuição da renda pretendeu articular uma matriz de apropriação dominada por homens empregados formalmente, enquanto as mulheres eram institucionalizadas como força de trabalho de reprodução pela legislação trabalhista específica, que continua fazendo referência a "donas de casa", ou mesmo pelas políticas sociais de transferência de renda condicionada (como a AUH).

À medida que a precária matriz redistributiva perde seus fundamentos materiais, as forças políticas do Estado perdem capacidade de articulação hegemônica. Entretanto, enquanto a composição política do povo não recompõe a luta/esperança, mas apenas a ressignificação/o oportunismo, as bases da materialidade neodesenvolvimentista se perpetuam e se intensificam por meio de sua própria crise (Féliz, 2017a).

O TRIÂNGULO DE FOGO DO CAPITALISMO DEPENDENTE E SEUS LIMITES

O triângulo capitalismo-patriarcado-extrativismo atravessa as dinâmicas da produção e da reprodução social em nossos territórios. Especialmente na Argentina, na etapa kirchnerista da era do neodesenvolvimento, esses padrões gerais de reprodução ampliada das violências contra os corpos femininos e feminizados assumiram formas ora mais sutis, ora mais perversas.

Incrementaram-se os padrões de acumulação externa fundamentados no saqueio e na superexploração das riquezas naturais. A financeirização transnacional do capital condiciona o avanço da espoliação ao aumento ou à diminuição da especulação. Recentemente, o renovado ataque às comunidades mapuche,[4] a repressão, a criminalização e o assassinato de militantes defensores das terras e das comunidades expressam a "cabeça de praia"[5] dessa batalha pelo controle dos corpos. Paralelamente, sem solução de continuidade, a violência do saqueio permeia o conjunto dos territórios. Entre as diversas formas de violência, encontra-se a violência contra as mulheres, que se situam nas fronteiras do capital como a última linha de resistência ao avanço do trabalho morto sobre a própria vida. Simultaneamente, são elas o principal foco dos ataques do capitalismo patriarcal, que, aliás, responde com violência quando se rebelam. Por um lado, o neodesenvolvimento e sua crise intensificam o circuito das redes de tráfico de pessoas, em especial das que se articulam diretamente com o extrativismo petrolífero e minerador, práticas de alto impacto e com forte concentração territorial. Por outro lado, as mulheres encarnam as lideranças da resistência: suas lutas mobilizam oposições radicais à megamineração (como a assembleia contra a exploração do Famatina),[6] ao extrativismo da soja (por exemplo, as Mães de Ituzaingó, na província de Córdoba, Argentina, que militam contra as fumigações com glifosato da Monsanto), ao extrativismo urbano (as milhares de mulheres piqueteiras organizadas nos bairros populares); e, é óbvio, oposições aos feminicídios e às violências contra

4 O povo Mapuche é originário da região centro-sul do Chile e do sudoeste da Argentina. A palavra mapuche significa "gente da terra" no idioma mapudungun. [N.T.]

5 Expressão militar utilizada para se referir a uma "área conquistada em litoral inimigo, geralmente por meio de assalto anfíbio, para se efetuar desembarque de tropas e material e para subsequentes operações" ("Cabeça de praia". *In*: *Grande Dicionário Houaiss da Língua Portuguesa* [online]). No presente texto, a expressão pode ser entendida como base, suporte ou pilar. [N.T.]

6 Cidade argentina localizada no centro-norte da província La Rioja. [N.T.]

as mulheres (por exemplo, o movimento da Greve Internacional de Mulheres e o Ni Una Menos).

A reprodução da vida e sua defesa expressam o limite absoluto diante do avanço da fratura do seu metabolismo, provocado pelo capitalismo patriarcal. Articulam-se formas de superexploração generalizadas dos corpos, que penetram sem pudor no cotidiano de distintas frações do povo trabalhador. No neodesenvolvimento, o Estado tenta consolidar uma nova hegemonia social e política estável, capaz de conter todas as forças sociais que emanam da experiência da vida comum e que são produtivas para o capital.

O paradoxo é que a resistência coletiva à fratura ampliada e crescentemente estendida ao metabolismo societal ainda não se materializa em formas de recomposição política do povo capazes de conter as tendências destrutivas. Por enquanto, os movimentos sociais não conseguem bloquear esse processo dialético de superação histórica no capitalismo. Todavia, as batalhas contra o extrativismo e o saqueio, as lutas das comunidades indígenas, originárias e camponesas e as lutas das mulheres feministas estão — hoje e já há algum tempo — reconfigurando os parâmetros dessas resistências (Féliz, 2017b). Elas aparecem como o núcleo dinamizador das novas formas de composição política do povo. São a chave de lutas por vir, a exemplo das modalidades de organização e de horizontes prático-críticos para a prefiguração da transformação social. Nelas se encontram as novas chamas, esses novos foguinhos, que iluminarão o caminho à liberdade.

REFERÊNCIAS

ANTUNES, Ricardo. "La centralidad del trabajo hoy", *Papeles de Población*, v. 6, n. 25, p. 83-96, 2000.

AZPIAZU, Daniel & SCHORR, Martín. *Hecho en Argentina: industria y economia, 1976-2007*. Buenos Aires: Siglo XXI, 2010.

BELLAMY FOSTER, John. "Marx y la fractura en el metabolismo universal de la naturaleza", *Herramienta*, n. 15, 2013.

CECEÑA, Ana Esther. "Tecnología y organización capitalista al final del siglo XX". *In*: MARINI, Ruy Mauro & MILLÁN, Márgara (org.). *La teoría social latinoamericana: cuestiones contemporáneas*. Cidade do México: Unam/El Caballito, 2000, p. 95-104.

DALLA COSTA, Mariarosa. *Dinero, perlas y flores en la reproducción feminista*. Trad. Marta Malo de Molina. Madri: Akal, 2009.

DINERSTEIN, Ana; CONTARTESE, Daniel & DELEDICQUE, Melina. *La ruta de los piqueteros: luchas y legados*. Buenos Aires: Capital Intelectual, 2010.

FÉLIZ, Mariano. "Limits and Barriers of Neodevelopmentalism: Lessons from Argentina's Experience, 2003-2011", *Review of Radical Political Economics*, v. 47, n. 1, p. 70-89, 2015.

FÉLIZ, Mariano. "Till Death Do Us Part? Kirchnerism, Neodevelopmentalism and the Struggle for Hegemony in Argentina, 2003-2015". *In*: SCHMIDT, Ingo (org.). *The Three Worlds of Social Democracy: A Global View*. Londres: Pluto Press, 2016, p. 91-106.

FÉLIZ, Mariano. "Argentina, de la crisis neoliberal a la crisis del neodesarrollo de Kirchner a Macri: hipótesis sobre el tiempo que nos toca". *In*: FÉLIZ, Mariano & PINASSI, María O. (org.). *La farsa neodesarrollista y las alternativas populares en América Latina y el Caribe*. Buenos Aires: Herramienta, 2017a, p. 47-68.

FÉLIZ, Mariano. "Marxian Dependency Theory in Latin America After the Pink Tide: Lessons Learned from Popular Movements and its Struggles", *14th Annual Conference of Historical Materialism*, Londres, Universidade de Londres, 9-12 nov. 2017b.

FÉLIZ, Mariano & DÍAZ LOZANO, Juliana Agustina. "Trabajo, territorio y cuerpos en clave neodesarrollista: Argentina, 2002-2016", *Perfiles Latinoamericanos*, v. 26, n. 52, 2018.

FÉLIZ, Mariano & PINASSI, María O. (org.). *La farsa neodesarrollista y las alternativas populares en América Latina y el Caribe*. Buenos Aires: Herramienta, 2017.

HARVEY, David. "El 'nuevo' imperialismo: sobre reajustes espacio-temporales y acumulación mediante desposesión (parte I)", trad. Enrique Rodríguez, *Herramienta*, 28 maio 2009a.

HARVEY, David. "El 'nuevo' imperialismo: sobre reajustes espacio-temporales y acumulación mediante desposesión (parte II)", trad. Enrique Rodríguez, *Herramienta*, 28 maio 2009b.

KALECKI, Michal. *Ensayos escogidos sobre dinámica de la economía capitalista (1933-1970)*. Cidade do México: Fondo de Cultura Económica, 1977.

MARINI, Ruy Mauro. *Dialéctica de la dependencia*. Cidade do México: Era, 1973.

MARINI, Ruy Mauro. "Proceso y tendencias de la globalización capitalista". *In*: MARTINS, Carlos Eduardo (org.). *América Latina, dependencia y globalización*. Bogotá: Clacso/Siglo del Hombre, 2008.

NEGRI, Antonio. *Crisis de la política: escritos sobre Marx, Keynes, las crisis capitalistas y las nuevas subjetividades*. Trad. Gisela Catanzaro. Buenos Aires: El Cielo por Asalto, 2002, p. 11-36.

NEGRI, Antonio. *La forma-Estado*. Trad. Raúl Sánchez Cedillo. Madri: Akal, 2003.

PALERMO, Hernán. *La producción de la masculinidad en el trabajo petrolero*. Buenos Aires: Biblos, 2017.

SABBATTELLA, Ignacio. "Crisis ecológica y subsunción real de la naturaleza al capital", *Íconos: Revista de Ciencias Sociales*, n. 36, p. 69-80, 2010.

SALAMA, Pierre. "L'État capitaliste comme abstraction réelle", *Critiques de l'économie politique*, nouvelle série n. 7-8, 1979.

SEGATO, Rita Laura. *La escritura en el cuerpo de las mujeres asesinadas en Ciudad Juárez: territorio, soberanía y crímenes de segundo estado*. Buenos Aires: Tinta Limón, 2013.

SHAIKH, Anwar. "Competition and Exchange Rates: Theory and Empirical Evidence", New School for Social Research, working paper n. 25, 1991.

6

IDENTIDADES, CORPO E TERRITÓRIO: O CASO DAS 56+1 MENINAS INCENDIADAS NO LAR SEGURO VIRGEN DE LA ASUNCIÓN[1]

Walda Barrios-Klee

Dina Mazariegos García

TRADUÇÃO Joana Salém Vasconcelos

A impossibilidade de dominar os corpos juvenis provoca o autoritarismo manifesto no confinamento e no extermínio desses corpos como fator de eugenia ou "limpeza social". A isso somam-se os discursos sobre a vigilância e o controle panóptico das práticas da juventude, palavrório que deixa de conceber os jovens como "rebeldes" para qualificá-los como perigosos — ou seja, faz-se necessário controlar seus corpos como prova da impossibilidade de dominar seu pensamento (Heffes, 2013).

1 A expressão "56+1" foi preservada do título original. Foram 56 crianças e adolescentes vitimadas no incêndio do Lar Seguro Virgen de la Asunción, em San José Pinula, Guatemala. Uma das vítimas estava grávida de oito meses. [N.T.]

INTRODUÇÃO

Não é possível compreender a sociedade guatemalteca sem considerar que as feridas provocadas pelo mal chamado "conflito armado interno"[2] não terminaram de cicatrizar. Estamos diante de uma democracia doente. Embora os Acordos de Paz assinados em 1996 tenham constituído um divisor de águas que possibilitou a recomposição do movimento social e a emergência de novos sujeitos sociais antes totalmente excluídos, a exemplo dos povos originários e das mulheres, não houve vontade política suficiente para se levar adiante políticas públicas orientadas ao fortalecimento das instituições criadas como efeito dos Acordos (Méndez Gutiérrez & Barrios-Klee, 2010).

A Guatemala vive um contínuo estado de emergência que passa de uma crise a outra. O Estado se converteu em butim nas mãos da oligarquia que há mais de cinco séculos se apropriou do país, acompanhada por setores do Exército encarregados de estabelecer a repressão durante o período de contrainsurgência.

O juvenicídio e o feminicídio constituem uma fusão de violência extrema contra as mulheres jovens, que nas últimas décadas se agravou em diferentes nações latino-americanas. A Guatemala é considerada o terceiro país com maior incidência de violência extrema contra mulheres jovens. Tomando essas informações como ponto de partida, procuramos as origens e a sucessão de eventos que desencadearam esses fatos violentos, isto é, as bases que levaram a determinados momentos políticos e, em sua presente recomposição, à violação, à exclusão e à morte de incontáveis mulheres jovens guatemaltecas.

2 Não se tratou de um conflito armado, porque isso implicaria paridade entre as partes combatentes. Na Guatemala, o aparato estatal reprimiu a população civil desarmada e aplicou uma política de terra arrasada.

SER MENINA OU ADOLESCENTE: UMA CONDICIONANTE DA EXCLUSÃO NA GUATEMALA

O presente artigo é uma denúncia/reflexão sobre a terrível situação que meninas e adolescentes vivenciam na Guatemala como consequência do enfraquecimento das instituições do Estado. Os Acordos de Paz de 1996 trouxeram muita esperança e otimismo com relação às mudanças no país; no entanto, o caráter autoritário e pouco inclusivo dos sucessivos governos posteriores à sua assinatura dificultou a transição para uma democracia participativa, assim como a possibilidade do desenvolvimento humano.

Uma das conquistas dos acordos foi a visibilização de mulheres e povos indígenas como sujeitos de direitos. Todavia, faltaram políticas públicas e dotações orçamentárias correspondentes para torná-la efetiva, de forma que os direitos não puderam ser cumpridos.

Nesse contexto, em 8 de março de 2017, ocorreu o trágico incidente do incêndio no Lar Seguro Virgen de la Asunción (HSVA),[3] no qual faleceram 41 garotas entre 13 e 17 anos. Não foi um acontecimento isolado: constituiu uma "crônica de mortes anunciadas", pois as carências do sistema haviam sido denunciadas várias vezes.

As estatísticas sobre a situação da infância e adolescência na Guatemala são assustadoras: uma em cada duas crianças menores de cinco anos padece de desnutrição crônica. Em 2015, 83.483 crianças e adolescentes, entre 10 e 17 anos, engravidaram como resultado de estupros, segundo o Observatorio en Salud Sexual y Reproductiva (Osar). Em 2016, segundo o Ministério Público, ocorreram 7.338 denúncias de violência sexual contra pessoas menores de idade e 14.698 por maus-tratos físicos. No mesmo período, houve 809 mortes violentas de crianças e adolescentes, 90% delas ocasionadas por armas de fogo.

Em 2012, o Programa das Nações Unidas para o Desenvolvimento (PNUD) elaborou o relatório *Guatemala: un país de oportunidades para la juventud?*, no qual sinalizava quatro direitos básicos para que crian-

3 Em castelhano, Hogar Seguro Virgen de la Asunción (HSVA), centro estatal de proteção para crianças e adolescentes vítimas de violência, abandono e maus-tratos. [N.T.]

ças, adolescentes e jovens vivenciem plenamente o desenvolvimento humano: (i) o direito à vida, o que implica segurança, saúde e iniciar a vida sexual de forma saudável e responsável; (ii) o direito ao saber, que envolve educação escolarizada e acesso aos bens culturais; (iii) o direito de participar, de forma progressiva, da vida social no âmbito político, econômico, social e cultural; e (iv) o direito de desfrutar de tempo livre. Podemos acrescentar a alegria como direito, apontado também na pesquisa que realizamos, com a colaboração da Flacso e do Fundo de População das Nações Unidas (Unfpa), sobre o drama das meninas que se tornam mães (Faculdade Latino-Americana de Ciências Sociais, 2015).

O Ministério da Educação reconheceu que 800 mil adolescentes guatemaltecas entre 13 e 18 anos não estão no sistema educacional, aos quais se somam 800 mil ou 900 mil que também deveriam ter passado pela escola e não o fizeram. Temos 1,6 milhão de adolescentes fora do sistema educacional. Esses números mostram que a cobertura em educação formal não alcança grande parte da população. A Guatemala está desperdiçando seu bônus demográfico favorável ao ter uma população jovem sem oportunidades de desenvolvimento. Para as crianças rurais, a situação se agrava.

CRIANÇAS E ADOLESCENTES: TERRITÓRIOS NEGOCIÁVEIS NA GUATEMALA E EM OUTRAS PARTES DO MUNDO

O corpo das mulheres é considerado território em disputa e butim de guerra desde tempos imemoriais. Na Guatemala, a repressão da política de terra arrasada nas áreas rurais violou e matou mulheres com o objetivo de humilhar as comunidades. Nas antigas Grécia e Roma, o corpo das mulheres era considerado como apropriável e, por consequência, espólio de guerra.[4]

4 Foi o caso de Helena de Troia e do rapto das Sabinas na Roma Antiga.

Friedrich Engels, em *A origem da família, da propriedade privada e do Estado* (1864), apontou que a propriedade privada foi garantida por meio da expropriação do corpo das mulheres, uma vez que os homens precisavam se assegurar da paternidade de seus filhos e filhas para que pudessem transferir-lhes seus respectivos bens.

O corpo das mulheres sempre esteve relacionado aos desmandos do poder patriarcal e destinado a "ter todos os filhos que Deus mandasse", sem que elas pudessem regular livremente sua sexualidade ou seus intervalos gestacionais. Há inclusive legislação que comanda esse corpo; é o caso da criminalização do aborto, por exemplo. A morte materna é um indicador de desigualdade e da falta de atenção à saúde e ao corpo das mulheres: não é possível que, em pleno século XXI, gestantes continuem morrendo no parto nas áreas rurais da Guatemala.

Somos constantemente confrontadas com a violação dos direitos sexuais e reprodutivos, ligados diretamente ao corpo de adolescentes e mulheres. Nenhum direito pode ser vivido fora do corpo, que se torna então um território em que os significados culturais das diferenças sexuais e dos desmandos patriarcais se materializam; consequentemente, sempre sofrerá tentativas de controle. Monique Wittig já escrevia: "mulher, vil e preciosa mercadoria". Na Guatemala, existem muitos exemplos de crianças e jovens sendo entregues a homens mais velhos em troca de gado ou dinheiro (Faculdade Latino-Americana de Ciências Sociais, 2015).

Barrios-Klee e Pons (1995) utilizam-se do conceito de masculinidades hegemônicas proposto por Connell para explicar a expropriação dos corpos que vitimiza crianças e adolescentes. Essa masculinidade apresenta as seguintes características: (i) naturalização da violência e discriminação contra meninas e adolescentes; (ii) entendimento do corpo e da vida de mulheres, crianças e adolescentes como propriedade e posse: o corpo como território passível de apropriação de outrem; e (iii) controle da sexualidade de mulheres, crianças e adolescentes, tentando limitar os comportamentos que saem da norma e favorecem a autonomia.

A segunda onda do movimento feminista reivindicou o anticoncepcional como meio que permite às mulheres exercer o controle sobre o próprio corpo e regular a fecundidade como um direito. Isso levou à transição "da planificação familiar à saúde reprodutiva" (Barrios-Klee & Pons, 1995) e, posteriormente, aos direitos sexuais e reprodutivos.

A pesquisa intitulada *Me cambió la vida! Uniones, embarazos y valorización de derechos en adolescentes* (2015) [Mudou a minha vida! Casamento, gravidez e valorização de direitos de adolescentes], realizada pela Flacso em parceria com o Unfpa e orientada por Walda Barrios-Klee, chegou aos seguintes resultados: o casamento em idade precoce influencia na gravidez precoce; meninas adolescentes não têm conhecimento sobre métodos anticoncepcionais e sobre o funcionamento do próprio corpo, o que torna quase impossível regular a fertilidade; as adolescentes e mulheres possuem baixa escolaridade, o que impede que conheçam seus direitos e que os exerçam. Essas condições contribuem para que a expropriação dos corpos e o exercício da subordinação se constituam como imperativo do poder patriarcal sobre o corpo feminino.

CORPOS INCENDIADOS: TESTEMUNHAS DA VIOLÊNCIA INSTITUCIONAL CONTRA CRIANÇAS E ADOLESCENTES NA GUATEMALA

Presumimos que as 56+1 crianças e adolescentes imoladas em 8 de março de 2017 no Lar Seguro Virgen de la Asunción encontravam-se temporariamente confinadas nessa instituição estatal fundada paradoxalmente para conferir proteção a meninas cujos direitos foram violados.

Depois de contextualizar a situação, a condição e a posição da infância e das juventudes na Guatemala, apresentamos o perfil da institucionalidade guatemalteca que tem sob sua responsabilidade os cuidados integrais da infância e da adolescência ameaçadas em seus direitos. Obviamente, a referida entidade não foi eficiente, responsável e comprometida em suas funções, em especial no que se refere à restituição de direitos violados ou negados. A consequência foi um efeito devastador para esse grupo populacional, especificamente no caso das 56+1 crianças queimadas até a morte nesse fatídico dia.

De acordo com Castoriadis (2005), cada sociedade constrói suas instituições e seus significados, elabora suas ferramentas, procedimentos e métodos que ajudam a enfrentar os problemas cotidianos. Na Guatemala existe um marco jurídico que promove a criação de instituições de proteção integral da infância e adolescência, e, desde 26 de janeiro de 1990, o Estado guatemalteco é signatário da Convenção sobre os Direitos da Criança, um tratado internacional da Assembleia Geral da Organização das Nações Unidas que reconhece os direitos humanos básicos de crianças e adolescentes. Nesse sentido, foram criadas instâncias responsáveis para assegurar os objetivos da lei de proteção integral da infância e adolescência: a Comissão Nacional para a Infância e a Adolescência, além das Comissões Municipais para a Infância e a Adolescência.

A Comissão Nacional para a Infância e Adolescência é responsável pela formulação de políticas públicas de proteção integral para garantir o pleno gozo dos direitos e liberdades, sendo integrada por instâncias de Estado e da sociedade civil enfocadas em seu desenvolvimento. As Comissões Municipais para a Infância e Adolescência abarcam corporações municipais, instituições governamentais e organizações sociais que trabalham no município e têm a responsabilidade de formular políticas de proteção integral da infância e da adolescência em âmbito municipal.

No momento em que ocorreu a tragédia, a responsável pela Secretaria de Bem-Estar Social da Presidência, uma das instituições públicas "especializadas" em formulação de políticas públicas e implementação da proteção integral da infância e adolescência, era a reitora do HSVA. Essa secretaria foi criada em 29 de abril de 1963, e seu Regulamento Orgânico foi aprovado em 2006.

Trata-se da autoridade "competente e responsável" por realizar ações relativas ao cumprimento de sanções impostas aos adolescentes em conflito com a lei penal, assim como implementar medidas protetivas a crianças e adolescentes com direitos violados, por meio de programas e serviços de prevenção, proteção e reinserção integral, além de ressocialização em nível nacional com equidade e igualdade.

Para se ter uma ideia mais precisa das razões que conduziram ao martírio dessas 56+1 crianças e adolescentes, é necessária uma abordagem crítica ao complexo problema da institucionalização de menores na Guatemala. De acordo com os especialistas, esse tipo de institucionalização tem duas modalidades: para aqueles que estão em conflito com a lei e para os que estão em condição de vulnerabilidade. Consideram-se vulneráveis as crianças e adolescentes vítimas de violência física, psicológica e sexual em espaços familiares e contextos cotidianos, além de menores com alguma deficiência, em situações de abandono ou de rua, adotados irregularmente, com problemas de vícios, vítimas de tráfico e exploração sexual comercial, laboral e econômica, conforme o Estatuto da Secretaria de Bem-Estar Social. Isso faz com que essas pessoas vivam cotidianamente em situação de risco.

A Guatemala é reconhecida como um dos países latino-americanos com maior quantidade de instituições que abrigam crianças e adolescentes. No entanto, elas carecem de padrões de qualidade, como "a temporalidade da estadia da criança, o cumprimento de uma infraestrutura adequada, acesso à educação e atenção psicológica, entre outras" (Luna, Luna & Brizuela, 2011, p. 12). Além disso, em agosto de 2010, autoridades do Conselho Nacional de Adoções assinalaram que somente 7 das 110 entidades privadas registradas contavam com a autorização oficial de funcionamento.

Esses lares deveriam ser temporários e, em princípio, oferecer cuidados profissionais e segurança. Considerando que um menor institucionalizado está sob custódia estatal, pois sua família atravessa uma crise, é o Estado o responsável por sua saúde, educação, alimentação, segurança e pelos elementos básicos para seu desenvolvimento integral.

De acordo com Valeria Brahim (2018), especialista brasileira em direitos da criança, a institucionalização deveria ser o último recurso para menores em condições de vulnerabilidade, já que remover a criança da família é mais violento que a própria violência. Além disso, os relatórios mundiais da Organização das Nações Unidas (ONU) sobre violência contra crianças estabelecem que a violência institucional é seis vezes maior que os programas familiares alternativos.

Sobre o HSVA em particular, Naveda e Arrazola (2017) comentam que esse abrigo havia sido refundado em 2010 e se converteu, em seguida, no principal centro de acolhimento de menores dirigido pela Secretaria de Bem-Estar Social. A secretaria deveria ter dotado a instituição de protocolos referentes aos "cuidados diferenciados" desde o começo, já que o HSVA sempre acolheu crianças e adolescentes com problemas distintos, vítimas de abandono familiar e/ou violência doméstica e do tráfico, jovens em conflito com a lei e menores com deficiência.

É evidente que a institucionalização dos menores tem caráter punitivo na Guatemala, pois seus impactos nada têm a ver com prevenção, proteção, recuperação, reinserção ou ressocialização de condutas. As metodologias usadas no HSVA descritas pelas menores sobreviventes indicam repressão, no sentido de se considerar que o castigo tem função social e é uma ferramenta de procedimento de poder pela qual o corpo é submetido à força por uma instituição social. Além disso, o aparato administrativo institucional em que as menores se encontram reclusas converte tal castigo em suplício e, como comenta De Mably (1789 *apud* Foucault, 2002 [1999]), este afeta mais a alma que o próprio corpo. Ao mencionar a categoria *suplício*, Foucault o identifica como parte do ritual do castigo:

> o suplício, mesmo se tem como função "purgar" o crime, não reconcilia; traça em torno, ou melhor, sobre o próprio corpo do condenado sinais que não devem se apagar; [...] E pelo lado da justiça que o impõe, o suplício deve ser ostentoso, deve ser constatado por todos, um pouco como seu triunfo (Foucault, 2002, p. 33 [1999, p. 30-1]).

De modo geral, é possível afirmar que, desde suas raízes coloniais, patriarcais, racistas, classistas e outras, a sociedade guatemalteca é discriminatória, excludente, punitiva e violenta, além de utilizar o castigo corporal e psicológico como forma de controle. Construiu-se então o horror cotidiano do açoite, que assola a grande maioria das crianças e adolescentes em sua rotina. "Os jovens foram transformados em inimigos perigosos da sociedade. Juventude e periculosidade ou juventude e delinquência se converteram em sinônimos, em palavras intercambiáveis, cujo efeito é naturalizar a violência institucionalizada exercida contra jovens" (Reguillo, 2003, p. 11).

As vítimas do HSVA eram, de modo geral, meninas e adolescentes que vinham de lugares nos quais a punição também era constante. Já haviam vivido, portanto, outras experiências de suplício; injustamente e em plena violação de seus direitos elementares, já haviam sofrido violência física, psicológica e até mesmo sexual nos espaços em que transitavam diariamente. No entanto, o suplício vivido no HSVA as levou a uma morte agônica jamais imaginada, que encurtou os sonhos dessas adolescentes e marcou a vida de seus familiares e da sociedade guatemalteca como um todo.

Como mencionamos, o HSVA fazia parte do sistema de proteção da infância e adolescência, isto é, uma instituição que deveria oferecer segurança. Contudo, e de acordo com diferentes relatórios da pesquisa realizada por promotores do Ministério Público e informações que foram publicadas em vários meios de comunicação, ficou comprovado que o HSVA, desde sua fundação, foi palco de um sem-número de histórias de abusos e violências: espancamentos, tráfico, estupros e até um assassinato. Entre os especialistas em cuidado de menores, se consolidava a ideia de que o centro de proteção havia se convertido em um lugar de maus-tratos e tortura.

Aparentemente, por meio de seus funcionários, a instituição empregava um sistema de controle e disciplina orientado a modificar pensamentos e se apropriar do corpo e dos territórios das adolescentes, transformadas em sujeitas passíveis de punição. A entidade se apossou do corpo delas, submetendo-as aos suplícios da violência extrema mediante a *dueñidad* dessas crianças e adolescentes. A categoria *dueñidad* foi proposta pela antropóloga Rita Segato no livro *La guerra contra las mujeres* e tem como objetivo identificar os diferentes fatos que atentam contra o corpo-território e a soberania das mulheres. Desse modo, a *dueñidad* se apropria não apenas do corpo físico mas também da vida e da morte dessas sujeitas. "Desde 2013 dezenas de denúncias foram apresentadas ao Ministério Público e à Procuradoria dos Direitos Humanos por abusos sexuais e humilhações cometidos contra crianças no lar em que ocorreu a tragédia" (Naveda & Arrazola, 2017).

Todo esse suplício vivenciado cotidianamente por crianças e adolescentes é uma demonstração do abuso de relações de poder e controle do sistema desumanizado, patriarcal e adultocêntrico exercido pelos funcionários do HSVA. É uma evidência de que, por trás da institucionalização de menores e adolescentes, estão escondidos os verdadeiros sistemas de torturas e abusos.

O sistema punitivo é uma ferramenta usada pelos funcionários para submeter não apenas o corpo como também a maneira de ser das adolescentes. De acordo com o testemunho de várias crianças sobreviventes e de muitas que agora estão caladas para sempre, seus corpos-territórios eram utilizados para comércio sexual em troca de segurança ou de menos castigos. Falando sobre a submissão do corpo das mulheres, María Luisa Femenías e Paula Soza Rossi ressaltam que:

> sua efetividade radica justamente em ações públicas e suas consequências se exibem ao público nos "corpos exemplificadores", isto é, corpos disciplinados, soterrados, submissos, passivos, mortos. O objetivo da mensagem é evidente. Por ação ou por omissão, escrevem com sangue uma mensagem pública cifrada para a sociedade [...]. A gama é ampla: vai desde o insulto ou a descrença de uma mulher (ou das mulheres em geral) até a crueldade mais extrema. "Voltaremos a ser quem manda, ainda que para isso devamos incrementar a crueldade nos apropriando do corpo das mulheres e inscrevendo sobre eles nossas mensagens de poder e domínio." (Femenías & Soza, 2009, p. 64)

Nega-se o direito de existência a crianças e adolescentes detidos nessas instituições que, embora se encontrem em um marco legal, não cumprem com suas responsabilidades nem com as políticas públicas das quais emanam. Não correspondem à realidade da maioria da população guatemalteca: os e as mais jovens.

O JUVENICÍDIO E O FEMINICÍDIO: O ÚLTIMO ELO DA VIOLÊNCIA SISTÊMICA, SISTEMÁTICA, ESTIGMATIZANTE E GENERALIZADORA CONTRA MULHERES JOVENS NA GUATEMALA

Não há dúvida de que a maioria dos países do mundo vive em regimes patriarcais e adultocêntricos e que não priorizam a implementação de projetos destinados à juventude. Como consequência, a morte de jovens se torna irrelevante e seu corpo, assim como o das mulheres, passa a ser considerado descartável.

O juvenicídio é uma categoria das ciências sociais que permite analisar a condição persistente de violência generalizada contra adolescentes e jovens. A origem do conceito é atribuída ao ativista e acadêmico mexicano Víctor Quintana, da Universidad Autónoma de Ciudad Juaréz, que, desde 2010, vem falando sobre juvenicídios perpetrados naquela localidade durante as últimas décadas.

> O juvenicídio nos permite entender por que alguns homens jovens são considerados sujeitos matáveis, sujeitos descartáveis que qualquer um pode matar, já que sua morte, de acordo com Giorgio Agamben, não tem consequências jurídicas porque nem sequer é categorizada como homicídio. É chamada de execução. Daí a importância de nomear os juvenicídios. (Valenzuela Arce, 2012, p. 2)

Por sua vez, Juan Antonio Vega Báez e Rosalba Elizabeth Rivera Zúñiga, em seu trabalho *Juvenicídio en México y Centroamérica en contextos de violencia generalizada: antes y después de Ayotzinapa*, abordam o fenômeno social da tragédia das desaparições coletivas, seletivas, sistemáticas e persistentes de adolescentes e jovens que têm ocorrido tanto no México como nos países da América Central. Na última década, uma quantidade impressionante de jovens e adolescentes desapareceu na região, e, de acordo com estudos realizados por Vega Báez e Rivera Zúñiga (2015, p. 4), as estatísticas já superam as mortes em países com conflitos armados tradicionais, a exemplo do Sudão, da República do Congo e do Afeganistão.

É necessário mencionar também que, segundo o relatório *Ocultos a plena luz*, do Fundo das Nações Unidas para a Infância (Unicef, 2014), a Guatemala é um dos três países do mundo onde mais crianças e adolescentes morrem de forma violenta.

Inserimos na categoria de juvenicídio o massacre das 56+1 crianças e adolescentes no HSVA em 8 de março de 2017 e, para isso, levamos em conta três aspectos centrais estabelecidos por Vega Báez e Rivera Zúñiga (2015). O primeiro diz respeito ao "caráter não combatente das vítimas"; ou seja, todas as crianças e adolescentes que sofreram o suplício naquele dia eram vítimas de um sistema indolente, corrupto e violento. O segundo relaciona-se à "possibilidade da existência de violências de Estado por ação direta, indireta ou por omissão responsável" — efetivamente foi e continua sendo uma ação violenta cometida pelo Estado por meio de seus funcionários. O terceiro aspecto é "o contexto estrutural de impunidade, tanto *de jure*, como *de facto*"; ou seja, para todos os efeitos, esse ato criminoso que trancafiou, superlotou e permitiu que as meninas ardessem em chamas sem lhes prestar qualquer assistência demonstra a impunidade que, de fato, existe nas instituições estatais. Além disso, descreve particularmente "o uso da violência por atores do sistema contra populações consideradas vulneráveis" (Vega Báez & Rivera Zúñiga, 2015, p. 4).

Por outro lado, esse ato violento também foi um feminicídio. Marcela Lagarde, autora desse conceito, define que o feminicídio também ocorre quando o Estado não dá garantias às mulheres e não cria condições de segurança para a vida delas na comunidade, no lar, nem mesmo em seu local de trabalho, na via pública ou em lugares de lazer.

Para entender esse conceito, é preciso compreender como se estabelecem as relações de poder entre homens e mulheres em nossas sociedades. Eles não se apropriam apenas do corpo delas mas também, em um sentido subjetivo, aplicam um controle de ordem social, e quando esse controle se perde, ocorre a sanção social. Na verdade, o feminicídio não é o assassinato de uma mulher executado por um homem, e sim pela sociedade em seu conjunto, que constrói a masculinidade e educa os homens para se apropriarem do corpo, da subjetividade e da vida das mulheres. Por tudo isso, a extrema violência com que foram tratadas essas 56+1 meninas e adolescentes pode, claramente, ser identificada como feminicídio.

O Relatório de Violência Homicida na Guatemala, apresentado pelo Grupo de Apoio Mútuo (GAM) e o Instituto Nacional de Ciências Forenses (Inacif), evidenciou um aumento dos crimes cometidos contra mulheres. Em 2017, o número de mulheres assassinadas cresceu 40,07% em comparação com o mesmo período de 2016 (janeiro-setembro). Segundo o relatório, a idade da maioria das vítimas oscila entre 18 e 39 anos, e, dadas as características das mortes, estas podem ser qualificadas como crimes de ódio (Gándara, 2017).

O confinamento em condições subumanas ao qual foram submetidas as 56+1 meninas na noite anterior e na manhã daquele fatídico dia no HSVA, quando lhes foi negada toda possibilidade de salvaguardar suas frágeis vidas ao serem impedidas de sair dessa prisão em chamas, é uma flagrante atitude de ódio e desprezo que revela o sistema desumano, adultocêntrico, patriarcal e racista imperativo na institucionalidade que controla e domina os menores institucionalizados.

Esse feminicídio e juvenicídio coloca a sociedade diante da violência extrema sob a qual vivem as mulheres jovens da Guatemala. Mais ainda, evidencia como a própria sociedade guatemalteca é parte fundamental e sustentadora do sistema de dominação masculino ou patriarcal, enfocado no desejo sexual que promove o controle do corpo e da liberdade das mulheres.

> O corpo das mulheres sempre teve um valor simbólico adicional, como garantia de sutura de conflitos ou como lugar de exercício de poder para humilhar, desonrar, negar ou enviar mensagens cifradas a outros homens [...]. Só a exegese feminista conseguiu começar a revelar como opera essa lógica de domínio. (Femenías & Soza, 2009, p. 13)

Por essa razão, este trabalho utiliza a categoria juvenicídio e realiza uma analogia interseccional com o feminicídio, de modo a ressaltar a pouca importância e atenção recebida por pessoas jovens em sociedades excludentes. Sem deixar de lado a violência simbólica, laboral e psicológica, podemos direcionar o olhar para a violência crua, cuja expressão extrema é a violação do corpo das mulheres, sua mutilação e assassinato (Femenías, 2008).

QUEM ERAM AS ADOLESCENTES QUEIMADAS NO HSVA?

Essas jovens vítimas viviam em condições de pobreza, discriminação e exclusão. Provenientes de famílias disfuncionais, enfrentavam situações de violência dentro de casa e nos tecidos sociais mais próximos. Tais circunstâncias colocaram essas meninas em situação de absoluta vulnerabilidade e impediram o desenvolvimento de seus projetos de vida: a violência era sua única forma de se pensar e de se desenvolver.

Dessas 56 histórias, 41 foram encurtadas como resultado do incêndio. As 15 que sobreviveram ficaram marcadas física, emocional e espiritualmente pelo fogo depois da tragédia; uma delas estava grávida de oito meses durante sua estadia no HSVA. Elas tiveram a vida, as brincadeiras e os sonhos desconsiderados devido à submissão ao sistema de proteção de menores do Estado guatemalteco promovido pela Secretaria de Bem-Estar Social e, mais especificamente, pelo HSVA. Essas adolescentes tinham entre 13 e 17 anos e "não eram delinquentes — ao menos não chegaram ali para cumprir uma sentença corretiva. O Estado se tornou um tutor legal das crianças, e, em alguns casos, elas não tinham um familiar que se fizesse responsável, ou tinham sido vítimas, inclusive, de abusos e violência por parte dos próprios familiares" (Rojas, 2017).

> Para algumas das jovens, residir em áreas marginais onde grupos criminosos buscam recrutar menores de idade para cometer ilegalidades se transformou no motivo de viver em refúgio estatal, um lugar onde supostamente estariam seguras. Outras estavam marcadas por um entorno de carências, sem serviços básicos e recreação limitada, a que se somam disfunções familiares. O abuso sexual é outro flagelo recorrente, que conduziu várias delas a mostrar um comportamento rebelde, sendo direcionadas ao Lar como medida de "proteção". (Muñoz Palala, 2017)

Apesar de os artigos 116 e 182 da Lei de Proteção Integral da Infância e Adolescência estabelecerem a necessidade de evitar ao máximo a institucionalização de crianças e adolescentes em situação de vulnerabilidade, no caso das 56+1 crianças, essa foi considerada sua única opção de sobrevivência, sem que se soubesse que, na verdade, seria sua opção de morte.

Depois de caracterizar a situação, a condição e a posição do grupo de adolescentes martirizadas no fatídico dia, é possível visualizar a interseccionalidade de identidades: eram jovens, mulheres e não contavam com condições mínimas de desenvolvimento humano. O contexto neoliberal, patriarcal e racista do Estado guatemalteco levou a esse crime de Estado, que tem nomes próprios — juvenicídio e feminicídio — combinados.

Não é possível esquecer as 56+1 histórias de vida interrompidas por um sistema de punição e submissão que, por meio de um corpo social, se apossou do corpo físico e do ser integral dessas crianças e adolescentes supliciadas no terrível 8 de março de 2017. É impossível não evocar também as 123 trabalhadoras incendiadas na fábrica Triangle Shirtwais, em Nova York, em 1911, e os 43 estudantes desaparecidos em Ayotzinapa, no México, em 2014. Todos morreram depois da denúncia de injustiças e lutando por direitos e liberdade.

CONSIDERAÇÕES FINAIS

Para dimensionar o massacre das 56+1 crianças e adolescentes do Lar Seguro Virgen de Asunción em 8 de março de 2017, na Cidade da Guatemala, é preciso aprofundar o conhecimento sobre os contextos e cenários que conduziram à ocorrência de um juvenicídio e um feminicídio simultaneamente. Isso implica identificar a responsabilidade do Estado pela ação direta, indireta ou por omissão. A tragédia é consequência da degradação das instituições, cuja responsabilidade seria de cuidados integrais de crianças e adolescentes ameaçados em seus direitos.

Tais razões interromperam os sonhos dessas vítimas e marcaram seus familiares e a história de um país, colocando-nos diante da violência e do terror vividos de forma cotidiana. Ao mesmo tempo, coloca-se em evidência como os corpos-territórios das mulheres são utilizados simbólica e concretamente como um lugar para exercício da lógica do poder masculino em todas as suas expressões, normalizando a violência extrema e considerando o corpo das mulheres jovens como descartáveis.

Para que esse tipo de violência não se repita, é necessário investigar com maior profundidade os problemas estruturais experimentados pela juventude em sua cotidianidade. Além disso, o Estado deve assumir sua responsabilidade e fortalecer as instituições de maneira a garantir a defesa dos direitos humanos de crianças e adolescentes guatemaltecas, dando-lhes atenção com equidade e relevância cultural.

REFERÊNCIAS

BARRIOS-KLEE, Walda & PONS, Leticia Bonals. *Sexualidad y religión en los Altos de Chiapas*. Tuxtla Gutiérrez: Conacyt/Unach, 1995.

BRAHIM, Valeria. "Proteção em rede: uma experiência em direitos humanos e empresas". *In*: OLIVEIRA, Assis da Costa & SCABIN, Flávia (org.). *Interseções de direitos humanos e empresas com os direitos das crianças e dos adolescentes*. Belém: Santa Cruz, 2018, p. 161-84.

CASTORIADIS, Cornelius. *Hecho y por hacer: pensar la imaginación*. Madri: Los Libros de la Catarata, 2005.

FACULDADE LATINO-AMERICANA DE CIÊNCIAS SOCIAIS. *¡Me cambió la vida! Uniones, embarazos y vulneración de derechos en adolescentes*. Guatemala: Flacso/Unfpa, 2015.

FEMENÍAS, María Luisa. "Identidades esencializadas/violencias activadas", *Isegoría*, n. 38, p. 15-38, 2008.

FEMENÍAS, María Luisa & SOZA, Paula Rossi. "Poder y violencia sobre el cuerpo de las mujeres", *Sociologias*, v. 11, n. 21, p. 42-65, 2009.

FOUCAULT, Michel. *Vigilar y castigar: nacimiento de la prisión*. Trad. Aurelio Garzón del Camino. Buenos Aires: Siglo XXI, 2002. [Ed. bras.: *Vigiar e punir: história da violência nas prisões*. 20. ed. Trad. Raquel Ramalhete. Petrópolis: Vozes, 1999.]

FUNDO DAS NAÇÕES UNIDAS PARA A INFÂNCIA. *Ocultos a plena luz: un análisis estadístico de la violencia contra los niños*. Quito: Unicef, 2014. Disponível em: https://www.unicef.org/ecuador/informes/ocultos-plena-luz.

GÁNDARA, Natalia. "Asesinatos de mujeres van en aumento", *Prensa Libre*, 22 out. 2017.

HEFFES, Alejandra. "El cuerpo y la memoria como emblemas de participación juvenil", *Aletheia*, v. 3, n. 6, 2013.

LUNA, Matilde; LUNA, Mara Tissera & BRIZUELA, Maria Sánchez. *Niñez y adolescencia institucionalizada: visibilización de graves violaciones de DDHH*. Buenos Aires: Relaf, 2011. Disponível em: https://www.relaf.org/Documento%20agosto%202011%20Relaf.pdf.

MÉNDEZ GUTIÉRREZ, Luz & BARRIOS-KLEE, Walda. *Caminos recorridos: luchas y situación de las mujeres a trece años de los Acuerdos de Paz*. Cidade da Guatemala: UNAMG, 2010.

MUÑOZ PALALA, Geldi. "41 vidas truncadas por la negligencia", *Prensa Libre*, 9 abr. 2017.

NAVEDA, Enrique & ARRAZOLA, Carlos. "La tragedia de 'un sistema de protección fallido' en Guatemala", *The New York Times*, 10 mar. 2017.

REGUILLO, Rossana. "Ciudadanías Juveniles en América Latina", *Última Década*, v. 11, n. 19, p. 11-30, 2003.

ROJAS, Álex F. "¿Qué menores habitan el Hogar Virgen de la Asunción?", *Prensa Libre*, 8 mar. 2017.

SEGATO, Rita. "Contra-pedagogías de la crueldad" [conferência], Facultad Libre y Virtual, 2016. Disponível em: https://www.youtube.com/watch?v=f92n-GSJDso.

VALENZUELA ARCE, José Manuel. *Sed de mal: Feminicidio, jóvenes y exclusión social*. Cidade do México: El Colegio de la Frontera Norte, 2012.

VEGA BÁEZ, Juan Antonio & RIVERA ZÚÑIGA, Rosalba Elizabeth. *Juvenicidio en México y Centroamérica en contextos de violencia generalizada: antes y después de Ayotzinapa*. Cidade do México: Unam/Ciesas, 2015.

WITTIG, Monique. *El pensamiento heterosexual y otros ensayos*. Trad. Javier Sáez y Paco Vidarte. Madri: Egales, 2006. [Ed. bras.: *O pensamento hétero e outros ensaios*. Trad. Maíra Mendes Galvão. Belo Horizonte: Autêntica, 2022.]

7

KAWSAK SACHA: A ORGANIZAÇÃO DAS MULHERES E A TRADUÇÃO POLÍTICA DA FLORESTA AMAZÔNICA NO EQUADOR

Lisset Coba
Manuel Bayón Jiménez[1]
TRADUÇÃO Joana Salém Vasconcelos

Em 2013, num contexto de reestruturação global do capitalismo, cerca de duzentas mulheres indígenas se mobilizaram das selvas amazônicas equatorianas para a capital do país, Quito, levando uma proposta econômica-política-cosmológica: o *Kawsak Sacha* ou Floresta Viva. Essa é a resposta dos povos amazônicos de Pastaza[2] para deter a ampliação da fronteira petrolífera em seus territórios. Em seu percurso, as caminhantes foram acompanhadas por outras organizações: ecologistas, indígenas, mulheres, sindicalistas. O trabalho político das indígenas amazônicas passou por lutas internas em organizações de

1 Com colaboração de Miriam García-Torres.

2 Pastaza é a maior província amazônica do Equador. [N.T.]

base. Neste artigo, queremos analisar sua política, sua capacidade de auto-organização, seu lugar nos protestos indígenas e, ao mesmo tempo, compreender seu papel como intérpretes da política da floresta.

TRADUTORAS DA SELVA

> *E por último, como povos indígenas que se baseiam em uma cosmovisão e em direitos, propomos que comecemos a gerar uma proposta em âmbito mundial e nacional, não apenas baseada em direitos, mas baseada no sagrado que é para nós o mundo da cosmovisão amazônica, nosso espaço territorial. E que esse modelo seja declarado floresta viva, e não zona de interesse nacional. Zona de vida, livre de toda exploração petrolífera.*
>
> — Patricia Gualinga, dirigente amazônica, Assembleia Nacional do Equador, Quito, 22 out. 2013

Em 12 de outubro de 2013, em um ato de inversão simbólica da comemoração do "descobrimento da América", um grupo de lideranças do centro-sul da Amazônia equatoriana iniciou uma marcha para Quito. Semanas antes esteve navegando e fez algumas paradas em aldeias para estabelecer alianças e agregar forças. Cheias de coragem e com poucos recursos econômicos, mulheres dos povos Kichwa, Sápara, Waorani, Shiwiar e as que se somariam depois, como as Shuar e Achuar, empreenderam uma marcha de 250 quilômetros até a capital. Em sua passagem por povados e cidades, receberam abrigo, teto, alimento e companhia de simpatizantes provenientes de outras organizações indígenas, de mulheres, de estudantes, de trabalhadores, de ecologistas, todos comovidos com essa jornada. O protesto foi liderado por mulheres que, indignadas, denunciavam a expansão das fronteiras petrolíferas e a ameaça a suas formas de vida.[3]

3 Com o fim de arrecadar investimentos internacionais ao setor petrolífero, o governo equatoriano realizou na época a 11ª rodada petroleira, cujo impacto recairia, sobretudo, na região centro-sul da Amazônia. Trata-se da legiti-

Em um contexto posterior às eleições de 2013, quando o presidente Rafael Correa se reelegeu pela terceira vez,[4] anunciou-se a exploração petroleira no bloco ITT do Parque Nacional Yasuní, acompanhada da 11ª rodada de licitação de poços na província de Pastaza. Assim, o velho triângulo político foi reavivado em escala amazônica: movimentos indígenas, Estado e agentes extrativistas locais e transnacionais. O petróleo é um recurso estratégico, proclamado como "interesse nacional" na Constituição, e gera moeda estrangeira para que o Estado proporcione serviços de saúde, educação, saneamento e moradia às populações mais empobrecidas, entre elas as amazônicas. Não obstante, também implica alta contaminação e violência. Dias antes, contrariando a Iniciativa Yasuní-ITT, que propunha deixar o petróleo cru no subsolo em troca de uma compensação internacional, anunciou-se a exploração petroleira no Parque Nacional Yasuní, o que sem dúvida desfez a possibilidade de um horizonte de justiça ambiental, gerando rechaço ao modelo de desenvolvimento em marcha.[5]

Pastaza é uma província em que confluem distintas tradições político-organizacionais amazônicas. Em 1992, seus habitantes conquistaram a titulação coletiva de 1,5 milhão de hectares de territórios ancestrais numa mobilização em que as mulheres tiveram papel importante, embora tenham permanecido invisibilizadas nos relatos. Naquele ano, reivindicavam-se os quinhentos anos de resistência à colonização. A região centro-sul da Amazônia é formada historicamente por povos indígenas que haviam fugido de distintos processos de expulsão. Desde o século XVI, diversas ondas de missões católicas catequizaram o território, e, em meados do século XIX, a exploração

////

mação estatal da transferência de direitos territoriais dos povos indígenas a empresas transnacionais de petróleo.

4 A terceira administração de Correa foi inaugurada com o agravamento de sua inclinação para uma economia rentista, baseada na exploração de matéria-prima como transição para o Bem Viver, estipulado como Plano Nacional de Desenvolvimento (República del Ecuador, 2013).

5 Múltiplos militantes, organizações e a ONG Amigas de la Amazonía coletaram assinaturas para convocar um referendo nacional sobre o assunto. O movimento de mulheres se uniu contra a autoridade patriarcal e colonizadora do regime, equiparando o extrativismo ao machismo.

da borracha na Amazônia norte impactou a região. No fim dos anos 1940, a guerra contra o Peru e a chegada das missões evangélicas, bem como a instalação de multinacionais petroleiras durante a década seguinte, levaram à reorganização dos territórios ancestrais.

Na segunda metade do século XX, ocorreram numerosos protestos e revoltas indígenas. O processo organizacional indígena amazônico foi consolidado nacional e internacionalmente e atingiu seu auge com as marchas dos anos 1990. Não obstante, a administração estatal e as companhias petroleiras intervieram de modo gradual para enfraquecer o movimento indígena, cujos líderes foram seduzidos pelos benefícios da exploração petroleira — o que criou cenários altamente conflituosos. Assim, a violência continua, assim como a capacidade de realizar propostas políticas de caráter nacional e impacto internacional. O *Sumak Kawsay* ou Bem Viver, corroborado na Constituição equatoriana de 2008, foi impulsionado por organizações indígenas como a Organización de Pueblos Indígenas de Pastaza (Opip), entre 1980 e 2000, e pela Confederación de Nacionalidades Indígenas de la Amazonía Ecuatoriana (Confeniae), em 2000. Essa insistência estimulou a criação de direitos indígenas e da natureza.

Na última década, os planos nacionais de desenvolvimento e o Bem Viver redefiniram o caráter rentista do Estado, baseado na expansão territorial para a extração de minerais, incluindo o petróleo. Isso ocasionou distorções das demandas indígenas, e, diante dessa ameaça, distintas organizações de povos originários manifestaram que o Bem Viver não era possível sem a Floresta Viva ou o *Kawsak Sacha*, onde habitam seres protetores que tornam possível a regeneração da selva, como afirmou Juan Gualinga em entrevista realizada em setembro de 2017. O respeito ao *Kawsak Sacha* é fundamental para a existência do *Sumak Kawsay*.

Muitas mulheres são especialistas em plantas e nos segredos do cultivo florestal. Encarregadas de prover alimentos cotidianos, conhecem os efeitos da exploração petrolífera. Em outubro de 2013, as líderes das variadas organizações indígenas decidiram se mobilizar para apresentar o Mandato de *Kawsak Sacha* ou Floresta Viva ao presidente da República. Assumiram a autoridade porque muitos homens, dizem elas, negociam a vida dos *ayllus*[b] e cedem com facilidade.

Compreender a inteligência e a indignação política que as levaram a organizar a marcha é nosso objetivo central. A reflexão espacial analisa a multidimensionalidade das lutas sociais e nos proporciona uma compreensão não linear tanto do movimento que conforma o espaço, como da porosidade das fronteiras (Oslender, 2002). A defesa do lugar cresce em cenários complexos, em escalas atravessadas por diferentes coordenadas de poder, com junções inesperadas entre perspectivas de vida. Isso indica a importância de reconhecer as hierarquias geopolíticas e a territorialidade da globalização capitalista (Gibson-Graham, 2002). As lutas indígenas emergentes em tempos pós-coloniais são nosso ponto de partida para refletir sobre o espaço político das mulheres.

Em nossa leitura do *Kawsak Sacha* como documento que demanda o reconhecimento da floresta como *lugar vivente* de sujeitos plenos de intenções (Kohn, 2013; Latour, 2007 [1994]; Viveiros de Castro, 2013 [2008]), partimos do pressuposto de que as mulheres assumem o papel de liderança ao desempenhar atividades como estrategistas e tradutoras de cosmovisões na política nacional (Coba, 2019) e no sentido de interpelar um Estado que, apesar de se declarar plurinacional, mantém suas raízes coloniais. Suas estratégias políticas devem superar relações machistas nas famílias, nas comunidades e nas organizações indígenas, bem como perante o Estado e as empresas extrativistas. As líderes desenvolveram a capacidade de interpretar e vincular múltiplos deslocamentos semânticos, em estratégias políticas nascidas no próprio momento da tradução. A proposta política do *Kawsak Sacha* reconhece sobreposições temporais e políticas que se estendem desde um passado ancestral e um presente ocultado, no qual a Floresta Viva é constantemente violentada pelo capitalismo nacional rentista e pelo capital transnacional.

As estratégias das lideranças amazônicas definem uma política situada nas florestas e se nutrem de redes de apoio ecológicas e feministas nacionais e globais, nas quais se tecem alianças entre classes,

b Organizações territoriais, sociais e comunitárias básicas do Império Inca. Representavam uma família estendida, compartilhando a vida social, cultural e agrícola. [N.T.]

interétnicas e urbano-rurais que, ainda assim, não estão isentas de relações de poder. Suas ações de protesto nos levam a refletir sobre uma definição de ação política sustentada pela experiência cotidiana da violência patriarcal e colonial. Como definição indígena, a resistência é vivenciada de uma forma específica pelas mulheres. Em posição subalterna, elas exercem táticas cotidianas para equilibrar a colonialidade da subordinação de gênero e estabelecer alianças. A pressão permanente sobre seus territórios criou uma cultura política de beligerância que nos leva a perguntar: como as mulheres constroem a política indígena? O que significa a marcha em sua vida política? O que significa a Floresta Viva na perspectiva das mulheres?

Este texto é resultado de pesquisas, encontros, distanciamentos, conexões políticas entre sujeitos com histórias muito diferentes, unidos pelo respeito à Floresta Amazônica e pela indignação com sua destruição. Fizemos diversas visitas às comunidades indígenas, entrevistamos lideranças das nacionalidades que formam parte da Confeniae e participamos de fóruns, marchas, mobilizações no território e assembleias comunitárias. Gravamos depoimentos e tentamos compreender seu trabalho político, suas estratégias e suas perspectivas de mundo. Por isso, queremos enfatizar que as mulheres entrevistadas não são meras informantes, mas pensadoras e construtoras de conhecimentos que estimulam a reflexão.

A POLÍTICA ÍNTIMA DAS MULHERES: ENTRE ASSEMBLEIAS E DISPUTAS FAMILIARES

> *Em uma assembleia, cortei o cabelo na frente de todo mundo. É isso que vivenciamos enquanto povo.*
>
> — Susana, jovem kichwa, durante uma oficina das Saramanta Warmikuna em Quito

Durante o momento nebuloso dos poderes pós-coloniais e capitalistas nas comunidades e *ayllus*, a introjeção católica dos rígidos papéis de gênero e a submissão da mulher ao homem passaram a atravessar os sistemas de reciprocidade comunitária. Algumas mulheres relatam que são continuamente excluídas da participação política nos espaços comunitários, pois a interlocução dos agentes colonizadores — por exemplo, sacerdotes, militares ou administradores de multinacionais — geralmente é mediada pelos homens. No entanto, as mais jovens começaram a ganhar espaço nas associações federadas das nacionalidades que, nos anos 1990, conformaram a Opip,[7] organização que se consolidou por meio da luta antipetroleira.

Em aldeias ancestrais como Sarayaku, a luta contra o petróleo alterou a posição das mulheres em todo o mundo kichwa amazônico. A entrada da Companhia Geral de Combustíveis da Argentina (CGC), no final dos anos 1990 e início dos 2000, foi rechaçada pela comunidade, mas as pressões da CGC amparadas pelo Exército resultaram em promessas e tentativas de suborno aos líderes homens. Nesse contexto, as mulheres realizaram a greve das pernas cruzadas[8] por se encontrarem afastadas das negociações e das promessas que o petróleo oferecia, além da certeza de que para elas restaria apenas a dependência, a contaminação e a sobrecarga de trabalho. Também deixariam de realizar tarefas em casa e na terra até que fossem encerradas as negociações, tampouco fariam comida, *chicha*[9] ou sexo. Em janeiro de 2003, as mulheres cercaram o Exército, que havia militarizado o território, e confiscaram seu armamento. Para devolver as armas, convocaram a imprensa nacional e se posicionaram em frente ao coronel, gritando com firmeza. As mulheres ganharam a batalha, e Sarayaku tornou-se símbolo de resistência antipetroleira.

7 As organizações indígenas amazônicas foram criadas com o apoio da Igreja católica, de ONG e de outras organizações indígenas dos Andes, especialmente a Confederación Kichwa de Ecuador (Ecuarunari), além de mobilizações indígenas de outros países. Agrupam-se principalmente para gerar uma interlocução com o Estado e para reivindicar a titulação de terras diante do impacto massivo posterior aos distintos períodos de reforma agrária nos anos 1950 e 1960.

8 Expressão utilizada para denotar greve de sexo. [N.T.]

9 Bebida fermentada à base de cereais, típica da alimentação inca. Conhecida como cerveja de milho, outros povos (como os Mapuche) também a produzem à base de maçã. [N.T.]

Não obstante, a organização indígena foi fragmentada, sobretudo por causa das estratégias de pressão do Estado e do capital transnacional. A partir dos anos 1990, a exploração petroleira foi privatizada e, por meio de sucessivas rodadas de licitação, novos territórios foram concessionados. No marco do processo de globalização e aprofundamento das políticas neoliberais em escala global, a indústria petroleira tomou um novo rumo: iniciou-se a etapa da responsabilidade social corporativa (RSC) e da chegada de agentes comunitários. Embora a organização política do movimento indígena tivesse grande força durante aquelas décadas, a inexistência de organismos em várias das nacionalidades indígenas fez com que as próprias petroleiras criassem novas organizações que poderiam assinar os acordos com as empresas. Um caso emblemático foi a Organización de la Nacionalidad Huaorani de la Amazonía Ecuatoriana (ONHAE), criada pela ação interessada da petroleira Maxus. Posteriormente, diversos processos de enfraquecimento e de descentralização interna, além de atritos gerados pela interlocução com os atores externos, a exemplo do Estado e das empresas, provocaram o desmoronamento da organização pluriétnica. Foram então criadas a Organización Interprovincial de la Nacionalidad Achuar del Ecuador (Oinae), em 1993; a Asociación de la Nacionalidad Sápara de la Provincia de Pastaza del Ecuador (Anazppa), em 1998; a Organización de la Nacionalidad Shiwiar de Pastaza, Amazonia Ecuatoriana (Onshipae), em 1999; e a Nacionalidad Andoa de Pastaza del Ecuador (Nape), em 2003. As negociações em paralelo com o Estado por reconhecimento e titularização do espaço provocaram conflitos entre as organizações. Muitas das mulheres que se posicionaram contra o petróleo e outros projetos de "desenvolvimento" do Estado foram afastadas do debate pelos homens favoráveis ao extrativismo.

Essa ascensão e queda das organizações indígenas ocorreu sob uma linearidade de deslocamento do poder das mulheres. Contudo, diferentes fatores resultaram na atribuição progressiva de instâncias de direção às mulheres, não sem dificuldades. A inclusão das diretorias de mulheres e família em todas as escalas, da organização de primeiro grau até a Confederación de Nacionalidades Indígenas del Ecuador (Conaie), foi favorecida por um contexto equatoriano que fez convergir o movimento feminista urbano das esquerdas com a chegada de projetos de cooperação ao desenvolvimento, nos quais a igualdade de gênero foi um tema central.

Em 1986, ocorreu o Primeiro Congresso da Mulher Indígena da Conaie, que deu origem ao primeiro Diretório da Mulher, e, entre 1985 e 1986, foram criados os Diretórios da Mulher na Ecuarunari e na Confeniae.[10] Os Diretórios da Mulher foram um dos primeiros espaços políticos conquistados pelas mulheres indígenas nos processos organizacionais, mas algumas das líderes logo começaram a questionar seus limites. Os diretórios continuavam com a atribuição das tarefas logísticas e relativas à família, de modo que as mulheres permaneciam excluídas do acesso às decisões consideradas importantes, como as referentes a questões territoriais. Apesar das limitações, essas experiências proporcionaram espaços de formação para as novas dirigentes, bem como a possibilidade de se reunir com outras mulheres em congressos nacionais e internacionais, embora ainda se reproduzissem posturas inferiorizadas e se assumissem papéis de gênero de forma naturalizada (Valdés, 2000).

As mulheres amazônicas organizadas devem superar diferentes níveis de violência instalados em sua vida e em seu corpo. A naturalização dos papéis de gênero, que as sobrecarrega de trabalhos de cuidado, na cozinha e na terra, acarreta dificuldades de organização política e exige que elas desafiem essas atribuições tradicionais. Tentar conciliar os trabalhos de cuidado com as responsabilidades políticas quando assumem papéis de liderança é uma importante fonte de preocupação para elas. As ações de mobilização envolvem ausências frequentes e prolongadas do lar, o que muitas vezes também requer permissão do marido. Em um contexto como de Pastaza, em que 69,6% das mulheres já sofreram algum tipo de violência machista (Consejo Nacional para la Igualdad de Género, 2014), com frequência a submissão ao marido se baseia em violência e abusos, e, se as mulheres querem sair de casa, a violência aumenta. Aquelas que participam de oficinas com seus bebês são consideradas *pata caliente*[11] por deixarem a casa e o marido por alguns dias. Quando as mulheres se organizam, portanto, elas

10 A Confeniae foi criada em 1980; poucos anos depois, em 1986, fundou-se a Conaie, que agrupa os povos das regiões costeira, andina e amazônica.

11 Em tradução livre, "patas quentes", gíria que se refere a quem nunca se encontra em casa. [N.T.]

têm de enfrentar processos de estigmatização que sujeitam suas vidas privadas a um questionamento social.

Durante as marchas que se sucederam a partir da década de 1990, as mulheres estavam encarregadas de organizar a alimentação, a logística e, além disso, colocavam seu corpo na linha de frente, expondo-se aos dispositivos militares durante as revoltas. Salvo algumas exceções, não lideravam os âmbitos públicos de representação (Sawyer, 2004). A participação política é um caminho tortuoso, pois o machismo naturaliza as relações de dominação e a voz dos homens como interlocutora na tomada de decisões. A hegemonia masculina nos espaços de decisão é encorajada por atores extrativistas e por atores estatais ou corporativos, que desenvolvem estratégias de negociação com os homens. Ser liderança mulher implica ser forte o suficiente para confrontar diferentes cenários de violência, tanto no território íntimo da casa como na intimidade pública em assembleias comunitárias e nas federações, bem como diante do Estado e dos atores corporativos.

Ao longo dos anos 1990 e 2000, formaram-se organizações especificamente de mulheres em distintas nacionalidades indígenas. Contudo, a discriminação de gênero ainda permanece visível em muitas assembleias nas quais a oratória pertence aos homens. Alguns deles tratam de convencer as mulheres de que "só servem para ficar em casa" e ridicularizam suas demandas, que ao final são adiadas, ignoradas ou silenciadas: "em minha comunidade disseram que eu não podia opinar porque era jovem".

A aliança forjada com o movimento ecologista nacional e internacional é um elemento importante de fortalecimento dessas organizações. O apoio da Acción Ecológica e da Fundação Pachamama, também formadas majoritariamente por mulheres, foi estratégico nas fases de maior assédio da CGC e do Estado. Um longo julgamento perante a Corte Interamericana de Direitos Humanos (CIDH), que mostrou Sarayaku ao mundo, foi vencido finalmente em 2012. Nos últimos anos, a firmeza das mulheres diante do extrativismo na Amazônia se generalizou com o suporte de organizações ecologistas equatorianas e internacionais, o que lhes permitiu conquistar legitimidade para encabeçar as lutas em defesa de seus territórios, diante da cooptação de boa parte das lideranças masculinas tradicionais por parte do governo.

CORPOS QUE SE JUNTAM: A MARCHA DAS MULHERES AMAZÔNICAS E A PERSPECTIVA POLÍTICA DA FLORESTA

Nossos avós lutaram e defenderam nossas árvores e por isso tenho a pena da ave huacamayo*: porque os animais já estão em perigo de extinção. De quem é a culpa? Nós não temos sido o problema; nós cuidamos, nós conservamos o território. Agora, o que queremos? Queremos que o território seja respeitado. Estamos pedindo por nosso território, que costumava ser imenso, mas cada vez o governo o divide mais. Sou uma mulher nascida no Yasuní. Agora que tanto se fala em Yasuní, nós, os Waorani, não estamos de acordo com a ideia de exploração. Porque nós somos mulheres que há tempos lutamos, cuidamos da nossa floresta, dos nossos rios, das nossas árvores, cuidamos dos nossos filhos... Todos os que são mais velhos não concordam. Eu peço como uma mulher waorani: viemos aqui para impedi-los de continuar, para trazer essa mensagem. Para que coloquem um artigo no qual se expresse que os Waorani se posicionaram e que não concordamos com isso. Eles podem dizer que todo o mundo está a favor da exploração do Yasuní, mas nós não estamos. Foi para isso que nascemos no Yasuní como mulheres. E devemos ser consultadas.*

— Alicia Cawiya, liderança do povo Waorani na Assembleia Nacional do Equador, Quito, outubro de 2013

O Kawsak Sacha *é o espaço vivo de todos os seres da floresta, desde os infinitesimais até os maiores e supremos, incluindo os do mundo animal, vegetal, mineral, cósmico e humano. É um espaço territorial transcendental, destinado a reabilitar as etapas emocionais, psicológicas, físicas e espirituais para restabelecer a energia, a vida, o equilíbrio dos povos originários.*

— Declaração das Mulheres do centro-sul da Amazônia pela Vida, novembro de 2013

As alianças entre mulheres das mais diversas nacionalidades amazônicas foram se articulando gradualmente. As anciãs kichwa são *yachags* (xamãs) de plantas, horticultoras especialistas que semeiam biodiversidade, que reconhecem as múltiplas estações das florestas, o farfalhar dos galhos após a imediata passagem do macaco, os sinais que indicam a proximidade da tempestade, o tempo de amadurecimento da palmeira. Mulheres de distintas genealogias históricas se aliam para defender seus territórios porque "os homens deixaram de escutar as florestas".

Conhecedoras dos ecossistemas amazônicos, observadoras dedicadas e metódicas dos ciclos sazonais apropriados para semear e diversificar os elementos de regeneração das florestas, as mulheres compreendem as intenções dos seres que habitam a selva (Kohn, 2013; Viveiros de Castro, 2013 [2008]). O *Kawsak Sacha* nomeia o espaço concreto onde ocorrem os acontecimentos substanciais para a comunidade: a regeneração da vida e a violência oculta que os fratura e adoece (Oslender, 2002).

A floresta não é um mero recurso: ela possui um valor intrínseco, construído pelo tecido de memória coletiva dos povos ancestrais, que só podem continuar existindo se a floresta estiver em pé. Durante séculos, distintos grupos familiares desenvolveram formas de reprodução da vida, mitos, histórias, concepções de mundo e cosmologias que orientam e reinventam a vida em ecossistemas complexos. É a ancestralidade indígena que sustenta a reivindicação legítima de seus direitos.

O conhecimento espaçotemporal dos ciclos de regeneração da floresta para a reprodução material e sociocultural da vida dos *ayllus* faz com que as mulheres tenham uma compreensão particular da luta política, de modo que desarmar a economia baseada no cálculo do produto interno bruto (PIB) significa revelar a opacidade das relações de pós-colonialidade para recuperar o caráter encantado do mundo e reconhecer a violência da espoliação (Federici, 2004 [2017]; Viveiros de Castro, 2013 [2008]). A transformação da floresta tropical em recurso imprescindível para o desenvolvimento nacional e para alimentar o metabolismo da economia global oculta a vida social da floresta e reproduz a violência política extrativista (Rose, 1993). O fetichismo da mercadoria não é acreditar que ela possua espírito, mas atribuir a ela o caráter de coisa comercializável em vão. Em contraposição, a declaração do *Kawsak Sacha* apela para as relações intersubjetivas com seres não humanos que sustentam toda a vida. Interpretar o ponto de vista da floresta é um exercício necessário para a reivindicação de justiça indígena e ambiental, para o trabalho de desfetichizar a mercadoria-natureza e para explicar os processos de regeneração da floresta e sua interconexão com a sustentabilidade humana.

O momento que conduziu à organização da marcha de mulheres de 2013 está relacionado com a 11ª rodada petroleira, que cedeu 3,6 milhões de hectares do centro-sul da Amazônia equatoriana em um período em que a região como um todo também foi posta à mercê da aprovação das primeiras concessões para megamineração. Em contraste com a fragmentação das lideranças indígenas, em um contexto de forte ingerência estatal nas organizações, as mulheres empreenderam um caminho de unidade para uma luta conjunta. Ao recuperarem os contatos de companheiras da marcha de 1992, ao articularem os Diretórios da Mulher, ao realizarem oficinas com o movimento feminista e ecológico e ao visitarem as sedes das distintas organizações de mulheres indígenas em Puyo, as líderes começaram a preparar a marcha de 2013. Com os escassos recursos das organizações de mulheres e os minguados apoios de ONG nacionais e internacionais, conseguiram o básico para chegar até Quito.

Ainda que tenham marchado como mulheres da Confeniae, elas criaram um nome para a marcha: Huangana Colectiva,[12] que faz referência às manadas de porcos selvagens que se organizam para ir em busca de alimentos. A multidão que subia a serra, embora agregasse aproximadamente duzentas pessoas, possuía uma força implacável. A luta das mulheres tem como objetivo politizar a floresta diante da espoliação capitalista e politizar a união das mulheres contra as violências que expropriam seus territórios e também seu corpo.

12 *Huanganas* são queixadas, mamíferos semelhantes ao javali. Têm modo de vida comunitário e não monogâmico. [N.T.]

FECHAMENTO: *LOCUS* FRATURADO

Nem todas as lideranças tradicionais das nacionalidades viram com bons olhos a rebelião das mulheres, em particular aquelas lideranças cooptadas pelas administrações petrolíferas e pelos investimentos estatais. Estamos diante de um *locus* fraturado, um conjunto de batalhas travadas nos terrenos da política cotidiana e da todo-poderosa política nacional. Estamos diante da deslegitimação dos líderes homens que se deixaram convencer, chantagear e comprar pelos empresários extrativistas, ou seja, estamos diante de um cenário de indolência generalizada. Organizar-se enquanto coletivo requer grande esforço de romper com o isolamento geográfico entre grupos familiares, de confrontar distintas escalas de violência masculina pessoal e pública, de superar os conflitos interétnicos e a violência do Estado e das empresas extrativistas.

Em um ato de tradução política, a Declaração das Mulheres[13] se transformou em um apelo ético por parte daqueles sem posse e expulsos de seus territórios em uma crise de sustentabilidade de sua vida como indígenas (Pérez Orozco, 2012). A mobilização das mulheres indígenas até Quito faz parte de um ciclo de protestos contra o regime em âmbito nacional, mas também integra uma cultura política de revoltas e levantes empreendidos historicamente em momentos de alta indignação.[14]

13 Embora seja certo que a proposta de *Kawsak Sacha* foi construída pelo povo Sarayaku e em consenso com organizações de todas as nações originárias do centro-sul amazônico, foram as mulheres que assumiram a responsabilidade de representar essas demandas indígenas coletivas diante dos atores externos. Esse aspecto supõe um ponto de inflexão relevante na agência política das mulheres em relação às mobilizações precedentes.

14 Há registros de levantes indígenas amazônicos desde os tempos coloniais. Apoiados por missões capuchinhas, os grupos familiares se organizavam em associações para os protestos por titulação de terras no fim da década de 1960, por meio da lei de reforma agrária e colonização. Em 1990, participaram do primeiro levante indígena nacional, convocado pela Conaie, e posteriormente alguns dos líderes indígenas foram incorporados ao Estado, gerando divisões entre as organizações. Naquele contexto, embora a noção de pluriculturalidade tenha sido introduzida na Constituição de 1998, propagaram-se

A política das mulheres líderes jovens, adultas e anciãs é demonstração de resistência física e emocional, força de caráter e inteligência política. Ao mesmo tempo, têm uma postura de advertência sobre os perigos da colonização petroleira. As lideranças mulheres expõem o caráter sagrado da floresta como lugar vivo, constroem um sentido comum de defesa de seus territórios em um contexto de misoginia introjetada e de violência masculina internalizada em todos os níveis. A marcha das mulheres favoreceu a emergência de espaços políticos femininos em lugares tradicionalmente masculinos.

A organização das indígenas as coloca em um lugar específico nas lutas das nacionalidades originárias mas também nos movimentos de mulheres, e decreta a floresta como modelo de vida. Elas são tradutoras de ontologias, vinculam compreensões de realidades sobrepostas, interpretam a política da floresta, propõem o tecido de reciprocidades entre seres humanos e não humanos como Plano de Vida. As lideranças apresentam os elementos do mundo como sujeitos políticos e conseguem estabelecer alianças multiescalares com as vozes ecologistas e feministas. É um discurso multiescalar das assembleias dos povos, das organizações sociais, das ONG e de suas redes globais por justiça ambiental.

Traduções múltiplas e hierarquias geopolíticas conseguem deslocar o *locus* da luta comunitária territorial para o tecido comum de organizações sociais anticapitalistas que consideram as mulheres como sujeitas de luta. A capacidade de mobilizar recursos para defender territórios é estratégica para a defesa e a construção de alternativas. O *Kawsak Sacha* é uma reflexão que desloca o mercado e o Estado como eixos de desejos, de necessidades coletivas e suas soluções, abrindo caminho para uma utopia intersubjetiva de constituição do mundo.

Cada sociedade desenvolve um *ethos* de valores, um horizonte daquilo que merece respeito, daquilo que não se compra, não se vende, não se usa, não se abusa, mas se protege por meio de normas rituais e se define como sagrado: o mais valioso de nosso mundo (Godelier, 2000). A declaração de *Kawsak Sacha* é uma tentativa de recuperar o equilíbrio político da reprodução social da floresta, de denunciar

/////

o espírito de empresa, o risco e os valores autorreguladores do mercado, e a globalização das comunicações dinamizou o sistema financeiro.

sua destruição promovida pelo reino da produção petrolífera e de defender a importância da restituição das almas aos corpos do mundo. Esse pequeno movimento de defensoras do território consolida uma política de mulheres indígenas, uma linguagem de legitimação política feminina que, ao mesmo tempo, nos recorda de algo básico: a vida se produz na interrelação e tem limites que devem ser protegidos.

Não existe território indígena sem floresta: as pessoas são parte da floresta, e a floresta é parte de sua organização política. O território é um conceito político de fronteiras porosas que vincula história, geografia e corpo. A defesa do lugar é a defesa da existência e a floresta possui valor intrínseco. A expulsão territorial é um problema complexo e significa a descontinuidade material e cultural desses povos, bem como a deterioração das relações intersubjetivas entre humanos e não humanos. Grandes extensões de florestas são destruídas, a temperatura da Terra aumenta, os ciclos sazonais de chuvas e secas são alterados, e as coordenadas de localização dos seres no mundo se modificam.

Desarticular o indígena e a feminilidade como qualidades imanentes de cuidado da natureza é fundamental para uma justa defesa anticapitalista dos territórios dos povos e das mulheres que os habitam, assim como para uma crítica das violências que ocorrem em todos os níveis. O propósito é transformar o presente conflitivo em território de autodeterminação. Uma plurinacionalidade real implica a recuperação da autoridade das mulheres nas organizações políticas, sem que isso implique mais trabalho.

As mulheres promovem uma utopia no presente, a restituição de sua alma e de seu corpo ao mundo coisificado para que os seres humanos se reconheçam como parte dele e possam curar suas enfermidades. O direito à floresta é o direito de (re)produção das florestas e dos corpos em territórios livres de violência. Isso implicou a decomposição das noções liberais de direito baseado em individualidades isoladas para passar às considerações de mundo em relação. A defesa do território coletivo deve ser acompanhada da soberania e da autonomia pessoal dos corpos (Paredes, 2008).

REFERÊNCIAS

COBA, Lisset. "Plurinacionalidad y sueños en un país petrolero pequeño: biografías de amazonas beligerantes". *In*: HOFFMANN, Susanne & CABRAPAN, Melisa (org.). *Género, desigualdades y mercados sexuales en sitios extractivos de América Latina*. Cidade do México: Unam/Cieg, 2019, p. 93-114.

CONSEJO NACIONAL PARA LA IGUALDAD DE GÉNERO. *La violencia de género contra las mujeres en el Ecuador: análisis de los resultados de la Encuesta Nacional sobre relaciones familiares y violencia de género contra las mujeres*. Quito: Aecid, 2014.

FEDERICI, Silvia. *Calibán y la bruja: mujeres, cuerpo y acumulación originaria*. Madri: Traficantes de Sueños, 2004. [Ed. bras.: *Calibã e a bruxa: mulheres, corpo e acumulação primitiva*. Trad. Coletivo Sycorax. São Paulo: Elefante, 2017.]

GIBSON-GRAHAM, Julie Katherine. "Beyond Global vs. Local: Economic Politics Outside the Binary Frame". *In*: HEROD, Andrew & WRIGHT, Melissa W. (org.). *Geographies of Power: Placing Scale*. Oxford: Blackwell Publishers, 2002.

GODELIER, Maurice. *Cuerpo, parentesco y poder: perspectivas antropológicas y críticas*. Quito: Abya Yala, 2000.

KOHN, Eduardo. *How Forest Think: Towards an Anthropology Beyond the Human*. Los Angeles: University of California Press, 2013.

LATOUR, Bruno. *Nunca fuimos modernos: ensayos de antropología simétrica*. Trad. Victor Goldstein. Buenos Aires: Siglo XXI, 2007. [Ed. bras.: *Jamais fomos modernos: ensaio de antropologia simétrica*. Trad. Carlos Irineu da Costa. São Paulo: Editora 34, 1994.]

MUJERES AMAZÓNICAS DEL CENTRO SUR. "Declaratoria del Kawsak Sacha — selva viviente de los territorios de las naciones originarias del centro sur amazónico a la Asamblea Nacional del Ecuador", out. 2013. Disponível em: https://es.slideshare.net/puebloriginariosarayakulibre/declaratoria-del.

MUJERES DE LA CONFEDERACIÓN DE NACIONALIDADES INDÍGENAS DEL ECUADOR. *Memorias de las jornadas del foro de la mujer indigena del Ecuador*. Conaie/Unfpa, 1994. Disponível em: https://www.yachana.org/earchivo/conaie/mujers1994.pdf.

OSLENDER, Ulrich. "Espacio, lugar y movimientos sociales: hacia una 'espacialidad de resistencia'", *Scripta Nova: Revista Electrónica de Geografía y Ciencias Sociales*, v. 6, n. 115, 2002.

PAREDES, Julieta. *Hilando fino desde el feminismo comunitario*. La Paz: Comunidad Mujeres Creando Comunidad, 2008.

PÉREZ OROZCO, Amaia. "Crisis multidimensional y sostenibilidad de la vida", *Investigaciones Feministas*, v. 2, p. 29-53, 2012.

REPÚBLICA DEL ECUADOR. *Buen Vivir: Plan Nacional 2013-2017*. Quito: Secretaría Nacional de Planificación y Desarrollo (Senplades), 2013.

ROSE, Gillian. *Feminism and Geography: The Limits of Geographical Knowledge*. Oxford: Polity Press, 1993.

SAWYER, Suzana. *Crude Chronicles: Indigenous Politics, Multinational Oil, and Neoliberalism in Ecuador*. Durham: Duke University Press, 2004.

VALDÉS, Teresa. *De lo social a lo político: la acción de las mujeres latinoamericanas*. Santiago: LOM, 2000.

VIVEIROS DE CASTRO, Eduardo. *La mirada del jaguar: introducción al perspectivismo amerindio — entrevistas*. Trad. Lucía Tennina, Adrés Bracony e Santiago Sburlatti. Buenos Aires: Tinta Limón, 2013. [Ed. bras.: *Encontros*. Org. Renato Sztutman. Rio de Janeiro: Azougue, 2008.]

8

AS AVÓS DE SEPUR ZARCO E SUA LUTA POR JUSTIÇA: SÍNTESE DE UMA SENTENÇA CONDENATÓRIA[1]

Ana Lucía Ramazzini
Mujeres Transformando el Mundo (MTM)
Asociación de Mujeres para Estudios Feministas (Amef)
TRADUÇÃO Joana Salém Vasconcelos

> *Não queremos que se esqueçam do que vivemos.*
> *Não queremos que se esqueçam da luta histórica que travamos. Queremos que a nova geração saiba o que aconteceu. Que saibam, para que não haja mais violência contra as mulheres. Tudo ficará registrado.*
> — Avós de Sepur Zarco

Quinze mulheres maia q'eqchi' percorreram um longo caminho para romper o silêncio e conquistar justiça.[2] São camponesas empobrecidas da comunidade de Sepur Zarco, em El Estor, no departamento de Izabal,

1 Este texto é uma síntese do julgamento do caso Sepur Zarco e dos relatórios periciais realizados pelos especialistas acima mencionados.
2 Os Q'eqchi' são povos de tradição maia que viviam em territórios que hoje estão localizados no México, na Guatemala, em Belize, em El Salvador e em Honduras. Foram escravizados e exterminados durante séculos e, como mostra este estudo, estiveram submetidos a atrocidades racistas até recentemente. Hoje reúnem 1,3 milhão de pessoas, a maioria vivendo na Guatemala. Sepur

Guatemala, vítimas de violência e escravidão sexual, além de escravidão doméstica durante o conflito armado interno (CAI), ocorrido entre 1982 e 1988. Depois de esperar mais de trinta anos, em 2016 se realizou o julgamento: no banco dos réus estavam o tenente-coronel Esteelmer Francisco Reyes Girón, designado ao destacamento militar de Sepur Zarco,[3] e Heriberto Valdez Asig, comissionado militar e policial municipal.

Em 26 de fevereiro de 2016, o Primeiro Tribunal de Sentença Criminal, Tráfico de Drogas e Crimes Ambientais condenou cada um dos réus a mais de cem anos de prisão incomutável, julgando-os culpados de crimes contra a humanidade nas formas de estupro, escravidão sexual e doméstica, tratamento humilhante e degradante. Também se reconheceram os assassinatos de três mulheres, Dominga Coc e suas duas filhas, Anita, de um ano, e Hermelinda, de quatro anos; e a desaparição forçada de sete homens que haviam iniciado solicitações para legalizar a propriedade de terras na região.[4] As vítimas foram privadas de liberdade sem ordem de um juiz competente, numa clara detenção ilegal, ações observadas por seus vizinhos.

Além disso, o tribunal reconheceu como vítimas onze mulheres q'eqchi': Felisa Cuc; Vicenta Col Pop; Candelaria Maas Sacul; Manuela Bá; Rosa Tiul; Cecilia Caal; María Bá Caal; Carmen Xol Ical; Demecia Yat; Margarita Chub Choc; e Magdalena Pop.

O caso Sepur Zarco abre um precedente importante na Guatemala, justamente porque um tribunal nacional julgou e condenou casos de

/////

Zarco é uma das comunidades q'eqchi' vitimadas por abusos e violações da guerra civil guatemalteca. [N.T.]

3 Homens de diferentes comunidades ao redor de Sepur Zarco foram forçados a construir o destacamento militar em agosto de 1982. O posto permaneceu ativo durante seis anos, até 1988, e depois foi desmantelado. Muitos dos destacamentos da região foram construídos em propriedades privadas por homens das aldeias.

4 Esteelmer Francisco Reyes Girón foi responsabilizado pelo assassinato de 3 mulheres e penalizado com 30 anos de prisão para cada homicídio. Somados à pena por crimes contra a humanidade, o réu foi condenado a 120 anos de prisão incomutável. Heriberto Valdez Asig foi condenado por 30 anos para cada uma das 7 desaparições forçadas, mais 30 anos por crimes contra a humanidade, totalizando 240 anos de detenção incomutável.

estupro e de servidão sexual e doméstica ocorridos durante o CAI como crimes contra a humanidade, que são delitos de jurisprudência internacional. A violência infligida sobre o corpo daquelas que são hoje as Avós de Sepur Zarco foi parte constitutiva de um plano sistemático exercido pelo Exército da Guatemala em sua estratégia militar contrainsurgente. A profanação daqueles corpos e a destruição da posição da mulher indígena foram um objetivo de guerra vinculado às reivindicações fundiárias feitas por seus maridos. O caso Sepur Zarco abarca um Estado patriarcal, racista, colonial e contrário aos corpos historicamente mais oprimidos, mas também é um caso que mostra a luta constante dessas mulheres q'eqchi' por uma justiça digna e transformadora. "Não quero que a violência ocorrida na guerra se repita. Tudo o que dissemos é a verdade, foi real e nós vivemos isso em nosso corpo", disse a avó Antonia.

A SENTENÇA CONDENATÓRIA, AS PERÍCIAS E A RELAÇÃO CORPO-TERRITÓRIO

Durante o julgamento, foram apresentados diversos depoimentos e relatórios de especialistas demonstrando que as mulheres foram escravizadas sexual e domesticamente pelo destacamento militar de Sepur Zarco. Elas foram vítimas, portanto, de violência sexual e tratamento desumano, cruel e humilhante de forma reiterada. Os fatos reconhecidos na Sentença Condenatória são:

- obrigatoriedade de ir ao destacamento vários dias por semana para cozinhar e lavar a roupa dos soldados e oficiais do Exército da Guatemala, com sabão que elas mesmas compravam, sem receber pagamento algum, e sofrer violações sexuais por parte de vários soldados do Exército da Guatemala durante todos os dias que estavam de serviço em jornadas impostas entre os anos de 1982 e 1983;
- como membros do Exército da Guatemala, comissionados militares e patrulheiros da autodefesa civil foram responsáveis pelo

desaparecimento forçado dos esposos dessas mulheres, pelos incêndios em suas casas, pela destruição de seus bens, de suas plantações e animais domésticos; algumas delas foram obrigadas a se mudar para as proximidades do destacamento militar Sepur Zarco em função de sua condição de "mulheres solteiras", o que as colocou em situação de vulnerabilidade. O lugar onde passaram a residir com seus filhos menores de idade eram moradias improvisadas com pedaços de nylon;

- quando lhes ordenaram que já não trabalhassem no recinto militar, foram obrigadas, durante cerca de seis anos, a servir *tortillas* preparadas com o milho que elas mesmas cultivavam. Até nas ocasiões em que não tinham o suficiente para comer, elas e seus filhos cumpriram essas ordens sem receber nenhum pagamento até que os soldados e oficiais do Exército da Guatemala se retiraram da comunidade Sepur Zarco;
- os soldados do Exército da Guatemala se utilizaram do estupro, da escravidão sexual e da tortura como armas de guerra, perpetradas de maneira repetitiva e prolongada quando as mulheres se encontravam sob domínio dos militares. O objetivo foi consolidar o resultado de suas operações bélicas em estratégia contrainsurgente.

> Não lhes pagavam para lavar e cozinhar. Como consequência dos estupros, uma delas teve hemorragias. Quando foi ao destacamento, seus filhos ficaram lá porque ela fez uma casa de nylon [...]. Quando ela foi morar nessa casa, passou a preparar *tortillas* e lhes enviava. Era difícil mandar as *tortillas*. Mandava pela manhã, ao meio-dia e pela tarde. Produzia uns doze quilos. (Depoimento de testemunha)

Foram dezoito relatórios periciais apresentados no julgamento do caso Sepur Zarco, com reconhecido valor comprobatório no tribunal: Perícia Antropológica de Gênero, por Rita Laura Segato; Perícia Psiquiátrica Forense, por Karen Denisse Peña Juárez; Perícia Militar, por Prudencio García e Martínez de Murguía; Perícia sobre Padrões Internacionais de Credibilidade em Casos de Violações de Direitos Humanos, por Arsenio García Cores; Perícia Psicossocial, por Mónica

Esmeralda Pinzón González; Perícia sobre Crimes de Gênero ocorridos durante o Conflito Armado na Guatemala, por Paloma Soria Montañez; Perícia Cultural, por Irma Alicia Velásquez Nimatuj; Perícia Antropológica Linguística, por Mayra Nineth Barrios Torres; Perícia Sociológico-Militar, de Héctor Roberto Rosada Granados; Perícia Histórico Registral, de Juan Carlos Peláez Villalobos; Perícia de Arquitetura Forense, por Gabriela Mendonza Mejía; Perícia Econômica, por Rafael Eduardo Bran Paz; Perícia de Reparações em Perspectiva de Gênero, de Dosia Calderón Maydon; Perícia sobre Racismo e Violação Sexual de Mulheres como Arma de Guerra, por Marta Elena Casaús; Perícia Balística, por Helder Romelio Ajquiy Carrillo e Josué Benjamín López León; Perícia Fotográfica, de Klaus Wilheim Hengstenberg Morales, Luis Renato Mauricio Figueroa e Oskar Eduardo Aragón Paz; e, por fim, duas Perícias Antropológicas Forenses, com equipes multidisciplinares da Fundação de Antropologia Forense da Guatemala (FAFG), compostas por Daniel Alonzo Jiménez Gaytán, Mynor Adán Silvestre Aroche, Jaime Enrique Ruiz, Juan Carlos Gatica Pérez, Renaldo Leonel Acevedo Álvarez, Jorge Luis Romero de Paz e Oscar Ariel Ixpatá.

A Sentença Condenatória tem 512 páginas.[5] Sua síntese, baseada nas análises dos relatórios dos especialistas, demonstra a violência desmedida contra o corpo das mulheres como parte da apropriação dos territórios.

O Relatório da Perícia Sociológico-Militar, elaborado por Héctor Rosada, revelou que as violações sexuais e a escravização das mulheres ocorreram durante o conflito armado na Guatemala, no momento das reivindicações de terras na área de Sepur Zarco, parte do território ancestral do povo maia q'eqchi'. Esse relatório afirma que os proprietários da região realizaram ações que favoreceram a denúncia aos comissionados militares para que perseguissem as pessoas que consideravam estar trabalhando na guerrilha. O motivo foi o temor das elites latifundiárias, que se sentiam ameaçadas pela reivindicação de terras. Assim, as pessoas consideradas inimigas foram denunciadas às autoridades nos destacamentos militares, o que equivalia a prever seu assassinato. Essa

5 Sentencia Caso Sepur Zarco. Sentencia C-01076-2012-00021 Of. 20.

perícia afirmou que, no momento em que ocorreram os fatos, existia um Estado militar contrainsurgente na Guatemala.

Na esteira dessa argumentação, o Relatório de Peritos do Registro Histórico, desenvolvido por Juan Carlos Peláez, demonstrou que a violência sexual e o tratamento desumano sofridos por mulheres e homens do povo maia q'eqchi' do Vale de Polochic corresponderam à execução de um plano sistemático de violência institucional estatal, que buscava proteger os interesses de proprietários de terras com inscrições registrais anômalas que seriam revistas. O documento apontou a existência de uma relação entre a espoliação da terra e a prática de escravidão, o tratamento degradante e as violações contra as mulheres.

> Os soldados diziam que ela devia permitir, porque eram eles os que mandavam, pois já tinham levado seu marido embora. Eles também colocavam uma arma em seu peito para que não dissesse nada, por isso ela tinha muito medo. (Depoimento de testemunha)

A Perícia Cultural desenvolvida por Irma Alicia Velásquez concluiu que, por trás das mortes violentas e das desaparições forçadas, há a questão da posse da terra. Com os desaparecimentos, a população de homens diminuiu, e as mulheres consideradas solteiras pela estrutura patriarcal ficaram em uma situação de vulnerabilidade.

Essa mesma perícia afirmou que a fúria da violência sexual que as mulheres q'eqchi' de Sepur Zarco enfrentaram não pode ser entendida sem se considerar que se deu dentro dos marcos de um Estado que exerceu e reproduziu um racismo ainda vigente. Esse racismo é estrutural, histórico, está enraizado nas instituições, no Estado, nos alicerces ideológicos, e foi fundamental para a fundação do país, uma vez que operou para controlar e explorar os povos originários, sobretudo as mulheres indígenas, relegando-as ao último lugar da pirâmide social e da estrutura racial. Elas são concebidas como seres humanos inferiores e sem valor no imaginário do *criollo*, do hispânico, do latifundiário e dos altos mandos militares, úteis apenas para a servidão. As violações sexuais sofridas em Sepur Zarco formam parte do *continuum* de delitos que nunca foram julgados nem punidos na história da Guatemala.

De modo análogo, na Perícia sobre Racismo e Violação Sexual das Mulheres como Arma de Guerra, Marta Elena Casaús argumentou que o racismo é um fator histórico que funciona e funcionou como um dos principais mecanismos de opressão e exploração por meio de suas diversas expressões, práticas, manifestações e lógicas. Ademais, é a melhor justificativa de um sistema de dominação. O Estado desempenha um papel importante na conformação de um modelo racista, patriarcal e autoritário de nação. Esse relatório expôs que, durante o CAI guatemalteco, os agentes estatais aplicaram práticas violentas como a escravidão sexual, o trabalho doméstico forçado e o estupro contra as mulheres indígenas. A violação sexual das mulheres chegou ao seu máximo nível e ocorreu especialmente em espaços militarizados, como os destacamentos militares. Além disso, essa violência e as violações se converteram em uma arma racista contra a população indígena em geral e contra as mulheres indígenas em particular, justamente por serem mulheres e indígenas.

O Relatório Pericial sobre Racismo afirmou que o recurso da violência sexual durante o CAI ocorreu por quatro motivos principais: (i) eliminar física e moralmente as mulheres consideradas inimigo interno ou com periculosidade social; (ii) punir física e moralmente as mulheres consideradas seres queridos do inimigo interno; (iii) punir, por meio delas, os homens considerados inimigo interno; e (iv) provocar vergonha e culpa nas próprias mulheres.

A Perícia Antropológica de Gênero, elaborada por Rita Laura Segato, mostrou que, do ponto de vista das vítimas, a escravidão doméstica e a sexual têm uma relação inseparável: são parte do microcosmos produtivo-reprodutivo de uma rede familiar e comunitária que tem o casamento como estrutura nuclear. De acordo com a sua perspectiva, as mulheres contribuem ao trabalho produtivo por meio das tarefas domésticas e ao reprodutivo por meio do sexo. Alimentação, cuidado e sexualidade são vistos de modo fortemente entrelaçado dentro da rede de reciprocidades obrigatórias, que articulam a vida dos membros da comunidade. A escravidão doméstica e a escravidão sexual afetam esse vínculo comunitário e de interesse coletivo. Assim, um dos objetivos estratégicos da guerra interna foi a degradação das relações produtivas e reprodutivas.

A perita explicou que as mulheres q'eqchi' relatam sua submissão sexual e doméstica com a mesma dor. Para elas, a escravidão de seu corpo foi tão forte como a do seu trabalho: os alimentos que eram obrigadas a retirar de sua família para entregar aos militares e o sabão com o qual tinham que lavar os uniformes significavam retirar recursos da própria casa para prover o quartel. "Ela ia ao destacamento a cada três dias. Era como fazer a patrulha que os homens faziam. Deixava seus filhos em casa passando fome" (depoimento de testemunha).

O mesmo relatório especifica que as mulheres foram forçadas a desviar a disponibilidade sexual de seus maridos para a tropa responsável pela desaparição deles. Além disso, o ataque sexual em conjunto contra as mulheres gerou um sólido pacto de fraternidade masculina entre os membros da tropa.

> Eles diziam para elas que já não estavam sozinhas, de jeito nenhum, e que era melhor que fossem ao destacamento. Como já não tinham seus maridos, que elas fossem suprir as necessidades deles; que a partir de então, os soldados seriam seus maridos. (Depoimento de testemunha)

A negação da capacidade produtiva e reprodutiva das mulheres a seus maridos e a suas comunidades foi um golpe mortal para a posição feminina e materna dentro da sociedade maia q'eqchi', particularmente em relação à sua visão ancestral de autovalor e contribuição à continuidade de seu povo. Significou a morte social e, em alguns casos, se traduziu em doenças e até mesmo na morte física. "Como consequência dos estupros, teve hemorragia. Seu filho mais novo tinha quatro anos, mas ela ainda o amamentava. E, sim, teve muita hemorragia" (depoimento de testemunha).

A perita destacou que o dano à humanidade foi duplo: a mulher foi desenraizada de seu ambiente coletivo e esse meio se viu, por sua vez, severamente lesionado. Não se trata, portanto, apenas do sofrimento da vítima em sentido particular e individual, mas também dos danos causados a todos os seus vínculos comunitários, pois ela foi desenraizada de sua relação de reciprocidade matrimonial e desviou seus serviços sexuais e domésticos aos seus raptores.

Nesse sentido, a perícia alegou que houve racismo ao afirmar que outra forma de utilizar as violações como arma de guerra contra as mulheres foi submetê-las ao trabalho doméstico forçado, geralmente acompanhado de escravidão sexual de meninas e mulheres. Tais práticas constituem uma forma de submissão e controle, obrigando as vítimas a contribuir para suas relações de produção-reprodução. Se isso ocorre em condições de sequestro massivo, o trabalho doméstico forçado e a escravidão sexual das mulheres indígenas afetam a vida social de toda a comunidade, que se vê expropriada de uma força de trabalho indispensável para a reprodução da vida. As mulheres indígenas foram usadas não só como prisioneiras de guerra mas também como uma força de trabalho reprodutivo para domínio militar.

Por sua vez, a Perícia Antropológica Linguística, desenvolvida por Mayra Nineth Barrios, explicou que violação sexual em q'eqchi' pode ser dita de várias maneiras: *Muxuc*; *Xexmuxlin-yu'am*; *Xi ne'xchapy*; *Xi nexxbatz'unle'*; *numsink*; *jot'oky maakob'k*. O termo mais verbalizado pelas vítimas foi *Muxuc*. Esse vocábulo tem uma conotação profunda dentro da cosmologia q'eqchi' e significa dizer que a mulher foi *profanada*, *atravessada* e *emporcalhada*. Como consequência, apontou a perita, não seria mais uma mulher digna de sua comunidade: não poderia voltar a se casar, havia perdido o respeito por si mesma, o respeito por sua comunidade e o respeito da comunidade. Seu mundo social e espiritual foi destruído, quebrantado em todos os âmbitos da sua vida. "Sentiu o rechaço, diziam que eram amantes ou brinquedos de soldados" (depoimento de testemunha).

Da mesma forma, a Perícia Antropológica de Gênero ressaltou que, para as mulheres q'eqchi', a profanação significa a destruição da sua dignidade, de sua sacralidade, da própria capacidade de dar continuidade a seu povo. Ao profanar seu corpo, essa relação foi quebrada e interrompida. Elas mesmas declararam que se tornaram exiladas, ainda que continuassem vivendo dentro do mesmo espaço da comunidade. Isso significa morte social.

O documento afirma que a profanação do corpo dessas mulheres, representação do corpo social, é a concretização da destruição moral e física da comunidade. Além disso, Segato enfatiza que na Guatemala houve uma *guerra contemporânea* na qual a profanação do corpo das mulheres foi também uma forma de evitar que pudessem dar continuidade ao seu povo, que mergulhou no medo propagado pelo exílio interno das mulheres, estigmatizadas em sua própria comunidade.

Uma característica das guerras contemporâneas não é o estupro das mulheres como butim de guerra ou sua anexação como parte do território conquistado: é também sua profanação ou destruição moral e física por meios sexuais para gerar um sentimento de indignidade no povo submetido. Como símbolo do corpo social, dominar o corpo da mulher significa deter poder sobre um território. A perita argumentou que isso não significa apenas um dano colateral. Hoje, o que se vê é a destruição e o ataque direto a esse corpo. O ataque sexual foi motivo estratégico da guerra. O Estado utilizou o corpo da mulher como forma de destruir moralmente seu inimigo, para oprimir a articulação comunitária. O exercício de poder sobre os povos se materializou por meio das violações sexuais das mulheres.

> Quatro homens abusaram sexualmente dela. Os soldados estavam armados. Eles a agarraram, a violaram à força e sem lhe dizer nada. Sua casa estava cercada de soldados. Quando a estupraram, ela estava grávida, a poucos dias de dar à luz. (Depoimento de testemunha)

Rita Laura Segato afirma que a destruição da posição da mulher indígena foi um objetivo de guerra que visava desestabilizar as relações sociais, a reciprocidade e a confiança entre os membros da comunidade. A vitimização das mulheres integrou um conjunto de ações de guerra que ocorreram em obediência às ordens superiores de caráter militar e, portanto, de dominação sexual, a que as mulheres foram submetidas. Os estupros não ocorreram em forma de violações espontâneas, resultantes de "descontrole ou transbordamento da tropa". Eram uma rotina, e não atos isolados por parte de soldados indisciplinados, o que se comprova pelo fato de que eles injetavam [contraceptivos] nelas para que não engravidassem.

A Perícia sobre Racismo afirmou que a utilização sistemática de métodos anticonceptivos gravou, na memória e no corpo das mulheres, mensagens impositivas de "não reprodução do grupo". E confirmou que os atos de crueldade e brutalidade aplicados pelo Estado, pela cúpula militar, pelos comissários, pelos latifundiários e pelo destacamento militar de Sepur Zarco contra as comunidades indígenas aldeãs não foram atos isolados de violência ou excessos cometidos pela tropa: obedeciam a um padrão de conduta que se repetiu em quase todos os casos de violência sexual e de escravidão sexual das mulheres. Também responderam a uma política contrainsurgente planejada e executada pelo alto comando militar, envolvendo todos os corpos intermediários e patrulheiros, com a finalidade de destruir a comunidade étnica. "Contou que lhes davam injeções, não queriam que engravidassem. Diziam-lhes que o governo os tinha mandado e que elas estavam sob seu comando" (depoimento de testemunha).

O estupro, a escravidão sexual e a escravidão doméstica foram estratégias de guerra. Rita Laura Segato, encarregada da Perícia Antropológica de Gênero, atesta que em Sepur Zarco ocorreu um "femigenocídio". Além disso, Marta Elena Casaús, que assina a Perícia sobre Racismo, ressalta que, embora o julgamento não tenha acusado os imputados por feminicídio, era necessário pontuar o uso sistemático e massivo da violação sexual com intenção política de submeter e massacrar as mulheres pelo fato de serem mulheres. Isso se relaciona com o fato de serem pobres e maias, uma população em grande medida considerada "inimigo interno". Para a especialista, essas situações demonstram a relação entre o Estado racista, o feminicídio e a violação sexual como crimes de guerra ou contra a humanidade. Por meio dos pareceres de Cultura, sobre Racismo e Antropologia de Gênero, pode-se visualizar a opressão e a desproporcionalidade da força utilizada contra as mulheres de Sepur Zarco.

A Perícia Cultural explicou que as violações sexuais e a servidão sistemática produziram rupturas culturais nas comunidades; ou seja, prejudicaram as próprias vítimas, seu núcleo familiar e também todo o grupo, o que lhes impediu de recuperar sua cultura e voltar a ter uma vida normal. As rupturas culturais modificaram ou destruíram comunidades, famílias extensas, sistemas de organização e autoridade, propriedade, produção, construção e reprodução de conhecimentos médicos, espirituais e de solidariedade.

> Ela disse que tudo o que passou dói muito e que tudo aconteceu porque ela era mulher. Ela tinha 22 anos quando passou por tudo isso. Quando aconteceu, as pessoas a odiavam e a maltratavam. Diziam a ela: "Os soldados te violam o tempo todo". Diziam que fedia muito. (Depoimento de testemunha)

A Perícia Psiquiátrica Forense, de Karen Denisse Peña, evidenciou como a submissão das vítimas a uma violência metódica e sistemática ocasionou a ruptura do tecido social. A Perícia Psicossocial, elaborada por Mónica Pinzón, chegou também a essa conclusão, uma vez que as mulheres indígenas vítimas e suas comunidades já não puderam realizar suas cerimônias de celebração ou efemérides, a exemplo de nascimentos, casamentos, adoecimentos ou velórios; tampouco puderam solicitar permissão à Mãe Terra para plantar e colher. Umas das consequências mais fortes dessa ruptura do tecido social é o sentimento de derrota e desesperança, dado que não só os bens materiais foram destruídos mas também todos os vínculos e referências sociais que geravam coesão comunitária.

> Uma semana depois de dar à luz seu filho, decidiu partir e foi embora para a montanha, onde encontrou outros vizinhos. Levou seus oito filhos, mas três deles morreram na montanha e outro morreu na comunidade. Não se lembra a idade que tinha cada um dos filhos, apenas que o mais velho tinha nove anos e o mais novo, uma semana. Eles só comiam frutas [...]. Ficou na montanha por seis anos [...]. Seus filhos morreram de fome e frio porque chovia muito forte e não encontravam comida. (Depoimento de testemunha)

Desde então, padecem de mal-estar físico, debilidade, sofrimento psíquico, pesadelos, grandes tonturas, e, dessa forma, não podem se desvincular dos horrores a que foram submetidas. Apresentam quadro clínico de estresse pós-traumático. "A guerra me deixou com uma dor de estômago e meu coração dói. Tenho medo de qualquer coisa que estoure ou que se quebre" (depoimento de testemunha).

A Perícia Psicossocial mostrou como a qualidade de vida foi prejudicada, como a integridade foi danificada e que houve a privação de aspectos e valores essenciais para a vida do ser humano. O projeto de vida das quinze mulheres ficou gravemente prejudicado e gerou desorientação, tristeza, falta de controle da própria vida, além de insegurança. Isso impediu a realização de seus sonhos e desejos até os dias de hoje.

Já a Perícia sobre Racismo destacou que boa parte das sobreviventes se refere a esse período como uma etapa que "marcou minha vida", "que destruiu meu casamento e minha família" e que "mudou minha vida para sempre".

> Antes de ir para a montanha, ela estava bem com os filhos. Quando foi, seus filhos começaram a padecer de doenças e a morrer [...]. Ela voltou sem nenhum dos filhos [...], voltou sem nada. [...] Foram muitos anos,

> foram seis anos que esteve na montanha e quando voltou sua casa já não existia, [antes] tinha animais domésticos, [agora] já não tinha nada. (Depoimento de testemunha)

A Perícia Cultural argumentou que, em Sepur Zarco, duas perdas são explícitas e inseparáveis: as humanas e as culturais. As perdas culturais incluem elementos sociais, materiais e espirituais, entre os quais a impossibilidade de praticar a religião, além da perda do valor de si mesma e da autoestima. Como parte das perdas sociais, reconheceu-se que a prisão e a desaparição de seus esposos significaram a quebra da hierarquia familiar com base na qual a comunidade funcionava. Significaram uma perda de renda, de liderança, de companhia, de apoio.

> Uma vez ela tomou coragem e foi reclamar com o tenente. A resposta que ele deu foi: "Talvez você também quisesse e você acostumou eles assim...". Isso foi doloroso para ela, porque era um tratamento animal e porque seu esposo estava ausente. (Depoimento de testemunha)

As perdas materiais, como a casa, os animais, os insumos, as colheitas e as roupas, também foram uma perda cultural, pois esses bens eram parte das práticas sociais, econômicas e de convivência dentro da comunidade.

> Quando ela foi estuprada, estava grávida de três meses. Como consequência, teve hemorragias e no terceiro dia abortou. Teve de abandonar a casa onde vivia com seu esposo. Disse que só viu a fumaça da sua casa quando estava queimando. Não lhe deram tempo de tirar nada, ali estavam suas galinhas e porcos. Foram os soldados que queimaram sua casa e que mataram seu esposo. (Depoimento de testemunha)

Irma Alicia Velásquez Nimatuj foi a encarregada dessa perícia e ressaltou a perda na transmissão de conhecimentos universais, a exemplo da tecelagem, e isso se constituiu como uma privação fundamental nas comunidades. Suas habilidades foram tolhidas e sua cultura já não pode ser transmitida e praticada. Além de matar as pessoas, destruíram uma parte essencial da cultura q'eqchi'. O dano transcende Sepur Zarco: trata-se de uma perda cultural do país inteiro.

A Perícia Antropológica de Gênero também reforçou que as mulheres são símbolo de poder na aldeia, pois são as portadoras da vida, e isso explica sua eliminação. Dessa forma, prejudicar as mulheres de Sepur Zarco também significa prejudicar a humanidade. Não se trata apenas do sofrimento das vítimas, mas também da lesão a todo vínculo humanitário.

O PROTAGONISMO DAS MULHERES DE SEPUR ZARCO E O FUTURO

As mulheres de Sepur Zarco protagonizaram um longo caminho de justiça e foram acompanhadas por várias organizações. Em 2009, o Equipo de Estudios Comunitarios y Acción Psicosocial (Ecap), a Unión Nacional de Mujeres Guatemaltecas (UNAMG) e as Mujeres Transformando el Mundo (MTM) formaram a Alianza Rompiendo el Silencio y la Impunidad. Em 2011, UNAMG e MTM se constituíram como pleiteantes de um processo, e, em 2014, as mulheres sobreviventes também se tornaram correquerentes e participaram de todas as fases processuais, organizando-se na Coletiva Jalok 'U, que, em idioma q'eqchi', significa transformação ou mudança.

O tribunal que presidiu o julgamento declarou como unanimemente admissível a petição por reparação digna e transformadora solicitada pelas Avós de Sepur Zarco. Isso implica criar condições para que a mesma situação estrutural de violência e discriminação não se repita. Entre as medidas de reparação digna e transformadora, indicou-se: instalar um estabelecimento de ensino médio bilíngue que garanta o direito à educação de crianças, adolescentes e mulheres; outorgar bolsas de estudo; incorporar o caso das mulheres de Sepur Zarco nos textos escolares; traduzir a sentença em diferentes idiomas; instalar um centro de saúde na comunidade; continuar com o trâmite de terras iniciado por seus esposos.

Elas expressam que, devido à sua idade, certamente não verão muitas dessas ações se realizarem, mas querem assegurar que seus filhos e netos tenham essas medidas garantidas pelo Estado. Estão convencidas de que isso evitará que as condições de vulnerabilidade que elas viveram se repitam: "Minha mensagem é, sobretudo, a luta que eu fiz, que é para os que virão. Não apenas para meus filhos e netos, mas para todos, foi para isso que lutei. Minha pessoa acaba, mas a luta que comecei não termina" (avó Rosa). No processo de exigir justiça, as Avós de Sepur Zarco enfrentaram a morte de uma das companheiras mais jovens do grupo, Magdalena Pop, quatro meses depois de ela ter realizado sua declaração como adiantamento da prova em uma corte nacional. De Magdalena ainda ressoam as palavras: "Eu já fiz o que tinha que fazer, agora vocês precisam seguir o caminho da justiça".

PROPOSTAS E APLICAÇÕES METODOLÓGICAS

PARTE II

P

ARTE, POLÍTICA E TRANSFORMAÇÃO ATRAVÉS DO CORPO: EXPERIÊNCIAS DE MAGDALENAS URUGUAY — TEATRO DAS OPRIMIDAS

Lorena Rodríguez Lezica
Norina Torres Paz
Cecilia Durán Jaurena
Agustina Araujo
Noe Spinillo
Lucía Baffigo
Gabriela Núñes de Moraes
TRADUÇÃO Lina P. Machado Magalhães

Nestes tempos de luta, dor e raiva, mas também de alegres rebeldias, abraçamos a necessidade coletiva de nos encontrarmos e de oferecer a nós mesmas o espaço de uma roda repleta de experiências e saberes. Compartilhamos aqui como se vivencia esse entrelaçamento entre mulheres criativas, amparadas, abraçadas: é um ensaio de sororidade entre nós mesmas e junto a outras mulheres. Magdalenas Uruguay é um coletivo de dez companheiras de idades variadas, provenientes de diversos bairros e algumas nascidas no interior do país. São diferentes trajetórias de vida, ocupações e vivências, trabalhando, desde maio de 2012, com o método do Teatro do Oprimido no Laboratório Magdalena.

Magdalenas é uma corrente internacional dentro da proposta metodológica do Teatro do Oprimido que trabalha especificamente as opressões das mulheres em nossas sociedades patriarcais. Foi criada, impulsionada e sistematizada em 2010 por Bárbara Santos e Alessandra Vannucci, diretoras teatrais e multiplicadoras dessa metodologia. Esse laboratório[1] tem como ponto de partida o estudo do corpo das mulheres, que permaneceu por séculos guardado, protegido e censurado pelo poder masculino, mas hoje assume papel central de exposição nos meios de comunicação. No laboratório, analisamos os corpos femininos nus, exibidos para o deleite de outrem nas páginas das revistas e em todos os meios de comunicação, utilizados para alimentar a cultura de consumo de um mercado capitalista (Santos & Vannucci, 2010).

Algumas de nós integram esse grupo desde o início do Laboratório Magdalenas em Montevidéu, em 2012, e outras passaram a fazer parte dele ao longo dos últimos anos. O grupo foi se transformando em coletivo, uma vez que a metodologia foi apropriada por todas as integrantes e à medida que fomos politizando as nossas ações. Durante esse percurso, buscamos e testamos continuamente a horizontalidade e outras formas de nos encontrar, que denominamos circularidade sorora.[2] Algumas das participantes optaram por ir embora, parte de um processo doloroso de aprendizagem para lidar com as diferenças entre nós.

1 Denominamos "laboratório" o processo de pesquisa e criação artística. Não se trata de uma oficina multiplicadora estática, sem modificações, mas de uma proposta mutável de pesquisa contínua para o planejamento de exercícios e jogos que nos permitem mais possibilidades de criação e aprofundamento.
2 A palavra "sorora" é um neologismo em espanhol e também em português. Evoca uma mescla de sororidade, solidariedade entre mulheres, som e sonoro, isto é, a centralidade da escuta. [N.T.]

Durante muito tempo, priorizamos compartilhar nossas criações coletivas e peças de teatro-fórum[3] com sindicatos, escolas, organizações de bairro, organizações sociais e populares e com mulheres em situação de privação de liberdade. Também multiplicamos essa vivência do laboratório com outras mulheres em diversas partes do país e em Montevidéu. A primeira peça que encenamos versa sobre distintas formas de violência na relação conjugal, e a segunda apresenta temáticas relacionadas ao assédio sexual e à violência machista no ambiente de trabalho e dos sindicatos. Várias das companheiras cujas histórias foram centrais para a criação dessas dramaturgias decidiram partir, e novas companheiras se integraram ao coletivo. Com o passar do tempo, começamos a verbalizar a necessidade de encerrar essas apresentações, pois muitas das atrizes já não sentiam essas histórias como suas. Compartilhávamos a necessidade de criar algo novo. Ao mesmo tempo, a dinâmica das reuniões semanais priorizava o uso da palavra, e isso começou a nos desgastar. Por esses motivos, há pouco tempo decidimos voltar o nosso olhar, o nosso pensar e o nosso sentir "para dentro", tendo em vista a necessidade coletiva de voltar a trabalhar intensamente por meio do corpo e de sua memória, de sua sensibilidade e de suas emoções.

UM DESPERTAR

A maioria de nós não sabia do que se tratava o coletivo das Magdalenas. Algumas conheciam o Teatro do Oprimido, mas não daquela maneira. O que era, afinal, um Teatro das Oprimidas? Magdalenas foi um despertar para muitas de nós: uma (re)descoberta, um

3 O teatro-fórum é um espetáculo baseado em fatos reais, em que a oprimida e os opressores e/ou opressoras entram em conflito de forma clara e objetiva, em defesa de seus desejos e interesses. Nesse confronto, a oprimida fracassa e o público é convidado pela Coringa a entrar em cena, substituir a protagonista e buscar alternativas para o problema contracenado.

(re)conhecimento dos nossos corpos e das nossas histórias. Aos poucos essa curiosidade inicial foi se transformando em uma busca individual e também coletiva:

> Quando cheguei ao laboratório, conhecia o Teatro do Oprimido, mas não sabia bem do que se tratava Magdalenas; sabia que era algo específico para mulheres e que abrangia questões de gênero. Ao me entregar à dinâmica desses jogos específicos, senti que, por meio do corpo, parti para uma busca, uma busca do meu eu mulher, uma busca por mulheres que vieram antes de mim e uma busca dos meus pares femininos. Depois, conforme se tornou mais complexo, foi como um despertar. Se antes eu tinha alguma consciência, ou era muito básica, ou era senso comum, ou me expressava por meio da raiva e de coisas que aconteciam comigo, mas que eu não entendia. Me fez despertar a consciência, uma consciência de construção de gênero e do meu estar no mundo e de coisas específicas que eu gostaria de mudar a respeito do meu ser mulher. Comecei a construir esse olhar naquele dia, e agora é como um monstro, agora você sente que não para.

Algumas de nós se aproximaram para se expressar pela arte, entusiasmadas em fazer teatro. Outras estavam à procura de uma ferramenta política ou tinham a necessidade de pensar sobre nós mesmas junto com outras:

> Definitivamente, eu cheguei sem saber o que era esse Teatro do Oprimido. Não tinha nenhuma experiência teórica ou universitária, eu era simplesmente uma dona de casa com todas as suas questões, dois filhos, um monte de coisas. E quando fui lá, eu disse "o que é isso?", mas fiquei. Porque quando me explicaram o que era, não entendi. Mas eu fiquei assim mesmo. Gostei do que vi. Acho que primeiro foram as pessoas, fiquei meio que presa a isso.

Eu vinha de uma separação, de um puerpério estendido, com muitas coisas no meu corpo. Então não sei se a minha necessidade era encontrar o Teatro das Oprimidas, mas era uma necessidade de pensar em mim como mulher e com outras mulheres.

Me aproximei [...] à procura de uma ferramenta para a militância. De nenhuma maneira eu pensava em analisar a mim mesma. Pensei: "Vai ser uma ferramenta para trabalhar com outros grupos, coletivos, organizações, e não necessariamente para me trabalhar". E, na verdade, não é que isso tenha ficado no passado, continua me permeando. E continua me ajudando a derrubar essa armadura que me coloco, esse escudo que construo ao meu redor para não me trabalhar usando o corpo. Para mim, ainda é difícil. Essa formação em Teatro do Oprimido era voltada para ativistas, educadores sociais, gente que trabalha com organizações comunitárias etc., e me vi trabalhando em mim mesma, iniciando um caminho de reconhecer as minhas próprias opressões.

O reconhecimento das opressões em nós mesmas não é um caminho simples. A maioria de nós não se reconhecia como oprimida. A violência era algo que podíamos perceber em outras, não necessariamente em nós mesmas. Nossa concepção de violência, em muitos casos, se reduzia às formas de agressões físicas mais visíveis.

Quando nos perguntaram se vivenciávamos alguma opressão, eu disse que não. Eu entendia que a opressão era física. Entendia a agressão, a violência doméstica, e não entendia o resto. E comecei a transitar, até que há pouco tempo fizemos um mapeamento,[4]

4 Trata-se de uma adaptação do mapeamento do corpo-território realizada durante o curso "Mujeres, movimientos sociales y feminismos", promovido pela Faculdade de Psicologia da Universidad de la República.

> e o meu desenho estava cheio de porcarias, e pensei: "Ou fiz progressos ou estou muito mal". Então, que sorte a minha, porque as reconheço [as opressões], e, ao reconhecê-las, você sabe como enfrentá-las e pode lidar com elas, ou seja, algo eu fiz ao longo desse caminho.
>
> Quando comecei no Teatro do Oprimido, também pensava que não vivenciava opressões. A primeira pessoa que me falou: "Hum, você é mulher, pelo seu físico etc., você passa por milhões [de opressões]" foi o Boal. E aí pensei: "Bem, pode ser que...".
>
> Não conseguia fazer nenhum exercício que tinha que fechar os olhos sem sentir um desconforto enorme. Tentava caminhar com os olhos fechados e contraía todo o corpo, franzia a testa e colocava as mãos na frente para me proteger. Não conseguia. Até que num determinado momento fui a uma esquina e comecei a chorar sem parar. E vários anos se passaram até que eu conseguisse realizar esse tipo de exercício. Foi só com as Magdalenas que pude, em algum momento, "abrir os olhos" (risos). Quero dizer, fechar os olhos. E, bom, também "abrir os olhos" dessa outra maneira, nesse despertar. E foi muito difícil para mim, porque era um exercício de confiança nas outras pessoas mas também de confiança em mim mesma. Porque quando você fecha os olhos, o que você vê é você, são as suas vivências e é bastante difícil fazer isso.

Os inúmeros jogos e exercícios que fazem parte da metodologia e o exercício constante de nos olharmos permitem reconhecer essas opressões, nos analisar como mulheres, nos espelhar umas nas outras. O corpo vai assumindo um protagonismo na criação e recriação de nós mesmas.

Com o Teatro do Oprimido em si, foi como me encontrar no meio de um corpo que eu detestava. Porque é isso, eu detestava meu corpo e pensava que a responsabilidade de detestar esse corpo era minha. Essa trajetória fez com que eu percebesse uma estrutura que faz com que não só eu deteste o meu corpo, mas, antes, que todas estamos em algum momento detestando o corpo em que vivemos e que essa é uma questão estrutural da nossa cultura: não se sentir confortável na própria pele, com a própria vivência, e não se encontrar, não se encontrar entre o que sentimos e o que deveria ser. Para mim, o teatro das pessoas oprimidas, e especialmente o Magdalenas, foi de fato uma viagem, me transformou de corpo e alma por poder vivenciar minha sexualidade de acordo com meus gostos, meus desejos, uma grande quantidade de coisas. Acho que passei da negação de mim mesma à aceitação. Aliás, passei a ser uma pessoa mais feliz, que é o principal.

Lembro de uma das primeiras perguntas no laboratório e que com certeza vai ficar ressoando pelo resto da minha vida: "Quais são as suas opressões?". E eu respondi: "Nesse momento, nenhuma" (risos). E a partir daí, com a ajuda das minhas companheiras, comecei a colocar o meu corpo no protagonismo. Cheguei ao ponto de mudar a minha alimentação e a maneira de pensar o meu corpo como mulher, de explorá-lo e brincar com ele dentro de Magdalenas, para poder me complementar e me espelhar em outras.

A MEMÓRIA DO CORPO

O exercício das ancestrais é um dos mais potentes do laboratório. Por meio dele se ativam memórias corporais, emocionais e sensíveis do nosso cotidiano e da nossa história ancestral (Santos & Vannucci, 2010).

> No estudo das ancestrais, seguimos o caminho corporal da mãe e da avó e assim sucessivamente até a mais distante [...]. Mudamos o dia, a hora e o século. Continuamos trabalhando no corpo imaginário das nossas mulheres ancestrais e também no próprio corpo, tanto ontem como hoje [...]. Continuamos em frente, pesquisando o corpo dessas mulheres relembradas, conhecidas e/ou imaginadas, criando condições para que se encontrem em um espaço de confiança e de confiar o inconfessável, ainda que seja para nos vermos dentro de um espelho imaginário.

Esse exercício ativa a memória do corpo e invoca aquelas outras mulheres que são parte da nossa história. Revivemos as suas dores, os seus medos, os seus segredos, trazemos cada uma delas para nosso cotidiano, reconhecendo-as em nossas próprias dores e medos para poder transformá-los e nos reconhecermos em nossos segredos mais ocultos, a fim de desvendá-los.

> Eu fiz muitas vezes [o exercício] das ancestrais e aconteceu essa coisa de me reconhecer na minha mãe e começar a perceber muitas coisas que renego até hoje e também de onde vinham.

> Foi muito difícil para mim na primeira vez. Lembro que fiquei quieta. Realmente eu não podia, porque isso significava encontrar com a mãe e a mãe da minha mãe e... complicado. Foi muito difícil. Acho que parei na avó. Depois não consegui imaginar nem incorporar nada mais.

Pelo movimento corporal, as mulheres são primeiro conduzidas a se conectar com atividades que praticam no cotidiano, com o "quem somos?". Levamos em consideração o que fazemos e trabalhamos territorialmente a região do mundo onde nascemos e habitamos atualmente. Depois convidamos as mulheres a entrar em contato com as atividades e os movimentos que acompanharam as nossas antepassadas, uma a uma, e vamos reconhecendo o corpo-movimento e o lugar de origem da nossa mãe, avó, bisavó... até chegar à *primeira mulher* que habitou a nossa terra. Esse exercício se conclui com a formação de uma árvore de mulheres. Os corpos amalgamados se transformam em tronco; nossas pernas, em raízes que se conectam à terra, fonte de nossa nutrição desde a mais antiga das nossas ancestrais; nossos braços tornam-se galhos e nossos dedos, folhas. Cada uma então descansa, sustenta e se apoia nas demais. A árvore é a imagem total do que somos, de onde viemos e aonde queremos ir.

Vivenciamos esse exercício como um ritual, que cada vez é experimentado de maneira diferente, que se potencializa e nos interpela em cada laboratório que compartilhamos com outras.

> Em relação ao corpo, senti muito essa memória ao fazer o exercício das ancestrais. Depois, em outra oficina de expressão corporal fora da Magdalenas, eu a identifiquei com esse nome.

> A primeira vez que experimentei percorrer essas minhas mulheres, minhas ancestrais — não era algo consciente nem estava presente na minha construção pessoal —, vi como todas as formas de fazer da minha mãe estavam registradas. Identifiquei aquilo como seus desejos e coisas que eu nem conhecia. Percebi que existe uma memória apagada, mas que, ao mesmo tempo, essa memória existe no corpo.

> Comecei a percorrer a história das minhas ancestrais, as minhas próprias histórias e vi, finalmente, que na verdade não era eu que estava facilitando o exercício nesse momento: estava me rendendo ao poder de todos esses corpos que estavam em sincronicidade com aquela energia, que buscavam isso que ressoava, como mover-se e pensar tal qual nossas mães, avós e bisavós nos ensinaram.

COLOCAR O CORPO: TENSÕES ENTRE O SENTIR E O PENSAR

Durante mais de um ano, construímos várias instâncias para pensarmos em nós mesmas como um coletivo de mulheres praticantes do Teatro das Oprimidas. Além disso, criamos espaços para discutir sobre a forma organizativa que gostaríamos de ter e decidir quais problema gostaríamos de trabalhar em diálogo com o resto da sociedade. Em dado momento, começamos a nos incomodar com o uso excessivo da palavra, da manifestação do nosso sentir amparada no pensamento. Percebíamos uma desconexão com a sensibilidade do corpo e a sua memória, com as suas emoções, sua fragilidade e também com a sua força. Ressoava entre nós a necessidade de que o corpo estivesse mais presente, de deixar de lado a centralidade da palavra.

> Cheguei às Magdalenas como militante feminista. Estava procurando a prática do Teatro do Oprimido e me encontrei com esse grupo de mulheres. Pensei comigo: "É tudo o que estou procurando em um só coletivo!" [...]. Eu vinha dessa hiper-racionalidade, sentia algo que só hoje consigo perceber: era a minha impossibilidade de trabalhar por meio do corpo, porque era difícil para mim. É difícil me trabalhar, não poder falar muito de mim, das violências, *corporizá-las* por meio dessa memória do corpo.

> Eu preciso colocar o corpo mas também preciso pensar o meu corpo. Sinto que uma forma de colocar o corpo é pensar em mim nesse corpo.

Ao continuar compartilhando sobre essa tensão, chegamos à conclusão de que o corpo sempre está presente, mesmo que não o invoquemos explicitamente.

> Eu acho que às vezes pode surgir a necessidade de que o corpo esteja mais presente, mas acho que em Magdalenas houve uma entrega por meio dos jogos,

dos exercícios, como ficar em pé, em frente às outras mulheres, e poder entregar esse conhecimento na multiplicação dos laboratórios. Quando não passa pelo corpo, pela tua experiência, é muito difícil transmitir.

Para mim, o corpo sempre está lá, por mais que digamos "O que vamos fazer hoje? Trabalhamos o corpo ou não trabalhamos o corpo?", o corpo está lá, a mente é corpo também.

Reconhecemos que a palavra como tal é fundamental e não se contrapõe ao corpo, ainda que, sem dúvida, exista uma hierarquia do pensamento sobre as emoções e as sensações que compõem a memória corporal. A metodologia utiliza o corpo para desestruturar o adquirido, para dar novos significados a nossas palavras e imagens e a nossos sons.

> É pela posse da Palavra, da Imagem e do Som que os opressores oprimem, antes que o façam pelo dinheiro e pelas armas.
>
> Temos que reagir contra todas as formas de opressão. Essa luta deve se dar, também, nesses três importantes campos de batalha do Pensamento Sensível.
>
> Temos que reconquistar a Palavra, a Imagem e o Som. (Boal, 2012, p. 57 [2009, p. 40])

A palavra é um dos meios estéticos utilizados pelo opressor, junto com outras linguagens: o som e a imagem.

> No mundo real em que vivemos, através da arte, da cultura e de todos os meios de comunicação das classes dominantes, com o claro objetivo de analfabetizar o conjunto das populações, os opressores controlam e usam a palavra (jornais, tribunas, escolas...), a imagem (fotos, cinema, televisão...), o som (rádios, CDs, shows musicais...), monopolizando esses canais, produzindo uma estética anestésica — contradição em termos! —, conquistam o cérebro dos cidadãos para esterilizá-lo e programá-lo na obediência, no mimetismo e na falta de criatividade. (Boal, 2012, p. 25 [2009, p. 17-8]).

Há uma necessidade de ressignificar a palavra e, principalmente, de tomá-la, de reapropriá-la. Historicamente, nós, mulheres, fomos condenadas ao silêncio e hoje estamos juntas nesse caminho de recuperar a palavra expropriada. Isso foi expressado pelo lema Ni Una Menos durante a intervenção de que participamos como Magdalenas Uruguay. Essa foi uma de nossas ações concretas e contínuas de articulação com outras e como parte do movimento feminista: "Que a dor se transforme em raiva, que a raiva se transforme em luta e a nossa voz se tranforme em grito!". A proposta de trabalhar a estética dos oprimidos e oprimidas é a reapropriação da nossa palavra, do som e da imagem para, assim, poder recuperar o nosso corpo. Trata-se de um trabalho de ida e volta constante entre mente e corpo inseparáveis, no qual ambos se ressignificam constantemente.

Revendo os exercícios que mais desafiam a racionalidade que obstrui a linguagem sensível, trouxemos como exemplo a dança dos quatro elementos, que convida cada uma à imersão em si mesma e na atmosfera que vai sendo criada no espaço compartilhado. Utilizamos diversos instrumentos musicais (reconhecidos como tais ou criados especificamente para essa instância com materiais comuns, como metal, vidro, papel, papelão, madeira e plástico) para despertar e acompanhar as intensidades inerentes a cada elemento, enquanto uma de nós guia o processo. Trata-se de um exercício íntimo, feito de olhos fechados, que apela ao movimento sensível e libertador por meio da passagem pelos quatro elementos. Vamos acompanhando as mulheres em uma viagem pelo contato com a água, a terra, o ar e o fogo, elementos que nos habitam.

> Existe algo aí que eu não consigo expressar em palavras. Realmente posso colocar o corpo quando me conecto com algo a mais, não sei explicar. O fato de que a palavra não predomine, mas sim a vibração, inclusive com os olhos fechados. Escutar os sons desses elementos, esses sons são os que me fazem mover, dançar, soltar, sentir, sentir e sentir e bloquear a cabeça, que é o que me domina.

A partir do momento que o corpo e a sua memória voltam a ganhar centralidade, começamos o processo estético de criação de uma nova peça de teatro-fórum. Questionamos de muitas formas a opressão que nos atravessava naquele momento e nos entregamos a compartilhar, refletir, criar. Quais são as violências sobre o nosso corpo? Como está condicionado nosso desejo erótico? Essas são algumas das premissas que temos construído e que nos servem de base para explorar e pensar sobre as opressões das mulheres em relação à sexualidade. Trabalhar a sexualidade em nosso coletivo teria sido inimaginável há alguns anos. Não falávamos sobre o assunto, não era o centro das nossas histórias compartilhadas — ou, pelo menos, era isso o que achávamos.

Antes não se falava sobre sexualidade em Magdalenas. Nem se mencionava. Durante um encontro em Buenos Aires em 2013, ao lado de outros coletivos de Magdalenas da Argentina, lembro que fizemos um exercício no qual tínhamos que fazer casais de animais. E falávamos: "Não podemos fazer isso com as companheiras!". Tínhamos que formar casais, tocar uma na outra, uma relação baseada no corpo. Estávamos muito longe de conseguir isso!

Sinto que falar sobre sexualidade na nossa nova peça tem a ver com as coisas com que nós, mulheres, estamos vibrando. Há pouco tempo eu passei por um processo de autoconsciência no Minervas[5] no qual falávamos sobre o orgasmo. Esse exercício também fala de estarmos atentas com o corpo, já que isso é o que nos está interpelando, assim como o contexto das temáticas e do que nos acontece. E eu não posso pensar sobre mim sem as outras mulheres que também estão pensando nisso.

5 Coletivo de mulheres feministas do Uruguai.

O PESSOAL E O POLÍTICO

Em nosso coletivo, discutimos sobre essa instância política, ausente para algumas de nós e sempre presente para outras. O lema "o pessoal é político" foi tomando corpo no calor do debate ao questionarmos o que cada uma esperava do coletivo em relação às atividades voltadas para dentro (nosso interior individual e coletivo) ou para fora (em articulação com outros e outras).

> Sentia falta de algo fundamental no Teatro do Oprimido: arte e política. Sentia que havia arte, mas faltava política. Depois, de alguma forma, o Magdalenas deu uma guinada, e talvez hoje a questão política esteja mais clara; talvez tenhamos as duas coisas juntas, porque temos uma arte política contundente, com uma presença forte nas ruas, tanto com o performático quanto com as peças do teatro-fórum.

> Para mim o político foi como um "Ah, você estava aqui! Te encontrei!". Foi uma grande descoberta de todo o processo que eu vinha fazendo com a minha história como mulher, me comparando com outras mulheres [...]. Quando apareceu a política em Magdalenas, senti que era essa a parte que me faltava. E senti que nunca ia retroceder, mas hoje isso me gera muita angústia, porque posso ter um olhar muito mais amplo sobre a humanidade, o global, e provoca muita dor e muita angústia no corpo não saber como e de que maneira Magdalenas ou todas as mulheres do mundo farão para que essas opressões acabem. Para mim foi fundamental continuar em Magdalenas quando começamos a nos pensar nesse lugar.

No contexto da Greve Mundial das Mulheres e da marcha de 8 de março de 2017, compartilhamos uma intervenção nas ruas em articulação com a Coordinadora de Feminismos, expressando algumas das opressões que percebemos e o seu tratamento pelos meios de comunicação, especificamente pela mídia impressa. No processo de criação, nos lançamos à procura das notícias que mais nos indignaram nos últimos anos e utilizamos algumas ferramentas do teatro-jornal[b] para transformá-las em demanda por meio da arte. Isso, de alguma maneira, nos permitiu vinculá-lo a outro tipo de violência simbólica vivenciada na nossa infância por meio de canções e jogos infantis. As principais temáticas que surgiram foram: a censura moral às mulheres que abortam, a culpabilização das adolescentes vítimas de exploração sexual e a invisibilização da violência vivenciada pelas mulheres na rua. São nessas e em outras ações que aparecem a ideia de corpos políticos e o questionamento dessa divisão entre o pessoal e o político.

Algumas de nós associam o político com o fato de pensarmos como um coletivo, em busca de alianças, questionando se somos ou não feministas.

> Gosto de pensar que somos corpos políticos porque acho que é muito importante isso de politizar. E penso que, nessa discussão coletiva sobre se somos ou não feministas enquanto coletivo, devemos politizar ainda mais a ferramenta, mas com base no feminismo. Sinto que com muitas de vocês a experiência do 8 de março deste ano [2017] foi vibrante. Não consegui largar essa emoção de colocar o corpo, de sentir vibrar, bater, pulsar em um 8M histórico e sentir essse corpo como uma ferramenta de luta ao colocá-lo nas ruas em uma mobilização.

Tomamos o tempo necessário para discordar. Assim, surge a ideia de que o político jamais esteve ausente, mas que estamos entendendo essa dimensão de diferentes maneiras.

b O teatro-jornal é a mais antiga das técnicas do método do Teatro do Oprimido, criada nos anos 1970, no contexto da ditadura militar brasileira. Utilizando-se de notícias de jornal e por meio de uma proposta estética e da denúncia, o texto dramático aborda uma temática tratada pelos meios de comunicação de forma rasa ou equivocada.

Entendo a política como qualquer ato que você realiza, no qual você expressa a sua opinião e visão sobre algo que está acontecendo. E isso está claríssimo na matriz do Teatro do Oprimido de Boal quando se comenta: "Eu me sustento como cidadão quando estou fazendo algo em referência ao que está acontecendo comigo". O que fizemos com o nosso corpo em momentos anteriores foi totalmente político, porque significa buscar e encontrar a si mesma.

Assim, nos desafiamos nessa tentativa de nos distanciarmos do discurso político sem uma transformação de nós mesmas.

Se, em algumas comunidades, você parte do discurso político — e isso não quer dizer que ele não esteja presente —, você já impõe uma barreira. Porque existe algo a ser desconstruído primeiro, que é encontrar a sua voz. Se você não encontrar a sua voz, não vai saber o que dizer, ou seja, nós agora temos esse discurso porque encontramos o que tem dentro de nós e o que é preciso ser dito, encontramos onde podíamos unir as nossas vozes, mas tudo foi político, desde o começo é político.

Ao mesmo tempo, colocamos sobre a mesa decisões profundamente políticas que levaram tempo para serem discutidas coletivamente.

Quando falo sobre "o político", me refiro a questionar como nos reconhecemos, nos definimos ou nos questionamos no momento em que somos convidadas pelas várias instituições, organizações. E como eu dizia, fiz toda uma exploração de mim mesma, espelhando-me em outras mulheres para depois chegar mais próxima do questionamento.

Hoje eu posso ver que talvez a minha ênfase em trabalhar mais "o político", a necessidade de que isso estivesse mais presente no coletivo, pode ter sido impulsionada por certo bloqueio. Me dava e ainda me dá medo, porque, se trabalho com o corpo, vão surgir violências que eu não lembro, mas que estão aí. Vão sair coisas que talvez eu não esteja pronta para trabalhar. Isso explica minha ênfase "para o exterior". A minha pressa não era tanto para que o coletivo se pronunciasse como feminista, mas para questionar coisas, como quais convites aceitávamos e quais não? Com quem articulamos e com quem não?

Voltamos ao velho lema "o pessoal é político" nessa trama de pensamento circular, tentando não deixar escapar nenhuma discordância, visando aos acordos, respeitando os tempos e processos de cada uma. Vamos concluindo que o político se manifesta também na revisão de cada uma sobre a própria vida, problematizando a educação familiar, a alimentação, a reprodução ou a ruptura com uma cultura patriarcal.

Isso do pessoal é político para mim também foi algo que me fez lançar o olhar para fora e perceber que a maneira como me levanto e me movo no mundo é a minha política. E para me tornar militante da minha própria vida, ser protagonista. E muitas vezes é difícil ser protagonista da minha própria vida.

Talvez eu não fale muito bem, não seja tão estudada nem tenha tanta teoria, mas o que aprendi é o que tenho de implementar em mim. Eu não sei se eu chegarei a ser essa mulher completa e não sei se algum dia serei feminista. Mas sei que, se quero mudar as coisas, tenho de começar pela minha casa. E tenho de começar pelos meus filhos, para que eles repliquem esses ensinamentos, para que a minha filha seja uma mulher livre, sem condicionamentos, e que ela possa estar onde desejar, sem que ninguém lhe diga o contrário. E que o meu filho saiba que a tolerância é a primeira coisa, que saiba que ele é homem, que o outro deve ser respeitado e que principalmente as mulheres devem ser respeitadas. Eu sei o que quero ensinar para eles, não sei se neste caminho poderão entender. Acho que estou tentando contribuir com um grão de areia por meio de algumas atitudes que tomo com relação a eles.

Ficam assim manifestadas as discordâncias, leituras diversas sobre a política dentro do coletivo, e que respondem a necessidades, urgências e processos distintos. Manifestam-se também os acordos ao processar as discordâncias — lembrando que, paralelamente à necessidade de politizar o nosso atuar com outras, outres e outros, é imprescindível a politização da nossa vida cotidiana. E é importante nos reconhecermos como protagonistas das nossas próprias vidas, de nos revisarmos, nos desconstruirmos e nos reconstruirmos cada uma e, fundamentalmente, juntas.

CIRCULARIDADE SORORA

Nas páginas anteriores, descrevemos a nossa necessidade de olhar para dentro, de embarcar em um processo criativo que colocasse o nosso corpo no centro. Esse processo também nos levou a olhar para o interior do nosso grupo. A primeira multiplicação do Laboratório Magdalenas, em 2012, resultou na formação de um grupo no qual existiam papéis diferenciados: mediadora das oficinas (Coringa) e participantes. Os movimentos internos do grupo, partidas e novas integrações, a autoformação em feminismo e o intercâmbio com outros coletivos feministas do Uruguai fizeram com que o nosso coletivo processasse as diversas mudanças na sua estrutura e funcionamento, passando do grupo que é organizado e facilitado por uma Coringa/mediadora das oficinas para um coletivo no qual o que acontece no tempo-espaço do nosso encontro é de responsabilidade de todas.

Para isso, tivemos que desaprender as formas patriarcais de organização, participação e direção, os tempos de diálogo e escuta, o processo de tomada de decisão, a disposição dos nossos corpos no espaço. Em vez de nos encontrarmos no desenho linear proposto pela horizontalidade, preferimos nos encontrar no que denominamos circularidade sorora. Nesse projeto político-metodológico-organizativo não existe em cima, embaixo, lados ou margens. Cada uma de nós é uma parte fundamental desse círculo e juntas criamos novos vínculos, redes de cuidado e estratégias para resistir ao patriarcado.

Com base nas conceitualizações de Marcela Lagarde (1997) sobre a sororidade, entendemos a circularidade sorora como a única forma possível de ser-estar, além de nos encontrarmos e nos organizarmos. Essa circularidade sorora também nos convoca a mergulhar na experiência de questionar nossas relações com outras mulheres e a criar novas formas de relacionamento. Manifesta-se no reconhecimento de uma na outra que faz parte de um caminho do individual ao coletivo. A única forma de nos encontrarmos é com as outras. É assim que uma das companheiras descreve:

> Para mim também foi uma aprendizagem colocar meu corpo junto ao de outras mulheres. O apoio e o abraço não são algo que eu faça com todo o mundo. Abraçar e olhar nos olhos não era uma prática da minha vida cotidiana, isso da força, isso do círculo. Para mim é uma cura, é libertador, me coloca em outro lugar, no meu vínculo com outras mulheres. E foi isso o que Magdalenas me deu nesse tempo. Penso em como colocamos nossos corpos nisso, essa forma de nos organizar também, que, de alguma maneira, questionamos. Esse movimento de trabalho de todas, colocar o corpo, mudar de lugar, desaprender certas formas que trazemos conosco. Receber e dar. Que deveria ser mais circular, porque a palavra não é horizontal, é circular, acho. E de nos acariciar e encontrar essa aproximação, o reconhecimento de um corpo que é igual ou diferente do meu [...]. Vejo mais como um apoio, como possibilidade de apoio, de encontrar afeto, carinho, amor, escuta.

A circularidade sorora não admite assimetrias: nela, cada uma ocupa o seu lugar, cada uma com suas potencialidades contribui ao coletivo, enriquecido pelas diversidades e diferenças. Tomamos emprestadas as palavras de Audre Lorde: "Sem comunidade não há libertação", uma declaração que nos lembra de que as mulheres nos ensinaram a ignorar as nossas diferenças ou vê-las como motivo de separação. "Em nosso mundo, dividir e conquistar deve se transformar em definir e empoderar" (Lorde, 1984, p. 92 [2019, p. 138]).

A circularidade sorora é poderosa, já que uma é o espelho da outra. Cada uma tece a trama dando seus próprios pontos para formar o tecido no qual nos apoiaremos se houver uma queda, ou com o qual nos aqueceremos se fizer frio. A circularidade sorora é poderosa porque cura, transforma, nutre. É amorosa, é um espaço de cuidado e de escuta. Trata-se de uma circularidade mágica, de companheiras, irmãs, amigas, bruxas e guerreiras. É uma forma de luta e resistência contra o capitalismo e o patriarcado heteronormativo.

A MODO DE CONCLUSÃO NESTE ENSAIO DE ESCRITURA CIRCULAR

Para escrever este texto, proporcionamos o tempo e o espaço para o encontro, reunimos as perguntas que queríamos compartilhar entre nós e com vocês. Concordamos em começar por nossas experiências desde o primeiro Laboratório Magdalenas. Ligamos o gravador, nos olhamos, nos escutamos, nos questionamos como coletivo, e, à medida que fomos avançando, com todos os acertos e erros, visualizamos diferenças, mas também acordos. Compartilhamos aqui os depoimentos da nossa trajetória por meio de e sobre nossos corpos. Identificamos as mudanças nesse processo de caminhar juntas ao nomear as opressões em nossas vivências e ao expressar os nossos desejos e relatos. Além disso, nos aproximamos pela forma como nos entregamos para nos apropriar das nossas histórias e, principalmente, dos nossos corpos.

REFERÊNCIAS

BOAL, Augusto. *La estética del oprimido*. Trad. Joana Castells Savall. Barcelona: Alba, 2012. [Ed. bras.: *A estética do oprimido: reflexões sobre o pensamento do ponto de vista estético e não científico*. Rio de Janeiro: Garamond/Funarte, 2009.]

LAGARDE, Marcela. *La política de las mujeres*. Madri: Cátedra, 1997.

LORDE, Audre. *La hermana, la extranjera: artículos y conferencias*. Trad. María Corniero Fernández. Madri: Horas y Horas, 1984. [Ed. bras.: *Irmã outsider: ensaios e conferências*. Trad. Stephanie Borges. Belo Horizonte: Autêntica, 2019.]

SANTOS, Bárbara & VANNUCCI, Alessandra. "Laboratorio Magdalena —Teatro de las oprimidas", 19 ago. 2010. Disponível em: http://kuringa-barbarasantos.blogspot.com.uy/2010/08/laboratorio-magdalena-teatro-de-las.html.

10

CHEGAR, SENTIR E SE ENGAJAR: REFLEXÕES SOBRE UMA PESQUISA DAS EMOÇÕES

Jonatan Rodas

TRADUÇÃO Joana Emmerick Seabra

INTRODUÇÃO

O interesse pelas emoções parece uma ideia tão atraente quanto disparatada, mas tem aumentado em razão de sua importância nos diferentes âmbitos da vida, de modo que se debruçar analiticamente sobre elas pode, por vezes, impressionar. No entanto, outra coisa acontece quando se pensa melhor a respeito do assunto; começam a surgir perguntas que diluem esse encanto inicial: que emoções são essas? De quem e em relação a que ou a quem? Quem as diz e para quê? Quem as escuta e o que fazem com elas depois de terem sido ouvidas? Inquietações como essas têm atravessado minha pesquisa de doutorado.[1]

Neste texto, gostaria de compartilhar algumas das inquietações que perguntas como essas geraram em relação a meu posicionamento

1 O projeto de pesquisa focaliza o papel das emoções na articulação das práticas de resistência de um grupo de moradores de dois municípios do departamento da Guatemala, no país de mesmo nome; ver Rodas (2019).

perante a realidade da qual me aproximei para fins de pesquisa, principalmente porque o meu foco de atenção exigiu que eu passasse do interesse *sobre* as emoções para uma postura *com base* nas emoções. Partilho aqui alguns episódios de minha própria experiência com o Movimiento de La Puya para enfatizar pontos de discussão mobilizados por uma pesquisa que passa a considerar as próprias formas de sentir. O argumento que procuro sustentar é que um movimento dessa natureza requer transitar da postura metodológica da observação participante para uma abertura à postura de *engajamento* como caminho mais próximo da experiência dos sujeitos. Nesse sentido, cada pessoa deve se assumir e se posicionar de acordo com suas próprias circunstâncias.

AS PRIMEIRAS PERGUNTAS

A política econômica promovida na Guatemala nos anos posteriores à assinatura dos Acordos de Paz, em 1996, gerou uma revitalização das lutas sociais no país, que tinham diminuído desde 1980 (Figueroa Ibarra, 2006; Yagenova & Veliz, 2011). No entanto, essa revitalização não tem as mesmas características de épocas anteriores: as mobilizações de resistência ao modelo econômico atual, que inclui a promoção da indústria extrativista, caracterizam-se pelo protagonismo do *sujeito comunitário*, isto é, povos indígenas e comunidades camponesas articuladas sob o lema da *defesa do território* (Yagenova & García, 2009). Além disso, mais do que agir em oposição ao Estado, como o fariam organizações clássicas de base camponesa ou indígena em outro momento, essa resistência comunitária opera segundo a lógica de obrigar o aparato estatal a cumprir com os seus deveres de proteção dos recursos naturais perante os interesses particulares das empresas (Bastos & De León, 2014). Parte dessas novas formas de luta tem se deslocado para o campo jurídico, de modo que as comunidades não buscam apenas que os órgãos de justiça decidam em favor de suas demandas, dadas as irregularidades jurídico-legais que frequentemente permeiam a promoção dos projetos mineradores: essas comunidades também se veem impelidas a medir forças com o Estado e com as empresas devido à criminalização sofrida por vários de seus integrantes. Trata-se, portanto, de uma situação antagônica em que estão em jogo discursos e significados distintos na disputa por uma definição da realidade, da qual dependerá o sucesso das lutas.

Em 2012, veio a público uma organização de moradores de vários vilarejos dos municípios de San José del Golfo e San Pedro Ayampuc, localizados no departamento da Guatemala, que se manifestou contra a imposição de um projeto minerador em seu território. O grupo ficou conhecido como o Movimiento de Resistencia Pacífica de La Puya, e uma de suas características fundamentais era o interesse em promover uma resistência pacífica, ou seja, uma estratégia para não ceder às provocações das forças de segurança do Estado e da empresa mineradora. Mas, além disso, sua luta se tornou mais notória com as manifestações de fé e de espiritualidade que acompanhavam suas formas de ação, principalmente por parte das mulheres. Assim, o grupo foi rapidamente identificado como uma resistência exemplar. Este último aspecto foi o que chamou a minha atenção e me levou a analisar aquela experiência.

Em julho de 2016, por ocasião de uma coletiva de imprensa dada pelo movimento num conhecido café da cidade da Guatemala, me reencontrei com Dani, uma amiga religiosa que havia conhecido anos antes. Ela me contou que acompanhava as ações do grupo, e eu contei a ela sobre o meu interesse em me aproximar do movimento para fins de pesquisa. Tive a oportunidade, então, de apresentar o meu projeto a um dos membros mais conhecidos do La Puya. O encontro com ele foi simples e sem sobressaltos; não passou de uma troca de ideias e de poucas informações. Contudo, descobri na ocasião que foi por meio de La Puya que eles conseguiram as primeiras informações sobre a instalação do projeto de mineração e as suas consequências para o meio ambiente e para a vida dos moradores do lugar. Meses depois, entrei novamente em contato com Dani para marcar uma nova reunião, dessa vez com o "grupo dirigente" do movimento; até então, não sabia que tal estrutura de direção não existia no La Puya. Desse modo, a reunião não foi exatamente o que eu esperava.

Eu já estava uma hora atrasado quando cheguei à casa de Dani, situada num vilarejo do município de San Pedro Ayampuc. Um caminhão havia tentado fazer o retorno na estrada estreita e sinuosa que levava ao vilarejo, provocando um caos. Eu estava nervoso, pois pensava que minha falta de pontualidade não era uma boa carta de apresentação ao grupo. Em minha experiência com comunidades no Noroeste do Altiplano [Planalto] da Guatemala, aprendi que, quando uma assembleia comunitária abre espaço a visitantes externos, é necessário observar as condições estabelecidas pela comunidade. Também é verdade (e isto eu tinha esquecido completamente) que em muitas comunidades o tempo corre de maneira inversa à vida atribulada das cidades, e que muitas vezes é necessário esperar muito tempo até que a questão em discussão seja elucidada. Para minha sorte, as pessoas convocadas para esse dia também haviam ficado presas no trânsito.

Esses detalhes não pretendem ser meramente anedóticos. Pelo contrário, tentam informar as condições emocionais que vão moldando o trabalho de campo e a pesquisa em geral. No meu caso particular, aqueles primeiros momentos foram vivenciados com ansiedade, pois eu conhecia muito bem as críticas que muitas comunidades organizadas têm aos acadêmicos e pesquisadores na atualidade: as pessoas os veem com certa desconfiança porque são tidos apenas como extratores de informação — uma percepção que é, em grande medida, justificada.

Finalmente, já na casa de Dani, nos encontramos com Miriam e Ana, duas integrantes do grupo. Eu me apresentei explicando sobre a minha jornada em organizações sociais e projetos de pesquisa, até chegar às razões pessoais que despertaram o interesse pelas emoções como tema e pelo Movimiento de Resistencia Pacífica de La Puya como "sujeito de pesquisa". Entretanto, como mencionei, falar sobre a vida emocional pode parecer fascinante, mas também é problemático. Isso ficou evidente para mim quando terminei de falar e Miriam pediu a palavra para me dizer, entre outras coisas, que "não vamos te falar nada sobre as emoções". Os motivos de sua argumentação foram bastante fortes: (i) muitas das pessoas do grupo ainda se ressentiam com os efeitos das agressões sofridas nos vários episódios em que o Estado e a empresa haviam tentado entrar na mina, além de outras formas de agressão vivenciadas individualmente: difamações, calúnias, agressão física, entre outras, de modo que o tema poderia abrir feridas que eu, no meu papel de pesquisador, não estava preparado para curar; (ii) falar de seus estados de espírito ou dos sentimentos que vivenciavam podia ser contraproducente para a ação do grupo, pois também corriam o risco de que sua publicização fosse usada contra o próprio movimento; (iii) a solicitação da pesquisa era um tanto ousada e estranha: envolvia a privacidade das pessoas, algo que não poderia ser feito com qualquer um sem que houvesse um vínculo prévio.

Embora compreendesse e partilhasse daquelas inquietações, uma preocupação me tomou naquele momento: o que seria da pesquisa se o seu foco principal não fosse possível? Dani interveio para salientar que muitas pessoas dentro do grupo precisavam falar sobre os seus sentimentos e que fazê-lo, de todo modo, significava falar de motivações pessoais, e não das estratégias do grupo. Mas Miriam interrompeu novamente e pontuou que, embora a minha busca fosse justa, falar das emoções significava correr o risco de cair nas mãos da empresa e mostrar as características do La Puya como grupo. Ela também acrescentou uma crítica ao papel que os acadêmicos têm tido na divulgação de informação errônea ou equivocada, de forma a prejudicar as lutas dos movimentos.

Terminada a reunião, voltei à capital com Ana e Miriam. Durante o trajeto, Miriam me surpreendeu novamente ao dizer que, sim, era possível falar da vida emocional das pessoas, mas que era preciso paciência, construir confiança e, acima de tudo, muito compromisso. Lembro-me de que, num tom mais cordial, ela me falou que não era possível pedir às pessoas que me falassem de algo tão importante como as suas emoções e depois deixá-las ali, com o assunto por terminar. A crítica que havia feito sobre a forma de aproximação dos acadêmicos e em relação ao uso da informação que obtinham, como mais tarde pude compreender, não se dirigia ao meu trabalho em particular, mas a uma forma de fazer pesquisa que o grupo já tinha vivenciado. Apesar das manifestações de empenho e da boa vontade dos que chegavam, eles continuavam reproduzindo práticas pouco éticas e baseadas na dicotomia pesquisador-pesquisado.

Tratando-se de um assunto tão íntimo como a vida emocional das pessoas, essas críticas assumiram outras dimensões. Durante a preparação do projeto de pesquisa, notei algo que já havia sido advertido por estudiosas desse campo: na evolução do estudo das emoções dentro das ciências sociais, tem havido uma proeminência de desenvolvimentos teóricos em detrimento da pesquisa empírica e das metodologias e técnicas de indagação idôneas (Ariza, 2016). Além dos desafios teóricos e metodológicos que eu já conhecia, o que Miriam me disse levantaria novas questões de ordem ética e política que eu não tinha considerado até então. Assim, me percebi diante de uma nova pergunta: como é possível realizar uma pesquisa direcionada à relevância dos aspectos afetivos na sustentação de uma luta de resistência sem, ao mesmo tempo, violar a integridade dos participantes?

Minha perplexidade inicial foi diminuindo quando compreendi o que Miriam disse: a dificuldade de se falar sobre as próprias emoções não representava um impedimento total aos meus propósitos, mas me levava a considerar, desde o início, as implicações que as minhas indagações poderiam ter, fosse para os integrantes da resistência, fosse para seu trabalho em conjunto. Miriam havia sinalizado que era necessário sempre considerar o que se escreve e quem lerá o que se escreve. Parece-me que não se tratava apenas de uma questão de negociação das interpretações da realidade, mas de uma preocupação com as pessoas do movimento, uma forma de autocuidado, como disseram.

Aquele primeiro encontro havia me deixado preocupado com a prática de trabalho da pesquisa social, ou, nos termos como ressoavam na minha cabeça: "para que serve tudo isso?". Com o passar do tempo, considerei que uma questão de tal natureza nos ajuda a pensar em pelo menos duas coisas. Em primeiro lugar, qual o papel da pesquisa social diante dos processos sociais e políticos de nossos países hoje em dia? Não é um tema simples nem pode ser esgotado numa reflexão individual, mas as críticas e as demandas feitas aos trabalhos de campo indicam a urgência de continuar aprofundando a relação entre a academia e a sociedade. Em segundo lugar, os usos sociais da ciência nos levam, inevitavelmente, a repensar as já tradicionais aproximações metodológicas que geralmente não vão além do uso da entrevista e da observação participante como técnicas básicas de coleta de informação, ainda que boas intenções sejam mais ou menos declaradas. Foi esse último ponto que me fez repensar a forma como estava tentando dar conta da experiência emocional das pessoas, tal como apresento em seguida.

OS PRIMEIROS *SENTIRES*

Depois do encontro com Dani, Ana e Miriam, segui a recomendação de conhecer as pessoas que participavam dos turnos de vigilância do movimento. Quando o plantão teve início, em 2012, moradoras e moradores de vários vilarejos se organizaram em grupos que vigiavam a entrada da mina, a fim de evitar que a empresa retomasse as atividades que haviam sido iniciadas sem consultar a população. Os turnos começavam às cinco da tarde de um dia e se estendiam até às cinco da tarde do dia seguinte, num ciclo contínuo de seis dias.

Na primeira vez que cheguei à resistência, encontrei-me com o turno do vilarejo El Guapinol. Em sua maioria, era composto por mulheres que conversavam muito tranquilamente ao redor de uma mesa localizada na cozinha da resistência. Aproximei-me delas para me apresentar e informá-las de meus propósitos e da intenção de permanecer ali pelo resto do dia. Isso não pareceu incomodá-las, e após minha apresentação a vida seguiu seu ritmo cotidiano. Passei uma boa parte da tarde sentado no mesmo lugar onde me deixaram após me oferecerem um prato de comida. Elas se moviam de um lugar a outro, alternando-se em pequenos grupos nos quais conversavam sobre qualquer coisa. Eventualmente trocamos algumas palavras e falei um pouco mais sobre o que gostaria de fazer, sem obter nenhum retorno. Em alguns momentos, cheguei a pensar (ou a me consolar!) que o fato de elas não se oporem à minha presença e de se dedicarem aos seus assuntos cotidianos me colocava numa posição privilegiada para observar quanto quisesse. E foi o que aconteceu em outras ocasiões, em outros turnos. Eu podia escrever e gravar o que desejasse, mas outra coisa acontecia dentro de mim quando pegava o ônibus de volta à capital e sentia que não estava acontecendo nada, que eu não estava entendendo nada. No pior dos casos, cheguei a considerar que essa temática de "analisar emoções" era apenas um capricho pós-moderno meu. Em alguns momentos, discutia com Miriam em minha cabeça, concordando com ela e respondendo a mim mesmo que, para a tranquilidade de todos, não havia nada a ler sobre o tema, porque eu não estava escrevendo nada. Estava furioso.

Felizmente, reconhecer a própria experiência emocional tem efeitos terapêuticos e, agora, também efeitos metodológicos. Reconhecer que me sentia frustrado, irritado e perdido em relação a meu projeto foi o ponto de partida para reconsiderá-lo. Se meu interesse ia além do estudo das emoções na política, abarcando a política das emoções, isso não poderia ocorrer senão por uma mudança de postura, do estudo *das* emoções ao estudo *com base nas* emoções. Mas, como fazê-lo?

Um dos avanços no estudo das emoções nas ciências sociais é considerar que elas não correspondem unicamente a estados de ânimo de natureza interna e individual, mas também a formas de relacionamento. Essa primeira ideia serve para ir delineando alguma resposta à pergunta anterior. Tomar as emoções como forma de conhecimento pressupõe o envolvimento do pesquisador com a realidade. É justamente sobre essa questão que sinto a necessidade dizer algo sobre o método da observação participante.

De modo geral, o método da observação participante proposto por Bronislaw Malinowski, em sua conhecida obra *Os argonautas do Pacífico Ocidental* (1986 [2018]), se caracteriza pelo envolvimento do antropólogo na vida das pessoas, observando e participando, para que possa ter acesso à informação em primeira mão. Trata-se de um modelo etnográfico de muito sucesso não apenas na antropologia mas também em outras disciplinas das ciências sociais. A postura metodológica da observação participante pode ser resumida como *estar lá*, de maneira que, ao conviver diariamente com as pessoas, é possível compreender suas lógicas de ação. Para mim, o estar lá não estava dando os resultados esperados: eu já tinha visitado a resistência durante muitos dias e não deixava de ser "aquele que estava fazendo um estudo", que se sentava para comer e presenciar a vida cotidiana com aquela sensação de que não estava compreendendo algo. Entretanto, foi necessário lembrar que um dos princípios básicos do trabalho etnográfico proposto por Malinowski é de que se trata menos de uma questão de prescrições concretas do que de se colocar em uma posição na qual se possa ter determinado tipo de experiência (Stocking Jr., 1993). Tentarei mostrar como isso me levou a pensar que, na pesquisa sobre a experiência emocional, é necessária uma postura de *engajamento* e tudo o que isso implica. Proponho dois exemplos para começar.

Nas conversas que tive nos primeiros dias em que visitei a resistência, alguns dos integrantes se interessaram em saber detalhes sobre as minhas condições econômicas. Ainda que pudesse haver curiosidade sobre os motivos e condições do meu trabalho, o que e como seria desenvolvido parecia estar relativamente evidente: como muitos outros antes de mim, eu chegava para fazer meu estudo da universidade. Mas o quesito econômico, ou seja, a remuneração que recebia para fazer aquele trabalho, era motivo de perguntas um tanto quanto tímidas. As minhas respostas, para além de evasivas, também eram tímidas. Conforme fui conhecendo pormenores da experiência, pude notar que a pergunta tinha como fundo um incômodo gerado, em determinado momento, pela chegada de "pesquisadores que só vinham para extrair informação", mas que obtinham bons lucros com o trabalho que faziam sobre eles. Eu tentava não adentrar aquela discussão, não queria justificar ou condenar as ações de outros pesquisadores, sobretudo porque naquele momento eu não tinha elementos suficientes para opinar a respeito. Mas o que tive de compreender foi que era melhor começar a falar com sinceridade se o que me importava era estabelecer laços de confiança. Então, em uma ocasião, ao conversar com um deles e diante da insistência da pergunta, expus a minha preocupação e, ao mesmo tempo, expliquei as condições econômicas de minha pesquisa. Foi um alívio, pois, ao fazer isso, pude compreender que a comparação com as condições econômicas de outros pesquisadores me incomodava, especialmente porque as minhas não eram as melhores naquela altura.

Em outra ocasião, conversava com um grupo de mulheres sobre religião. Todas elas eram praticantes fervorosas do catolicismo, e, enquanto eu perguntava sobre suas experiências, uma delas me perguntou com o tom firme e direto que as caracteriza: "E você, o que pensa de tudo isso? Acredita ou não em Deus?". Assim como as perguntas sobre a minha condição econômica, estas também tinham um antecedente baseado no conhecimento de que muitos ativistas que se aproximaram delas, desde os primeiros dias de sua luta, não professavam nenhuma religião e participavam de seus atos religiosos de forma respeitosa, mas não os seguiam. Eu sentia que tinha dois caminhos: mentir e tentar ficar bem com elas, dizendo que acreditava em Deus, ou dizer a verdade. Optei pelo segundo, a despeito do medo de sofrer algum bloqueio no assunto sobre o qual conversávamos até esse momento. Fui repreendido por minha falta de fé, mas a sinceridade atuou como um gesto de confiança a ponto de terem me levado à igreja paroquial para ver a imagem da Virgem padroeira da localidade logo na primeira visita que fiz ao vilarejo ao qual pertenciam. Senti que tinha de dizer algo a elas, fazer algo e, por isso, me ajoelhei e agradeci pela oportunidade de estar lá. Não me custou muito — em outros tempos eu também professei o catolicismo e tudo o que me restava fazer era reconhecer que compreendia muito bem o sentido da fé.

E SE SENTIR ENGAJADO

Como mencionei, a observação participante ainda é a postura metodológica por excelência na pesquisa social. As técnicas podem variar (entrevistas, grupos focais e apenas *estar lá*), mas a premissa é sempre a mesma: compreender a realidade do ponto de vista daqueles que a vivem.

Minha ideia de *engajamento* tenta problematizar esse modelo, mas coincide com o que foi pontuado sobre o método etnográfico ser mais sobre a possibilidade de se ter certo tipo de experiência do que sobre a observância de determinado esquema.

Tomei emprestada a noção de engajamento de uma análise proposta por Axel Honneth sobre os projetos filosóficos de Martin Heidegger e de György Lukács em relação à reificação da realidade e do esquema sujeito-objeto. O ponto que me interessa ressaltar na obra desses filósofos é a *prática do engajamento* entendida como um vínculo com a realidade. Também é resultante de um interesse existencial, e não apenas de interesses cognitivos. Lukács, particularmente, considerava que estabelecer uma relação sem que isso pressuponha um grau de engajamento por parte de um sujeito cognitivo não faz mais do que *reificar* a realidade, ou seja, tomá-la como uma coisa. Ele concebia a reificação da seguinte forma: "[o] hábito ou o costume de uma conduta meramente observadora, de cuja perspectiva o entorno natural, o entorno social e os próprios potenciais da personalidade são concebidos de maneira indolente e desapaixonada como algo que tem a qualidade de uma coisa" (Honneth, 2007, p. 30).

Uma vez que a reificação constitui uma postura perante o mundo e uma postura que o compreende como uma coisa, o engajamento pode ser pensado como ato que desfaz essa distinção por meio do envolvimento existencial. Isso não significa apenas uma postura participativa na vida dos outros, e sim uma postura de reconhecimento de si mesmo naquele mundo, em suas próprias circunstâncias. Era a isso que me referia ao mostrar as emoções e os sentimentos que experimentei, as contas que prestei sobre mim mesmo em vários momentos do trabalho. Essa experimentação de meus próprios sentimentos me levou a reconhecer que eu não era o pesquisador sóbrio e racional para quem todo acontecimento era objeto de análise: eu era mais uma pessoa que se incomodava com certas coisas e se atraía por tantas outras. Isso pode parecer contraditório, considerando as inúmeras orientações que recebemos para nos distanciarmos do nosso "objeto de estudo" antes de irmos a campo. Para mim, não se trata de "tornar-se nativo": em várias ocasiões, tentei deixar claro que não pretendia me assumir um integrante da resistência ou um observador privilegiado que compreendia mais do que outras ou outros puderam compreender. Minha ideia de engajamento pressupõe, como Honneth (2007, p. 75), não propor uma postura como sujeito epistêmico, mas como sujeito existencialmente envolvido. Tal envolvimento existencial, ainda que inscrito em uma ação investigativa, é um deslocamento ontológico que nos ajuda a romper com a relação objetivadora que nós, como tradicionais sujeitos epistêmicos racionais, estabelecemos com as pessoas e o seu mundo. É deixar-se afetar.

REFERÊNCIAS

ARIZA, Marina. "La sociología de las emociones como plataforma para la investigación social". *In*: ARIZA, Marina (org.). *Emociones, afectos y sociología: diálogos desde la investigación social y la interdisciplina*. Cidade do México: Unam, 2016, p. 7-36.

BASTOS, Santiago & DE LEÓN, Quimy. *Dinámicas de despojo y resistencia en Guatemala: comunidades, Estado y empresas*. Guatemala: Serviprensa, 2014.

FIGUEROA IBARRA, Carlos. "Protesta popular y cooptación de masas en Guatemala". *In*: CAETANO, Gerardo (org.). *Sujetos sociales y nuevas formas de protesta en la historia reciente de América Latina*. Buenos Aires: Clacso, 2006, p. 143-70.

HONNETH, Axel. *Reificación: un estudio en la teoría del reconocimiento*. Trad. Graciela Calderón. Buenos Aires: Katz, 2007. [Ed. bras.: *Reificação: um estudo de teoria do reconhecimento*. Trad. Rúrion Melo. São Paulo: Editora Unesp, 2018.]

MALINOWSKI, Bronislaw. *Los argonautas del Pacífico Occidental*. Trad. Antonio J. Desmonts. Barcelona: Editorial Planeta, 1986. [Ed. bras.: *Argonautas do Pacífico Ocidental*. Trad. Anton P. Carr e Ligia Cardieri. São Paulo: Ubu, 2018.]

RODAS, Jonatan. *La política afectiva de la resistencia: un estudio etnográfico sobre la experiencia del Movimiento de Resistencia Pacífica de La Puya, en Guatemala*. Tese de doutorado, Chiapas, Centro de Investigaciones y Estudios Superiores em Antropología Social, 2019.

STOCKING JR., George W. "La magia del etnógrafo: el trabajo de campo en la antropología británica desde Tylor a Malinowski". *In*: DÍAZ DE RADA, Angel; VELASCO MAILLA, Honorio Manuel & GARCÍA CASTAÑO, Francisco Javier (org.). *Lecturas de antropología para educadores: el ámbito de la antropología de la educación y de la etnografía escolar*. Madri: Trotta, 1993, p. 43-93.

YAGENOVA, Simona Violeta & GARCÍA, Rocío. "Guatemala: el pueblo de Sipakapa versus la empresa minera Goldcorp", *Osal*, v. 25, p. 65-77, 2009.

YAGENOVA, Simona Violeta & VELIZ, Rodrigo. "Guatemala: una década de transición". *In*: REBON, Julían & MODONESI, Massimo (org.). *Una década en movimiento: luchas populares en América Latina en el amanecer del siglo XXI*. Buenos Aires: Clacso/Prometeo, 2011, p. 255-74.

11

METODOLOGIAS VIVAS MESOAMERICANAS: O CORPO, A TERRA E OS FEMINISMOS

Elvira Cuadra Lira
Mauricio Arellano Nucamendi
Rosa H. G. Govela Gutiérrez
TRADUÇÃO Sislene Costa da Silva

Em memória de Rosi, que nos deixou sua experiência,
seu conhecimento e seu feminismo rural.

A escrita deste texto foi um grande desafio devido às distâncias que separam nossas regiões e países: o sudeste da Nicarágua e o centro do México. Entretanto, uma vez acordados os tópicos, escrevemos com base em nossas experiências, num esforço para apresentá-las de forma compreensível e resumida, estabelecendo nossos pontos em comum: o compromisso feminista em relação à terra, aos territórios e ao corpo das mulheres, além da ação delas diante da realidade patriarcal, colonial e capitalista. Em seguida, lemos nossos trabalhos mutuamente e dialogamos (por via eletrônica) para formular as conclusões.

Mediada por processos reflexivos e da sistematização de experiências, neste artigo Elvira nos apresenta a vivência que as mulheres da organização Xochilt Acalt vêm construindo há três décadas em Malpaisillo, na Nicarágua. Mauricio, com base em seu trabalho no Centro de Estudios Superiores de México y Centroamérica da Universidad de Ciencias y Artes de Chiapas (Cesmeca-Unicach), em colaboração com o Centro de Direitos da Mulher de Chiapas (CDMCh), compartilha as lutas das mulheres indígenas e camponesas pelo direito à terra nos *ejidos* e nas comunidades chiapanecas. Por fim, Rosa apresenta sua experiência com mulheres defensoras de seus territórios, em um processo de mais de trinta anos de trabalho feminista rural.

Esperamos contribuir para a reflexão sobre as metodologias de acompanhamento das mulheres camponesas e indígenas, repensando(-nos) por meio do questionamento das relações patriarcais e capitalistas que buscam dominar nossos corpos e territórios, considerando também nossas próprias vivências e as dos sujeitos que nos interpelam.

O CORPO, A TERRA E O FEMINISMO: A EXPERIÊNCIA DAS MULHERES DE XOCHILT ACALT

Em 2001, a organização de mulheres rurais do Centro Xochilt Acalt, em Malpaisillo, no ocidente da Nicarágua, se aproximou do Centro de Investigaciones de la Comunicación (Cinco), onde eu trabalhava, e nos pediu para sistematizar as experiências de seu processo de empoderamento. Embora eu tivesse uma relação bastante próxima com as líderes do movimento feminista do país, nunca havia mediado esse tipo de processo. Aceitei o desafio, ao lado de minha colega Sofia Montenegro, o que significou um processo contínuo e enriquecedor de questionamento e de busca, pelo qual, com base em nossa própria realidade e na realidade das mulheres, chegávamos à teoria e vice-versa. Isso nos permitiu compreender que muito do que nós e elas vivenciávamos não se encontrava nos livros. Desse processo nasceu uma perspectiva de análise para o empoderamento das mulheres rurais que tivemos a oportunidade de vivenciar e melhorar mais tarde como pesquisadoras, sistematizando a experiência de outras organizações de mulheres na Nicarágua.

Posteriormente, voltei a Malpaisillo para sistematizar outros processos derivados daquela primeira experiência de empoderamento, e, durante quase dezessete anos, vi de perto as mudanças que esse grupo de mulheres gerou em sua vida, na vida de seus familiares e em sua localidade, além das transformações nas esferas subjetiva, econômica, social e política. O caminho metodológico de sua experiência tem sido repleto de realizações e dificuldades, sem receitas, e elas construíram sua própria trajetória, um acúmulo de vivências e conhecimentos. Vale a pena compartilhar os aprendizados pessoais com outras mulheres que estão tentando mudar a vida, suas vidas.

Do corpo à terra

O Centro de Mujeres Xochilt Acalt nasceu há cerca de trinta anos, em uma parte do país que outrora havia sido uma grande área de mineração e de cultivo algodoeiro. Passado o boom do algodão, a localidade ficou empobrecida e os solos, danificados pelo uso excessivo de agrotóxicos e pela exploração da terra. As fontes de água eram escassas e muitas estavam poluídas. Por todo o município, as pessoas definhavam em altos níveis de pobreza e desemprego; as mulheres sofriam de doenças renais e de câncer do colo do útero; as crianças sofriam de desnutrição crônica. Além disso, as mulheres enfrentavam altos níveis de violência, especialmente por parte de seus companheiros. Diante dessa situação, um grupo de lideranças mulheres decidiu abrir uma clínica para tratar o câncer do colo do útero e oferecer atendimento ginecológico preventivo no município. Com os poucos recursos oriundos da cooperação, fundaram a clínica, começaram a atender a comunidade e a mediar oficinas sobre saúde sexual e reprodutiva. A clínica segue em funcionamento.

Mais tarde, por seus próprios meios, realizaram uma pesquisa para conhecer mais sobre a situação das mulheres. Entre os resultados, um dos aspectos mais críticos dizia respeito à segurança alimentar delas e de seus familiares, o que levou à fundação dos programas produtivos do Centro Xochilt Acalt, cuja característica, basicamente, são os cultivos dentro do quintal das propriedades familiares. As hortas deram lugar à criação de caprinos, e, em pouco tempo, as mulheres conseguiram garantir alimentação para si e para a família. Durante a sistematização, algumas expressaram que sair do espaço e das tarefas domésticas para cuidar do quintal lhes conferiu uma nova identidade e um novo sentido da importância e das potencialidades da terra, assim como de suas próprias potencialidades como sujeitas sociais.

A segunda etapa foi a melhoria do acesso hídrico por meio da construção de poços e bombas d'água. As mulheres se encarregaram de sua construção e instalação, e todas reconhecem que ter água potável perto de casa significou uma mudança de vida. A propriedade da terra foi a terceira e maior etapa para elas, pois consolidou um vínculo que começou com o cultivo de quintal e estabeleceu uma relação dialógica: a terra recebia os cuidados das mulheres e os retribuía com alimentos, ao passo que elas cresciam dia após dia, adquirindo novos conhecimentos e uma compreensão profunda sobre a sazonalidade e as condições da terra. Para as famílias e comunidades, foi difícil compreender que esse grupo de mulheres estava desafiando as adversidades e construindo uma nova proposta de vida. O processo de reconhecimento das capacidades e potencialidades das mulheres e da terra foi lento e, na maioria dos casos, uma disputa aberta entre elas e o resto do mundo. Uma das conquistas mais importantes veio quando, depois de muito esforço, as mulheres conseguiram que seus companheiros passassem a titularidade das terras para o nome delas. Foi um dos pontos de ruptura no sistema desigual de relações de poder que geralmente desapropria as mulheres da terra e introduz um novo elemento de mudança nas relações conjugais e de família.

O processo tem sido longo, e a maioria das participantes dos programas produtivos conseguiu garantir a alimentação da família, integrar o coletivo familiar nos trabalhos produtivos, e recuperar a fertilidade e a riqueza dos solos danificados pelo cultivo do algodão e pela superexploração. Os níveis de produção geram um excedente que elas comercializam no mercado local, de forma a contribuir para a segurança alimentar do município com produtos de qualidade e preço baixo.

Da terra à política

A proximidade com a terra permitiu às mulheres construir uma identidade e uma consciência de gênero. Aprenderam a se reconhecer e a entender que as condições individuais eram semelhantes para todo o grupo. Além disso, começaram a questionar suas condições de vida e o que podiam fazer para transformá-las. Encontraram dois caminhos: (i) promover a liderança e a participação política das mulheres com base no feminismo; e (ii) envolver-se ativamente nos assuntos públicos do município para exigir a sustentabilidade dos processos de desenvolvimento local e a proteção dos recursos naturais e das condições de vida das comunidades. Elas de fato se engajaram nos processos políticos de participação cidadã e decidiram concorrer a cargos representativos, tanto em suas comunidades quanto no município, o que levaria, mais tarde, ao surgimento de lideranças organizadas: a Organización Autónoma de Mujeres (OAM) e a Red de Jóvenas.

A OAM nasceu há cerca de dez anos. Suas origens remetem a uma escola de lideranças comunitárias na qual as mulheres perceberam a necessidade de ter o próprio espaço, estratégias e ações para reivindicar seus direitos. Elas criaram uma forma de organização nas comunidades onde havia mulheres dispostas a participar e decidiram separar suas atividades dos programas produtivos e sociais promovidos pelo Centro Xochilt Acalt. O impulso e a força da OAM colaboraram para que elas conseguissem reconhecimento em suas comunidades, no que se refere tanto a seus papéis como lideranças quanto à incorporação de suas próprias demandas e propostas em planos e iniciativas comunitárias. Também desenvolveram uma escola de formação feminista e ações de mobilização ligadas às bandeiras do movimento feminista na Nicarágua, a exemplo da descriminalização do aborto, da aprovação da Lei 779 para prevenir e punir a violência contra as mulheres, das mobilizações públicas contra a violência e da comemoração de datas importantes para o movimento. Uma das ações mais importantes da OAM, em conjunto com o Centro Xochilt Acalt, foi a criação de uma rede de mulheres defensoras contra a violência que oferece acompanhamento e auxílio a vítimas no contexto rural, desde a defesa física das mulheres durante episódios de agressão até a denúncia à polícia ou a outras instituições públicas. O Centro também oferece assistência médica e psicológica às vítimas.

A Red de Jóvenas, por sua vez, é composta majoritariamente por filhas e netas das fundadoras dos programas produtivos do Centro Xochilt Acalt ou da OAM. A proposta é promover a participação das jovens em espaços e processos de participação política, e tem explícita orientação feminista. Um de seus eixos principais de trabalho se relaciona aos direitos sexuais das mulheres, à prevenção da violência e ao empoderamento das jovens. Elas organizaram seus próprios espaços de reunião, formação, ação e intercâmbio com mulheres adultas. As ações desenvolvidas pelo Centro Xochilt Acalt e pela OAM possibilitaram a troca de conhecimentos intergeracional, de modo que é provável encontrar três gerações de mulheres da mesma família participando dessas organizações simultaneamente.

Outra dimensão da participação política das mulheres é o envolvimento nos assuntos públicos locais, tais como os processos eleitorais para cargos públicos nas esferas comunitária e municipal, e sua participação ativa na elaboração de orçamentos e planos de desenvolvimento local. No cerne de suas demandas e propostas, estão as condições e os direitos das mulheres e a sustentabilidade dos processos de desenvolvimento, ligados à preservação dos recursos naturais e à recuperação do solo. Nos últimos anos, elas têm sido muito ativas na preservação das fontes de água, novamente ameaçadas, agora pelo cultivo extensivo de amendoim e cana-de-açúcar. Elas também contribuíram para a formação de brigadas ou grupos nas comunidades para a preservação das florestas e o reflorestamento, além de terem se oposto firmemente à mineração em algumas das comunidades do município.

De volta ao corpo

Durante as sessões de trabalho de sistematização de experiências com as mulheres de Malpaisillo, há alguns meses, foi interessante ouvir as reflexões sobre os novos sentidos que elas atribuíam à sua existência. Nesse contexto, mudaram a maneira de se reconhecer e se redefinir individualmente como mulheres, camponesas e feministas, e passaram a se identificar e a se redefinir como sujeitas políticas, mulheres organizadas e protagonistas de sua própria transformação. Enquanto relatavam seus processos pessoais, ficou evidente que o corpo, antes restrito aos atributos físicos, dotou-se de uma dimensão subjetiva na qual novas identidades, consciências, saberes e habilidades se encontram imbricadas. Essa dimensão subjetiva do corpo as transcende como indivíduos e as constitui como sujeito coletivo por meio dos afetos, dos vínculos e da interação com outras mulheres e suas comunidades.

Essa nova concepção teve como eixo central a terra, o contato direto com o solo, a água e os outros seres vivos que a habitam. Há uma consciência de que isso não teria sido possível se não tivessem vivenciado a experiência de reaprender a cultivar e a cuidar da terra. O corpo é a terra, e a terra é a vida. Um processo de tal natureza e com a intensidade e a riqueza com que as mulheres Xochilt o experimentaram nos leva a pensar em uma epistemologia e em um posicionamento político-feminista. No fundo e sem a intenção de fazê-lo, construíram uma proposta alternativa de desenvolvimento e empoderamento para mulheres rurais segundo uma perspectiva feminista. As realizações pessoais e coletivas superaram todas as suas expectativas — e as de qualquer outra pessoa que tenha a oportunidade de conhecê-las. O processo ainda está em andamento e, como tantas outras experiências, constantemente enfrenta dificuldades e obstáculos, mas as Xochilt de Malpaisillo realmente querem mudar a vida.

O CORPO-TERRITÓRIO E AS LUTAS DAS MULHERES INDÍGENAS E CAMPONESAS PELA DEFESA DA TERRA EM *EJIDOS* E COMUNIDADES EM CHIAPAS

Nos anos seguintes à revolta armada de 1994 em Chiapas, o envio de forças contrainsurgentes para romper as bases sociais de apoio do Exército Zapatista de Libertação Nacional transformou as mulheres indígenas, suas famílias e seus territórios em alvos de guerra. Nesse contexto, em novembro de 1999, a indignação pela violência territorial devido a migrações forçadas, a violações sexuais cometidas por militares, ao massacre de Acteal pelos paramilitares em 1997, entre outros crimes de Estado, se materializou na cidade de San Cristóbal de Las Casas por meio da mobilização de mais de três mil mulheres indígenas e não indígenas no Grito das Mulheres Contra a Violência, a Impunidade e a Guerra em Chiapas. As diversas denúncias de violações dos direitos humanos e contra as mulheres visibilizaram a necessidade de um órgão civil que tratasse da violência de gênero com base no marco internacional de direitos humanos. Assim, em 2004, foi criado o Centro de Derechos de la Mujer de Chiapas (CDMCh), com o objetivo político de resguardar o direito das mulheres, prestando especial atenção às áreas indígenas da região e atuando na defesa de seus direitos individuais e coletivos.

As mulheres indígenas e camponesas ligadas ao CDMCh passaram a reivindicar participação na posse, uso e usufruto da terra, na tomada de decisões em seus *ejidos* e comunidades e a exigir o fim da violação de seus direitos pelas políticas neoliberais do Estado. Essas mesmas mulheres mencionavam que "a terra é a raiz de nossos direitos", "precisamos de uma campanha, porque como mulheres estamos destruídas pelos maus governos", "eu não tenho parte da terra, só os homens, só eles têm; mas eu também sofri, eu lutei por ela também".[1] Assim, o CDMCh vem desenhando e adaptando estratégias políticas contra toda forma patriarcal e capitalista de ver e viver a vida por meio de sua prática feminista *desde abajo y a la izquierda*, em um processo coletivo permanente de pesquisa, análise de estratégias e experimentação de mudanças. A ideia é favorecer o pleno exercício dos direitos das mulheres e de seus povos à terra e ao território, o que se ilustra em dois momentos:

i) a campanha Mujeres sin Tierra e sin Derechos Nunca Más (2006), estratégia que propôs a defesa do direito das mulheres e de seus povos à terra e ao território, centrada na rejeição de políticas privatistas da propriedade social (*ejidos* e comunidades) resultantes da imposição da reforma do artigo 27 da Constituição (1992). A reforma foi implementada com grande pressão sobre os *ejidatarios* de 1993 a 2006, por meio do Programa de Certificación de Derechos Agrarios (Procede) para o estabelecimento do regime de domínio pleno (o fim do *ejido*), decidido em assembleias *ejidales*. Nessas assembleias, as mulheres, que, em sua grande maioria, eram parte da comunidade, não podiam participar e decidir, pois não eram reconhecidas como sujeitas de direitos agrários. A aceitação do programa resultou em uma terra e um bem familiar titulado individualmente em nome dos homens, de modo a reproduzir a exclusão;

1 Documento interno do CDMCh, 2006.

ii) o Movimiento en Defensa de la Tierra, el Territorio y por el Derecho de las Mujeres a Decidir (2015), lançado após mais de cem casos de desapropriação de terras de mulheres indígenas e camponesas por parte de seus familiares e assembleias comunitárias, além de casos de regulamentos internos que violam os direitos humanos das mulheres em *ejidos* de Chiapas, endossados legalmente por órgãos do governo federal.[2] Também apurou denúncias de ameaças ou atos de expropriação de territórios de mulheres por projetos neoextrativistas. Em 2016, reivindicou-se a copropriedade da terra e, no ano seguinte, a posse da terra familiar, o que ocasionou uma mudança conceitual com implicações políticas na luta para transcender a posse individual e mercantil da terra, duas das bases materiais do poder masculino e da estruturação patriarcal e capitalista da vida (Centro de Derechos de la Mujer de Chiapas, 2015).

A defesa dos direitos das mulheres realizada pelo CDMCh[3] nas regiões indígenas tem a peculiaridade de trabalhar em um contexto de sobreposição de três sistemas de direito fundiário em Chiapas, que representam grandes desafios à compreensão e ação dos direitos individuais e coletivos das mulheres: (i) o indígena tradicional (consuetudinário); (ii) o autônomo (zapatista); e (iii) o positivo (estatal, nacional e internacional). Propôs-se, então, duas estratégias principais: a jurídica e a formativa. Ambas partem de uma metodologia de defesa participativa, um processo de subjetivação para que as mulheres cujos direitos foram violados se identifiquem não apenas como vítimas mas também como agentes na construção de sua autodeterminação e na ruptura com as

2 O caso do regulamento interno do *ejido* Bellavista del Norte, inscrito no Registro Agrário Nacional em 15 de outubro de 2001, é paradigmático: o artigo 37 estabelece que "as mulheres do *ejido* que contraiam matrimônio ou união estável com homens de fora do *ejido* deverão viver fora do *ejido*, podendo visitar sua família quando quiserem" (García Padilla & Vázquez, 2018, p. 79).

3 O CDMCh é composto de uma equipe multidisciplinar que integra promotoras bilíngues, advogadas, agroecologistas, sociólogas e antropólogas articuladas em coletivos de mulheres de *ejidos* e comunidades das regiões Altos, Norte-Selva e Fronteiriça.

relações patriarcais em sua cultura. O trabalho do CDMCh se baseia no uso de metodologias participativas na formação e defesa dos direitos humanos das mulheres (Freire, 1975 [1987]).

Outro aspecto importante da metodologia é a parceria estabelecida desde 2009 entre o Grupo Tierra do Cesmeca-Unicach[4] e o CDMCh, com intuito de realizar pesquisas socialmente comprometidas com as mulheres rurais, base para a reformulação de nossas estratégias de formação e de defesa já mencionadas (Olivera Bustamante, Bermúdez Urbina & Arellano Nucamendi, 2014; Olivera Bustamente, Cornejo Hernández & Arellano Nucamendi, 2016). De modo autocrítico, assinalamos que havíamos dado mais importância às relações objetivas das mulheres indígenas e camponesas com a terra, e pouca importância à natureza subjetiva dessas relações. Isso ocorreu apesar da relevância da subjetividade para as estratégias de promover a participação das mulheres na transformação ou no desaparecimento das subordinações em todas as esferas de sua existência. Assim, em nosso trabalho também identificamos uma lacuna no que se refere ao conhecimento das tendências das relações das jovens com a terra, já que geralmente trabalhamos com mulheres adultas.

As emoções e as expressões simbólicas têm sido parte fundamental nos levantamentos e movimentos sociais. A conexão entre o corpo humano e o cosmos nas sociedades pré-hispânicas é uma filosofia que devemos retomar (López Austin, 1989). Felizmente, observamos que o sentido sagrado que os povos ou grupos indígenas atribuem à sua relação com a terra (com a terra sagrada — *ch'ul lum kinal*, em língua tzeltal) está latente, ainda que de forma marginal. Se quisermos ter uma visão integral da gênese e da dinâmica das relações do campesinato e das mulheres com a terra, é necessário incluir a dimensão emocional, individual e coletiva, que, ao ser corporificada, como afirma Bourdieu (2000 [2002]), dinamiza todas as relações sociais

4 Esse grupo tem seu antecedente na pesquisa de Olivera Bustamante, Bermúdez Urbina e Arellano Nucamendi (2014). A partir de 2014, Amaranta Cornejo Hernández se uniu a ele, e, em 2016, Araceli Calderón Cisneros também, ambas pesquisadoras da Cátedra Conacyt, designada ao Cesmeca-Unicach.

e, no caso do campesinato, certifica seu caráter específico. Assim, na mobilização das mulheres indígenas em defesa da terra e do território, é importante reconhecer esse viés emocional.

A perspectiva corpo-território e feminismos contribui para o estudo da transformação das relações de subordinação e opressão das mulheres indígenas e camponesas de Chiapas, além do planejamento de estratégias para alcançar o exercício do direito das mulheres à posse da terra e para decidir sobre a terra-território. É fundamental que reconheçamos e nos apropriemos de como as mulheres utilizam o próprio corpo para questionar a vida diária e as estruturas das relações patriarcais e capitalistas. Isso ocorre quando interpelam as autoridades; quando se recusam a dar a posse da terra aos filhos para proteger a nora e os netos de uma possível venda da terra se ficarem viúvas; e quando vivenciam seus problemas individuais como um problema social, na luta por uma vida indígena-camponesa livre da violência patriarcal e capitalista.

COMUNIDADES DE APRENDIZAGEM, UMA FORMA DE ATERRISSAR O FEMINISMO RURAL

Desde dezembro de 2016, estamos trabalhando na promoção e constituição de três comunidades de aprendizagem com mulheres camponesas e indígenas defensoras de seus territórios. Essas comunidades se encontram em três áreas rurais nos municípios de Zautla, Ixtacamaxtitlán e Cuetzalan, localizados na Serra Norte do estado de Puebla, no México, e todas essas localidades sofreram ameaças de projetos de mineração e hidrelétricas.

Feminismo rural[5] é como chamamos a experiência de trabalho com mulheres camponesas e indígenas, e foi se construindo por meio

5 O feminismo rural existe pelo menos na Espanha, no Brasil e no México, onde se localiza a aposta política da Red Nacional de Asesoras y Promotoras Rurales das organizações e mulheres que a integram (em que se destaca a Coordinación Interregional Feminista Rural [Comaletzin]). Esse feminismo

do compartilhamento e aprendizado com elas. Baseia-se na busca do bem-estar dessas mulheres, de suas famílias e das comunidades rurais. Esse compromisso inclui o trabalho com as mulheres do campo, reconhecendo-as como produtoras de alimentos e geradoras de uma cultura alimentar ancestral, e tem como horizonte a soberania alimentar. O feminismo rural também busca incidir no bem-estar do meio ambiente e dos territórios, do espaço que habitamos e que nos proporciona o que precisamos para viver, a exemplo da água, do solo, do ar e, especialmente, dos alimentos (Govela, 2017). Os eixos metodológicos transversais são gênero, interculturalidade e classe, que correspondem a três dos sistemas de opressão nos quais as mulheres camponesas e indígenas estão imersas: patriarcado, pensamento colonial e capitalismo. Além disso, também existem eixos temáticos que correspondem aos interesses estratégicos que queremos defender e construir: direitos das mulheres camponesas e indígenas, soberania alimentar, meio ambiente e território (Carmona, Govela & Velásquez, 2017).

O eixo metodológico de gênero nos leva a questionar o poder patriarcal ao reconhecer as diferenças entre mulheres e homens, e, com base nessas diferenças, compreender como as desigualdades sociais foram construídas. Reconhece-se que isso não é natural, mas uma construção social e, portanto, passível de ser transformada. O eixo de interculturalidade propõe reconhecer e valorizar a diversidade de culturas, analisando como relações de subordinação foram estabelecidas, tanto entre os povos indígenas quanto entre eles e a cultura hegemônica. Faz-se necessário trabalhar a valorização e o fortalecimento das identidades, a fim de estabelecer relações interculturais autênticas baseadas no respeito e no reconhecimento mútuos. É essencial questionar e refletir sobre as estruturas de poder nas quais todos estamos imersos. Sem dúvida, o capitalismo é um sistema que nos mantém submersos no consumismo e mantém grande parte da população mundial vivendo em condições de pobreza. O eixo metodológico de classe questiona o capitalismo, analisando o lugar da vida camponesa dentro desse sistema e refletindo sobre como os

/////

nasce do vínculo com o campo e da experiência diária com o modo de vida das mulheres camponesas e indígenas.

camponeses são considerados pobres, o que apaga seu papel como produtores de alimentos.

Esses eixos metodológicos não são trabalhados em separado, mas utilizados e praticados simultaneamente "segundo as necessidades das mulheres, sendo necessário retomar os aspectos subjetivos e objetivos que compõem a condição feminina e englobando experiências particulares, a fim de coletivizá-las" (Aguirre *et al.*, 1993, p. 11). Eles atravessam o trabalho nas comunidades de aprendizagem, cuja proposta metodológica se baseia na experiência do Centro de Estudios para el Desarrollo Rural (Cesder)[b] e da Comaletzin,[7] segundo a qual as comunidades são entendidas como "espaços de relações entre pessoas que compartilham sentidos e significados de mundo e de vida, reunidas por interesses compartilhados para resolver necessidades de aprendizagem, que dão origem a uma prática de transformação de sua realidade" (Berlanga, 2005).

Quando os participantes se reconhecem como uma comunidade de pessoas que compartilham aspectos de seus mundos de vida, o processo de construção do conhecimento tem início. Cada ciclo de aprendizado coletivo tem três momentos: o primeiro consiste em narrar o que acontece comigo/conosco e se colocar no mundo pela própria experiência. Em seguida, passa-se a uma segunda fase, a do *perante*, que consiste em se colocar perante o que nos acontece: o que está acontecendo comigo/conosco? Uma vez que se compreende isso, tem início a fase de potencialização, que consiste basicamente em responder a duas perguntas: o que queremos que aconteça comigo/conosco? O que precisamos aprender para alcançá-lo? E, é claro, o que precisamos fazer para que o que queremos aconteça de fato? (Berlanga, 2005). No caso das comunidades de aprendizagem de mulheres defensoras, ao assumir os eixos metodológicos do feminismo rural, esse

b Organização social localizada no município de Zautla, Puebla, México, que tem como um de seus principais objetivos oferecer educação de qualidade para a população rural e indígena.

7 Organização social formada por feministas rurais que atuam em diferentes regiões do México e cujo trabalho atualmente se dirige a processos de treinamento para a *cultura de buen trato*, que aborda a violência contra as mulheres.

processo tem início com a narrativa do que acontece nos territórios e nos processos de defesa. Além disso, analisa-se por que aquilo está acontecendo conosco, mantendo-se uma visão crítica do capitalismo e das relações de poder entre gêneros, culturas e idades, vivenciadas nas diferentes comunidades.

As comunidades de aprendizagem de mulheres defensoras da vida são espaços em que elas expressam o que sentem e pensam sobre a vida em seus territórios. Ao fazê-lo, constroem conhecimentos sobre sua participação em movimentos em defesa da vida. Elas começam reconstruindo sua experiência como defensoras da vida, do meio ambiente e das comunidades. Também dialogam, compartilham saberes e refletem sobre o que pensam e sentem em relação aos espaços que habitam e aos saberes de *outras* mulheres camponesas e indígenas que participam de outros movimentos, reconhecendo as práticas que geram, mantêm e fortalecem a vida, e as que vão no sentido contrário — e devem, portanto, ser transformadas, em busca de novas formas de r-existência.[8]

Ainda que cada comunidade de aprendizagem tenha suas características e seu ritmo próprios, que devem ser respeitados, cada uma acompanhou todos esses aspectos metodológicos. Elas têm representado espaços de encontro e conversa, nos quais mulheres de diferentes idades, experiências e culturas são ouvidas. Começando com perguntas simples, conseguimos apontar as razões pelas quais participamos na defesa e no cuidado de nossas comunidades e territórios: o meio ambiente, a produção de alimentos, a cultura, nossos filhos, aqueles que vêm antes de nós, a vida em si mesma. Um dos temas que vêm sendo abordados nas reflexões é o do cuidado dos territórios como parte importante de sua defesa. Para resolver esse problema, o cuidado que as mulheres realizam se tornou evidente, e isso inclui a reflexão sobre o lugar que o trabalho reprodutivo ocupa na vida das pessoas e como ele é funcional para o sistema, pois possibilita a realização de trabalho produtivo, resultando em sobrecarga de trabalho para as mulheres. Entretanto, a importância do trabalho das mulhe-

8 R-existir, ou seja, reafirmar-se por meio da reinvenção da existência cultural (Porto & Leff *apud* Escobar, 2014).

res também é valorizada e se reconhece a necessidade de resgatar os saberes produzidos por elas.

Gradualmente, abordamos também o autocuidado para que as mulheres não se esqueçam de que não se trata apenas de ser para os outros: devemos estar conscientes de nossas próprias necessidades. Não podemos deixar de reconhecer que esses processos enfrentaram dificuldades. O mais importante até agora é que as mulheres tenham tempo para conduzir as sessões das comunidades de aprendizagem, já que estão sobrecarregadas em suas famílias e comunidades e têm responsabilidades em seus grupos e organizações. No caso da comunidade de aprendizagem de Ixtacamaxtitlán, o processo tem sido mais lento, pois o histórico de organização é ainda muito recente e permeado por muito medo, gerado pela ameaça que enfrentam. As mulheres já expressaram ali o interesse de realizar outros tipos de atividade, como aprender a preparar conserva, mas há uma dificuldade de entender que elas também podem se encontrar para falar de questões que lhes interessam.

Enquanto este texto é redigido, as comunidades de aprendizagem estão entrando na segunda etapa, a da reflexão e do questionamento sobre o que está acontecendo. Para auxiliar no entendimento da realidade e na contínua defesa dos territórios, levantaram-se algumas perguntas, como: por que as empresas vêm aqui para realizar seus projetos de morte? Por que as autoridades entregam nossos territórios e aprovam projetos que prejudicam o meio ambiente sem consultar a sociedade? Em relação ao papel das mulheres, por que homens e mulheres defendem o território? E defendem esse território da mesma forma? Será que os homens levam em conta o trabalho das mulheres na defesa do território? E como podemos permanecer firmes para que os projetos extrativistas não retornem? Como podemos manter o apoio das comunidades?[9]

Pelo que temos trabalhado até agora, podemos ver como as comunidades de aprendizagem aqui propostas são espaços de vivência e resgate da metodologia do feminismo rural, em que o aprendizado se dá com base em nossa experiência e no fortalecimento dos processos

9 Perguntas elaboradas nas comunidades de aprendizagem de Cuetzalan e Tlamanca.

organizativos das mulheres camponesas e indígenas. É um espaço relevante para a pesquisa, que gera informação sistematizada e reflexiva para construir conhecimento.

CONCLUSÕES

As três experiências vivenciadas na Nicarágua, em Chiapas e em Puebla foram construídas e desenvolvidas com base na vida cotidiana das mulheres em resistência. São metodologias vivas que relacionam o corpo, a terra e os feminismos. Cada uma tem sua dinâmica, seu ritmo e suas especificidades próprias, mas todas revelam aspectos centrais que merecem destaque, como o ponto de ruptura na relação entre corpo-território e feminismos. A reflexão sobre as trajetórias de vida individuais e coletivas das mulheres em relação ao corpo e à terra permite questionar as causas de sua situação e de sua resistência, levando-as a transcender em direção a uma perspectiva feminista. Também incentiva a indagar a situação das mulheres pela interseccionalidade das relações entre gênero, classe e etnia, a fim de compreender a realidade das formas de apropriação da terra e do território e quais as ações de resistência.

Em cada experiência, as mulheres criaram seus próprios espaços de encontro, reconhecimento, diálogo e construção coletiva. Ali construíram suas próprias visões, vínculos e resistências que gradualmente deram ânimo aos caminhos metodológicos vivos, encarnados na cotidianidade da práxis e em todas as dimensões da vida. Apesar da singularidade de cada vivência, suas características são semelhantes: são espaços de empoderamento pessoal e coletivo. Outro elemento presente nas metodologias é a abordagem do corpo e a relação estabelecida com o território. Nas três experiências, os processos de reflexão permitiram transcender a imagem e o reconhecimento dos corpos femininos como um conjunto de atributos físicos diferenciados. Eles são agora percebidos como espaços-territórios, onde os atributos físicos se entrelaçam com a dimensão subjetiva do ser, ou seja, saberes, emoções e percepções.

A relação com a terra e o território é outro elemento-chave nas metodologias. À medida que os processos avançam, a terra-território se transforma de objeto em entidade dialógica, com a qual as mulheres estabelecem uma relação que não se limita apenas à extração de recursos para a sobrevivência e o bem-estar, mas é parte da própria vida.

Assim, somos desafiadas pelas mulheres indígenas e camponesas que, individual e coletivamente, confrontam autoridades masculinas e expressam sua rejeição à expropriação extrativista e à violência feminicida. Elas nos convocam a imaginar novos quadros interpretativos e novas estratégias políticas para eliminar as subordinações e opressões que colonizaram nossos corpos e nossos territórios, e nos ensinam que é possível desnaturalizar a desigualdade e a exclusão social, tanto dentro como fora das próprias comunidades. As experiências aqui narradas constituem diferentes caminhos pelos quais as mulheres rurais procuram transcender a dificuldade de escuta, a desvalorização de sua palavra e de seu trabalho, a sombra do privilégio masculino nas estruturas de poder e a violência estruturante que tenta cotidianamente nos desapropriar de nossa humanidade e das condições materiais e subjetivas que a tornam possível.

REFERÊNCIAS

AGUIRRE, Irma Estela; MANZANARES, Pilar Alberti; ALVA, Gloria A. Carmona & RED NACIONAL DE PROMOTORAS Y ASESORAS RURALES. *De la práctica a la teoría del feminismo rural: sistematización de las memorias de los encuentros nacionales de promotoras y asesoras rurales*. Cidade do México: RedPar, 1993.

BERLANGA, Benjamín. *La educación como relación pedagógica para la resignificación del mundo de vida: la propuesta educativa de comunidades de aprendizaje*. Cidade do México: Cesder, 2005.

BOURDIEU, Pierre. *La dominación masculina*. Trad. Joaquín Jordà. Barcelona: Anagrama, 2000. [Ed. bras.: *A dominação masculina*. 2. ed. Trad. Maria Helena Kühner. Rio de Janeiro: Bertrand Brasil, 2002.]

CARMONA, Gloria; GOVELA, Rosa & VELÁSQUEZ, Claudia. "Propuestas metodológicas del feminismo rural". *In*: CISNEROS, Araceli Calderón; VEGA, Blanca Rubio & HERNÁNDEZ, Carmen Osorio (org.). *La historia de la red nacional de promotoras y asesoras rurales a 30 años de su nacimiento*. Cidade do México: RedPar/Juan Pablos, 2017.

CENTRO DE DERECHOS DE LA MUJER DE CHIAPAS. "Mujeres sin tierra y sin derechos, ¡Nuncamás!", *Comunicación CDMCh*, dez. 2014. Disponível em: https://www.youtube.com/watch?v=HKeqauWqMZw.

CENTRO DE DERECHOS DE LA MUJER DE CHIAPAS A.C. "Movimiento en defensa de la tierra y el territorio y por la participación y reconocimiento de las mujeres en la toma de decisiones", 5 mar. 2015. Disponível em: https://radiozapatista.org/?p=12248.

CENTRO DE DERECHOS DE LA MUJER DE CHIAPAS A.C. "Centro de Derechos de la Mujer de Chiapas A.C. cumple 13 años de lucha feminista", *Boletín de Prensa Voces Feministas*, n. 4, 2017.

ESCOBAR, Arturo. *Sentipensar con la Tierra: nuevas lecturas sobre desarrollo, territorio y diferencia*. Medellín: Unaula, 2014.

FREIRE, Paulo. *Pedagogía del oprimido*. Trad. Jorge Mellado. Madri: Siglo XXI, 1975. [Ed. bras.: *Pedagogia do oprimido*. 17. ed. São Paulo: Paz e Terra, 1987.]

GARCÍA PADILLA, Alma & VÁZQUEZ, Claudia. "'Las mujeres que se unan con hombres ajenos al ejido deberán radicar fuera del ejido...'". *In*: DAMIÁN, Gisela Espinosa (org.). *Mujeres del campo forjando derechos y ciudadanía*. Cidade do México: Unam/RedPar, 2018, p. 78-86.

GOVELA, Rosa. *Feminismo rural, 30 años de experiencia de la Red Nacional de Promotoras y Asesoras Rurales*. Cidade do México: [mimeo.], 2017.

LÓPEZ AUSTIN, Alfredo. *Cuerpo humano e ideología: las concepciones de los antiguos nahuas*. Cidade do México: Unam, 1989.

OLIVERA BUSTAMANTE, Mercedes; BERMÚDEZ URBINA, Flor Marina & ARELLANO NUCAMENDI, Mauricio. *Subordinaciones estructurales de género: las mujeres marginales de Chiapas frente a la crisis*. Cidade do México: CDMCH/Cesmeca- Unicach/Juan Pablos, 2014.

OLIVERA BUSTAMANTE, Mercedes; CORNEJO HERNÁNDEZ, Amaranta & ARELLANO NUCAMENDI, Mauricio. *Organizaciones campesinas y de mujeres de Chiapas: movimiento chiapaneco en defensa de la tierra, el territorio y el derecho de las mujeres a decidir*. San Cristóbal de las Casas: Cesmeca-Unicach, 2016.

12

OLHARES E CAMINHADAS COLETIVAS: EXPERIÊNCIAS DE EXTENSÃO RURAL E PESQUISA-AÇÃO FEMINISTA NO LESTE DO URUGUAI

Rossana Cantieri Cagnone
Lorena Rodríguez Lezica
TRADUÇÃO Joana Salém Vasconcelos

NOSSOS OLHARES

Redigir este texto juntas é uma oportunidade de sistematizar e compartilhar nossa experiência de extensão rural, relacionada sobretudo ao trabalho com mulheres camponesas e produtoras da agricultura familiar nos segmentos da pecuária, horticultura e apicultura, e também pescadoras artesanais na região leste do Uruguai. Elas constroem e disputam cotidianamente seu território em suas chácaras, casas, grupos e nas organizações das quais participam. Abre-se aqui a possibilidade de fazer uma pausa para que nos observemos, pensemos a nosso respeito e animemos nossa jornada.

Em um primeiro momento, nos aproximamos do território do departamento de Rocha[1] por meio de nossa inserção universitária, tanto em Montevidéu como nos recém-criados centros universitários regionais.[2] Demos continuidade ao vínculo com o território de múltiplas maneiras: partimos de uma série de inquietações inicialmente expostas por alguns grupos e organizações, incorporando outras que surgiram no processo histórico concreto do trabalho realizado no território, para depois construirmos um plano de formação apoiado em uma metodologia feminista e de pesquisa-ação. Essa construção pressupôs a recuperação de atividades e trabalhos que nos antecederam, que dialogam e se integram ao pensamento coletivo dessa formação específica. Consideramos fundamental iniciar por esse reconhecimento, já que não se trata de um desembarque vazio, mas de uma intervenção consciente, articulada com outras e outros atores no território, respeitando processos anteriores.

A extensão crítica, aliada à educação popular e à pesquisa-ação participante, permite que busquemos realizar uma cuidadosa intervenção no território, ao lado de organizações e/ou grupos de mulheres e mistos. Entendemos que a extensão crítica se distancia da formação técnico-profissional e tem um compromisso com a transformação da sociedade: "se propõe a contribuir com os processos de organização e autonomia dos setores populares subalternos, tentando contribuir para a geração de poder popular" (Tommasino & Cano, 2016, p. 10).

1 Em Rocha, um dos dezenove departamentos do Uruguai, a pecuária é o segundo setor mais importante, com predominância das fazendas de pecuária familiar em pastagens abertas e naturais, que, em alguns casos, incluem ovinos e suínos. Esse território é disputado pela produção de arroz e pela indústria da madeira (monoculturas de eucaliptos). Rocha é o departamento com maior extensão costeira e de sistemas lagunares do Uruguai, com importante desenvolvimento da pesca artesanal. Tem também a maior quantidade de territórios integrados pelo Sistema Nacional de Áreas Protegidas (Snap), ao qual a maioria das organizações mencionadas está vinculada cultural, social, geográfica, econômica e produtivamente.

2 Centro Universitario Regional del Este (Rocha) e Facultad de Agronomía (Montevidéu) da Universidad de la República (Udelar).

Trata-se de uma experiência em espaços de troca, crescimento, aprendizagens e desafios que enriquecem e retroalimentam a própria prática proposta. A proposta de pesquisa-ação participante (PAP) sugere uma relação horizontal entre pesquisadoras/docentes/técnicas e comunidades, com o intuito de realizar uma intervenção cuidadosa no território, atenta ao vínculo de organizações e grupos de mulheres, para estabelecer uma experiência de crescimento mútuo e de aprendizagem coletiva. Além da pesquisa ativista baseada na comunidade e na militância, a PAP possui certos eixos fundamentais: (i) romper com a distância entre sujeito e objeto, substituindo-a por uma relação horizontal, de crescimento mútuo e aprendizagem conjunta; (ii) questionar a separação entre pesquisa e ação, de modo a pesquisar tendo compromisso com a transformação; (iii) em todos os passos da pesquisa-reflexão-ação, estimula-se a participação efetiva das comunidades envolvidas, que definem as agendas e o que, como e com que finalidade se deve pesquisar; (iv) conhecer mais sobre os processos que determinam os problemas; e (v) conhecer para compreender e compreender para transformar.

Construir uma proposta de metodologias participativas pressupõe uma reflexão inicial sobre o que entendemos por participação. Nossa prática nos levou à opção pelo distanciamento do imaginário de criar essa participação, o que seria "uma perspectiva ética pouco respeitosa com as particularidades locais e frequentemente oriunda de uma visão eurocêntrica e autoritária que, no mínimo, ignora as complicadas redes de vínculo que sustentam os coletivos humanos" (Rebellato-Giménez, 1997). Não raro se confunde essa perspectiva com a mera presença, cuja conceitualização permanece reduzida, limitada ao fato de se estar presente em determinado lugar, espaço e momento. Contudo, se entendida como construção coletiva, a participação vai muito além de presença e consulta: são compartilhadas múltiplas atividades, pensadas por e para as comunidades.

> No começo, quando nos propuseram fundos e tudo, nos apresentaram [a proposta], mas não tínhamos muita confiança. Não sabíamos se nos arriscávamos ou não. Não éramos muitas, éramos cinco ou seis. Depois fomos vendo a realidade, vendo que nós éramos parte daquilo. Não era como em outros momentos, quando as pessoas vinham e trabalhavam

> supostamente para nós, mas nós não participávamos muito além de ver o que estava sendo feito. E eles decidiam tudo o que era comprado, o que deixavam e o que levavam. (B. B., pescadora artesanal)

Ao falar de participação, entendemos que as comunidades fazem parte e, nesse sentido, pertencem; as comunidades também cumprem uma função, têm uma posição naquilo, tomam partido, decidem, tomam consciência de que "podem e devem incidir no curso dos acontecimentos por meio da análise crítica das necessidades e problemas" (Rebellato-Giménez, 1997).

Do ponto de vista da sociologia *sentipensante*, Fals Borda (1981) aponta várias encruzilhadas e dilemas. Ele propõe um distanciamento do colonialismo intelectual, sustentando a necessidade de aproximar a prática disciplinar/acadêmica do trabalho com as comunidades e transcender práticas isoladas de especialistas sem que isso pressuponha se distanciar das construções metodológicas e epistemológicas da ciência social crítica. Isso significa se aproximar do saber fazer por meio do pensar e do ser, do pensar e atuar, o que nos leva a refletir sobre a geração de conhecimento, sobre a situação em que a aprendizagem ocorre. Cada coletivo e cada comunidade merece conhecer e falar mais sobre suas próprias condições de existência para poder defender seus interesses das classes que monopolizam saberes, histórias e recursos.

> Nós fomos nos organizando, participando das reuniões e decidindo como iríamos fazer, qual era a melhor maneira. E fomos vendo como fazíamos para poupar, porque era dinheiro nosso e tínhamos que descobrir como podíamos, além daquela ajuda, ver como administrar. Como nosso, como da nossa casa. (B. B., pescadora artesanal)

Pensamos que elaborar um plano de formação segundo uma metodologia de PAP contribui com a geração de conhecimento para/com as mulheres e os coletivos envolvidos, para que desenvolvam o próprio método de elaboração, formação e pesquisa. É assim que podemos apreender e produzir um novo conhecimento com base em nossas práticas históricas e concretas. Como afirma Paulo Freire:

> Conhecer é tarefa de sujeitos, não de objetos. E é como sujeito, e somente enquanto sujeito, que o homem pode realmente conhecer.
>
> Por isso mesmo é que, no processo de aprendizagem, só aprende verdadeiramente aquele que se apropria do aprendido, transformando-o em apreendido, com o que pode, por isso mesmo, reinventá-lo; aquele que é capaz de aplicar o aprendido-apreendido a situações existenciais concretas. (Freire, 1984, p. 28 [1992, p. 27])

Também nos baseamos em um ponto de vista feminista que, pela perspectiva participativa e dentro da tradição crítica das ciências sociais, compartilha a afirmação explícita de que a pesquisa deve ter um caráter político, e não um objetivo restrito à geração de conhecimento.

> Hoje em dia existe um acordo no sentido de considerar o feminismo como uma proposta política que, para além das distintas orientações [...], propõe mudar a condição subordinada das mulheres para eliminar os obstáculos sociais, políticos, culturais e subjetivos que as impedem de exercer suas liberdades e ter acesso pleno à dignidade humana. (De Barbieri, 2002, p. 120-1)

Essas bases teóricas e políticas orientaram nossa finalidade de pesquisa e forneceram certos critérios para um trabalho de escavação que revele perspectivas de todas as mulheres, no plural, e que visibilize o que foi ignorado ou que não foi considerado importante por se tratar de interesses, preocupações ou desejos das mulheres. Uma metodologia feminista busca realizar pesquisas que sejam úteis para as mulheres, orientadas à ação e à mudança social (DeVault, 1999; De Barbieri, 2002; Baylina Ferré, 2004), e é por meio dela que questionamos as concepções teóricas prévias com as quais chegamos ao território.

NOSSAS CAMINHADAS

No Plano de Formação de Gênero e Integração Territorial[3] (de agora em diante denominado apenas "plano"), surgiu a necessidade de refletir sobre o acúmulo de experiências de intervenção e pesquisa em um território específico, assim como de abordar algumas problemáticas apresentadas pela comunidade. A proposta da PAP tem o objetivo de tratar das principais problemáticas identificadas por algumas das mulheres do território, como a invisibilização do trabalho reprodutivo e de cuidados e do trabalho produtivo de muitas delas na agricultura familiar ou na pesca artesanal.

O plano foi discutido e elaborado de forma coletiva em torno dos seguintes eixos temáticos: (i) divisão sexual do trabalho e invisibilidade do trabalho produtivo e reprodutivo; (ii) ser mulher; (iii) processos coletivos e participação; (iv) violências contra as mulheres; (v) corpo e território; (vi) formulação de projetos com perspectiva de gênero e enfoque territorial. Esses eixos precisavam ser trabalhados contemplando instâncias integradoras no território, nas quais, em alguns casos, pudéssemos promover a troca apenas entre mulheres e, em outros momentos, entre diferentes grupos e organizações, mantendo um olhar feminista sobre o território, para considerar a perspectiva das mulheres sobre seu lugar no mundo.

Levantar problemáticas de gênero na produção agropecuária familiar e na pesca artesanal pressupõe recuperar processos e visões de um setor relevante, que sugere outras formas de vida, de produção e de acesso aos recursos naturais, muitas vezes contrapostas ao modelo hegemônico que hoje predomina nos territórios, articulando fatores como a terra, o trabalho e a família de várias maneiras originais, revelando relações internas — sobretudo de gênero — de poder e de

3 Trabalhamos esse plano de formação com as seguintes organizações: Grupo de Mujeres Flores del Este — Sociedad de Fomento Rural Ruta 109; Sociedad de Fomento Rural de Rocha en Cebollatí; Cooperativa de Apicultores del Este (Cooaade); Associación de Mujeres Rurales de Rocha (AMRU); La Cocina de la Barra — Associación de Pescadores/as Artesanales de las Lagunas Costeras (Apalco).

dominação na produção familiar. O gênero tem relevância especial, pois há uma vulnerabilização do sujeito social mulheres rurais que influencia fortemente as formas de organização do trabalho dentro do projeto de produção familiar (Blixen *et al.*, 2012; Gallo & Peluso, 2013).

Um dos desafios foi tensionar alguns conceitos naturalizados no cotidiano das relações entre família, trabalho e produção. Sentimos que era necessário problematizar e discutir a concepção, muito disseminada, de que a família acompanha o produtor e que o papel masculino assume proeminência em detrimento da esfera da reprodução social. Para tanto, pactuamos o primeiro eixo de trabalho e a proposta foi materializada em uma oficina do plano de formação especificamente dedicada ao tema e intitulada "Eu, produtora?".

ELAS: NA PRODUÇÃO, REPRODUÇÃO E SUSTENTABILIDADE DA VIDA

Optamos por nos concentrar aqui na análise do que foi vivenciado e refletido no primeiro eixo, em uma das práticas da oficina em que nos propusemos a elaborar relógios de rotina diária. A ideia surgiu durante uma reunião de um dos grupos de mulheres em que se questionou a conveniência (ou não) de elas aparecerem como "colaboradoras" de seus maridos, em vez de "empregadas" deles, nas contribuições para sua aposentadoria. No campo, tornou-se habitual que as mulheres apareçam como empregadas de seus maridos, e isso começou a gerar certo incômodo. A discussão sobre as implicações jurídicas tornou visível as profundas implicações subjetivas. Veio à tona também o mal-estar com a invisibilização de seu trabalho e com o fato de não receberem nenhum tipo de reconhecimento como produtoras, seja simbólico, seja econômico. A desvalorização do trabalho reprodutivo e produtivo das mulheres na atividade agropecuária familiar e na pesca artesanal oculta o papel fundamental que desempenham na manutenção da vida na região.

No Uruguai, bem como no restante da América Latina, é frequente encontrar no mundo rural uma divisão sexual do trabalho, na qual as mulheres se especializam no trabalho reprodutivo não remunerado, invisibilizado e desvalorizado, sobre o qual se assenta a exploração capitalista (Dalla Costa & James, 1972; Galcerán Huguet, 2006; Federici, 2013 [2019]). Em muitos casos, há também a invisibilização daquelas tarefas consideradas produtivas, realizadas por algumas mulheres. "O problema das mulheres rurais é que [o trabalho] nunca acaba: não existe sábado, não existe domingo. Quando não é a casa, é 'me ajuda aqui com a vaca' [...]. Sempre tem trabalho" (C. P., apicultora).

Além de serem invisibilizadas nas tarefas de reprodução, as mulheres não raro são menosprezadas, minimizadas e desvalorizadas nas tarefas produtivas, nos espaços de tomada de decisões ou de poder. Isso faz com que elas tenham de buscar umas às outras para conquistar o próprio espaço.

> Assim como somos boas para arriar ou para segurar a bandarilha para que a fumigação passe, somos as primeiras atingidas por produtos tóxicos. Temos que ser chamadas para pensar, para decidir, e temos que estar nos espaços de tomada de decisões. Isso depende da conquista de lugar das mulheres. (C. P., apicultora)

A oficina foi explicitamente convocada para identificar as mulheres como produtoras. A jornada começou com uma dinâmica corporal que permitisse *sentipensar* com o corpo. Uma vez em um lugar confortável, com os olhos fechados, começaram a rememorar o dia, revivendo nos movimentos do corpo todas as atividades que realizaram. Foram lembrando com quem, como, com que esforço, com que vontade, para quem e como iniciaram seu dia, até chegarem àquele momento na oficina. Isso fez com que pensassem em todas essas outras tarefas que ainda estavam por fazer na jornada. Trouxeram à memória todas essas outras tarefas que recaem sobre elas, por desejo ou obrigação, na cotidianidade de seus dias. Depois desse exercício, cada uma pensou seu relógio de rotina diária, identificando que recai sobre elas a responsabilidade da reprodução e da sustentabilidade da vida.

Como Federici, entendemos por reprodução todas aquelas atividades cotidianas e relações que tornam possível a vida e o desenvolvimento da capacidade laboral das pessoas. Trata-se de um trabalho que não é visível enquanto tal, um trabalho doméstico que vai além da limpeza da casa:

> É servir aos assalariados física, emocional e sexualmente, preparando-os para o trabalho dia após dia. É cuidar das nossas crianças — os trabalhadores do futuro —, amparando-as desde o nascimento e ao longo da vida escolar, garantindo que o seu desempenho esteja de acordo com o que é esperado pelo capitalismo. (Federici, 2013, p. 55-6 [2019, p. 68])

Cada uma desenha seu relógio, materializando no desenho todas as atividades trazidas pela memória do corpo durante o exercício anterior. No momento seguinte, compartilham e conversam. Algumas continuam completando seus relógios com o que veem e escutam das companheiras, desenhando ou escrevendo alguma tarefa que esqueceram. Trata-se de algo que a própria rotina manteve invisível até para elas mesmas. Há uma discussão sobre as tarefas que são trabalho e as que não são, e por quê; quais são consideradas produtivas, quais não, e por quê. O desenho permite visualizar como são raras as atividades de relaxamento e recreação e, em alguns casos, os relógios estão carregados de atividades comunitárias e sociais.

As participantes notam como a companheira que trabalha fora do âmbito doméstico o faz como uma extensão de seu trabalho em casa, mas de maneira remunerada, um trabalho aprendido em sua socialização como mulher, filha, esposa, mãe e/ou avó. Perguntamos sobre o trabalho reprodutivo, sobre os cuidados, sobre as tarefas no campo, e elas passam a calcular quanto custaria pagar alguém para executar tudo o que fazem. Abre-se, então, uma discussão sobre quem controla o dinheiro que entra no lar. Comparam os desenhos e notam que os relógios estão mais sobrecarregados quando há crianças menores, que precisam de mais cuidados; veem que há pouco ou nenhum tempo para descanso. Reconhecem-se simultaneamente como donas de casa, cuidadoras, enfermeiras, trabalhadoras e administradoras. Uma delas, que demorou mais tempo para reconhecer e nomear a si mesma como produtora, escreveu em seu desenho: "Pego o cavalo, ajudo nos currais, busco a lenha, organizo os bezerros, ajudo nas cercas de arame farpado, costuro, varro o pátio, tenho encomendas em Rocha, ajudo a cuidar das doenças" (do relógio de rotina diária de M. N.). Segundo uma análise marxista da economia, o trabalho realizado pelas mulheres não tem importância e aparece como um serviço pessoal externo ao capital. Ao não receber remuneração por seu trabalho, a exploração das mulheres fica oculta (Federici, 2013 [2019]). Por uma perspectiva crítica da economia política marxista, Silvia Federici busca desmascarar o processo de naturalização do trabalho reprodutivo como trabalho doméstico, que

> Não só tem sido imposto às mulheres como também foi transformado em um atributo natural da psique e da personalidade feminina, uma necessidade interna, uma aspiração, supostamente vinda das profundezas da nossa natureza feminina. [...] Por sua vez, a condição não remunerada do trabalho doméstico tem sido a arma mais poderosa no fortalecimento do senso comum de que o trabalho doméstico não é trabalho. (Federici, 2013, p. 37 [2019, p. 42-3])

Tornar visível o trabalho reprodutivo realizado pelas mulheres mostra a função específica delas na divisão capitalista do trabalho e, ao mesmo tempo, continua Federici (2013, p. 57-8 [2019, p. 71]), revela "as formas específicas que a nossa revolta contra ela deve tomar". No trabalho com as mulheres rurais, surgem algumas perguntas orientadoras dessa experiência de pesquisa-ação: a primeira diz respeito ao reconhecimento de seu trabalho reprodutivo como trabalho; a segunda, ao reconhecimento de si mesmas como produtoras; e a terceira adota a provocação de Federici sobre a estratégia a ser seguida, sobre as formas como participarão da luta enquanto mulheres organizadas e dentro do núcleo familiar.

Amaia Pérez Orozco, por sua vez, propõe ir além dos esforços realizados por teóricas feministas para resgatar e revalorizar o econômico em âmbitos protagonizados por mulheres, esforços que resultaram na distinção entre a produção e a reprodução, entre o trabalho assalariado visível e o trabalho doméstico invisível. Baseada em uma crítica feminista da economia política, propõe transcender a dicotomia entre o econômico e o não econômico, entre o trabalho e o não trabalho, em busca de um termo que contemple e contenha a ideia de cuidado da vida. Para a autora, "continuar dividindo a produção (de coisas) e reprodução (de pessoas) é uma estratégia analítica nefasta, que não nos permite ver o que nos importa, isto é, em última (e em primeira) instância, as pessoas, seu bem-estar, o transversal" (Pérez Orozco, 2006, p. 233). Refere-se ao conceito de sustentabilidade da vida e o propõe como categoria analítica central, englobando as distintas atividades e processos desenvolvidos para garantir a satisfação das necessidades das pessoas e que constituem a base do sistema econômico. Outra perspectiva para pensar a organização social, tornando visível o oculto, nomeando e explicitando o implícito,

> permite, além disso, colocar em evidência os interesses prioritários de uma sociedade, recuperar todos os processos de trabalho, nomear quem assume responsabilidade de cuidado da vida, estudar as relações de gênero e de poder e, em consequência, analisar como se estruturam os tempos de trabalho e de vida dos vários setores da população. (Pérez Orozco, 2006, p. 244)

A economia feminista dirige-se à diversidade de experiências das mulheres, no plural, dando atenção também a suas especificidades. Em vez de se concentrar na exploração do trabalho das mulheres e em imagens de opressão e discriminação, suas experiências são revalorizadas e enfoca-se sobretudo a resistência aos processos de hierarquização e de mercantilização da sociedade.

Aproveitamos a oportunidade da oficina para discutir as múltiplas tarefas que apareceram nos relógios, identificando quais delas são essenciais à reprodução da vida, imprescindíveis para tornar possível o trabalho que definem como produtivo e, portanto, como trabalho: lavar a roupa e os pratos, cozinhar, costurar, varrer, coletar lenha, regar as plantas, cuidar dos doentes, comprar comida e outros itens necessários para o funcionamento do lar, fazer as tarefas escolares com as crianças, inspecionar os campos, ajudar nos currais, vacinar animais, organizar bezerros, ajudar com arames e cercas, tratar animais, arar a terra para hortas, alimentar as galinhas, limpar a gaiola dos pássaros, ir ao veterinário, comprar remédios, cuidar das relações familiares, fazer trâmites, encarregar-se do planejamento, buscar encomendas nas cidades, frequentar reuniões de organização do grupo, participar de projetos, receber os técnicos que lhes visitam com a casa limpa e a comida feita. Esses técnicos extensionistas rurais, em muitos casos, agravam as desigualdades ao não vê-las como produtoras, perpetuando assim sua exclusão das instâncias de debate.

Quando falamos em território, consideramos, por um lado, o trabalho de Mançano Fernandes sobre a confluência de territórios materiais (espaço físico) e imateriais (espaço social: relações, pensamentos, conceitos, teorias e ideologias). Para esse autor, ambos são inseparáveis, porque um não pode existir sem o outro (Mançano Fernandes, 2008). Urruzola (2002), por sua vez, considera que seus habitantes "transformam o território em um lugar, pois o humanizam e o carregam de significados e histórias". Contudo, isso não é suficiente se colocamos o foco nas relações entre quem constrói, conforma e habita, relações que muitas vezes são profundamente desiguais. É necessária uma perspectiva feminista do território que contemple essas desigualdades e que, além disso, considere uma primeira dimensão, esquecida por muitos teóricos, mas evidenciada pelas geógrafas feministas: os corpos.

Em uma revisão da literatura sobre corpos femininos e territórios-espaços como categorias separadas, mas articuladas, Delmy Tania Cruz Hernández retoma a abordagem das geógrafas feministas perguntando-se pelo lugar que os corpos das mulheres ocupam nos territórios, descobrindo que "as feminilidades e as masculinidades se produzem e reproduzem junto a tudo aquilo que une simbolicamente as e os sujeitos com seu lugar" (Cruz Hernández, 2016, p. 5-6). Ela também coloca as relações e interações sociais no centro para conceitualizar o espaço social, tornando visíveis as desigualdades de gênero e, portanto, de poder que ocorrem nos espaços.

Em territórios tão diversos biogeograficamente, como é o caso do departamento de Rocha, no Uruguai, é frequente a presença de interesses comuns entre os atores (que também são muito diversos). Tratar as questões de maneira holística e por meio de metodologias participativas, como a cartografia social, torna possível respeitar essa diversidade e buscar alternativas "orientadas ao reconhecimento de elementos vivenciais e simbólicos do território que favorece a coconstrução de um olhar comum sobre as potencialidades, ativos e dificuldades presentes em um mesmo território" (Carroza, 2017, p. 105). Dialogar sobre esses tópicos em meio à comunidade contribui para o fortalecimento dos coletivos, esses atores ativos que convivem, disputam e constroem seu próprio território.

No intercâmbio com as mulheres de diferentes grupos, durante o curso "Territórios, feminismos, ecologias: uma abordagem por meio da cartografia",[4] as estudantes se viram diante da pergunta "como é o território que habitamos?", e se lançaram ao mapeamento de seu território, apontando as mudanças na paisagem, transformações que revelam um território em disputa, um território-terra ameaçado pela rápida expansão das atividades extrativistas predatórias, que colocam em risco a sobrevivência da produção familiar. A paisagem atual é descrita como um inferno de javalis, rodeada de plantações de eucalipto. Há a preocupação com os campos que secaram pela expansão da monocultura e com a impossibilidade de poder se dedicar a uma produção agroecológica quando se está rodeado de agrotóxicos. As mulheres comentam que antes tinham a tarefa das bandarilhas: enquanto os homens (esposos, filhos) operavam a maquinaria de pulverização, elas marcavam o campo com o próprio corpo, indicando onde o veneno deveria ser lançado. Nesse intercâmbio de experiências, descobrem que isso não é coisa do passado quando uma das companheiras presentes compartilha que continua a realizar essa tarefa. Inicia-se então um debate a respeito do cuidado com os outros (obter proteção para os responsáveis pela cura do campo, ou seja, esposos ou filhos homens) e o descuido com elas mesmas (total falta de proteção na tarefa de demarcação com a bandarilha, e casos de envenenamento em função da exposição aos produtos químicos). Como uma bola de neve, vão narrando situações similares e providências que tomaram a respeito, como as solicitações ao ministro da Pecuária, Agricultura e Pesca para a proibição da fumigação, já que afeta a produção e a saúde delas.

Todas concordam que têm um apego ao campo e que é esse "seu lugar no mundo". Também compartilham da preocupação com o futuro delas mesmas e de seus filhos por causa da venda de terras aos estrangeiros e da migração de pequenos produtores e produtoras enquanto os grandes se expandem. A disputa pelos bens comuns e o cuidado com a água, o solo, as palmeiras, as montanhas e a fauna nativa

4 Curso de educação permanente apresentado no Centro Universitario Regional del Este (Rocha), da Udelar, Uruguai, no 2º semestre de 2017.

passam a ser emergenciais. Concebe-se a paisagem como identidade cultural e histórica, a produção agropecuária como base de sustento econômico e a produção familiar como forma de vida, exercício de soberania e de direitos, entre outros.

PALAVRAS QUE FECHAM E ABREM

> *Muitas coisas mudaram para nós. Não apenas isso de vir até aqui, de dedicar muitas horas, [...] o que é incrível. Para nós mesmas, significa valorizar. Sabemos que podemos fazer isso. Para nossa casa e nossa família, está bom. Tudo o que fizemos, cozinhar e não apenas isso. Tudo. Estávamos acostumadas a consertar coisas. Mas fazer desta forma foi toda uma aventura, era perceber que podíamos. O mesmo sobre estar em grupo. Nós não estávamos tão, tão unidas... e esse grupo para nós é muito forte.*
>
> — B. B., pescadora artesanal

Para nós, que transcrevemos e tomamos como nossas muitas dessas palavras, várias coisas também mudaram: nossas formas de aproximação, nosso olhar, nosso pensamento e o planejamento de trabalho no território junto dos coletivos e comunidades que o habitam. Compartilhamos essas palavras a modo de ensaio como uma experiência que se inicia e nos motiva a continuar caminhando. Questionamos firmemente as formas hierárquicas de construção do conhecimento e, por isso, optamos por tomar distância do "divulgacionismo", da extensão não crítica, das práticas que não ocorrem no tempo e no lugar para pensarem a si mesmas. Queremos construir e repensar os processos no território com as mulheres, com os vários coletivos e comunidades, contemplando e acompanhando seus mundos (em diálogo com os nossos), integrando e compartilhando interesses, desafios e projeções. Enfatizamos a preocupação das mulheres, suas experiências, suas dores, seus medos, seus sonhos, suas inquietações, seus ânimos de construir coletivamente. Ao mesmo tempo, colocamos no centro nossas preocupações e nossos anseios. Estas palavras são uma contribuição para seguirmos pensando a respeito de nós mesmas.

REFERÊNCIAS

BAYLINA FERRÉ, Mireia. "Metodología para el estudio de las mujeres y la sociedad rural", *Estudios Geográficos*, v. 65, n. 254, p. 5-28, 2004.

BLIXEN, Cecilia; CANTIERI, Rossana; MÉNDEZ, Inés Malán V. & PELUSO, Irene. "'Cuando se es abeja y se tira como un tractor': reflexiones en torno a la formación de productoras/es familiares con perspectiva de género y generación". *In*: PIÑEIRO, Diego; VITELLI, Rossana & CARDEILLAC, Joaquín (org.). *Relaciones de género en el medio rural uruguayo: inequidades "a la intemperie"*. Montevidéu: Udelar/CSIC, 2012, p. 63-80.

CARROZA, Nelson. "Metodologías de trabajo de experiencias de vinculación con el medio en universidades chilenas: entre lo convencional y lo emergente". *In*: GONZÁLEZ, Boris; RAMOS, Pablo; CARROZA, Nelson; GASCÓN I MARTÍN, Felip; NOACK, Consuelo & VOLLAIRE, Leyle. *Vinculación con el medio y territorio: heterogeneidad de modelos, prácticas y sentidos en las universidades chilenas*. Valparaíso: Universidad de Playa Ancha, 2017, p. 93-114.

CRUZ HERNÁNDEZ, Delmy Tania. "Una mirada muy otra a los territorios-cuerpos femeninos", *Solar — Revista de Filosofía Iberoamericana*, v. 12, n. 1, p. 35-46, 2016.

DALLA COSTA, Maria Rosa & JAMES, Selma. *El poder de la mujer y la subversión de la comunidad*. Trad. Isabel Vericat. Cidade do México: Siglo XXI, 1972.

DE BARBIERI, Teresita. "Acerca de las propuestas metodológicas feministas". *In*: BARTRA, Eli (org.). *Debates en torno a una metodología feminista*. Cidade do México: UAM-Xochimilco, 2002, p. 103-140.

DEVAULT, Marjorie L. *Liberating Method: Feminism and Social Research*. Filadélfia: Temple University Press, 1999.

FALS BORDA, Orlando. "La ciencia y el pueblo". *In*: FALS-BORDA, Orlando; VÍO GROSI, Francisco; GIANOTTEN, Vera & WIT, Ton de (org.). *Investigación participativa y praxis rural: nuevos conceptos en educación y desarrollo comunal*. Lima: Mosca Azul, 1981, p. 19-47.

FEDERICI, Silvia. *Revolución en punto cero: trabajo doméstico, reproducción y luchas feministas*. Madri: Traficantes de Sueños, 2013. [Ed. bras.: *O ponto zero da revolução: trabalho doméstico, reprodução e luta feminista*. Trad. Coletivo Sycorax. São Paulo: Elefante, 2019.]

FREIRE, Paulo. *¿Extensión o comunicación? La concientización en el medio rural*. Cidade do México: Siglo XXI, 1984. [Ed. bras.: *Extensão ou comunicação?* Trad. Rosiska Darcy de Oliveira. 10. ed. Rio de Janeiro: Paz e Terra, 1992.]

GALCERÁN HUGUET, Montserrat. "Introducción: producción y reproducción en Marx". *In*: LABORATORIO FEMINISTA. *Transformaciones del trabajo desde una perspectiva feminista: producción, reproducción, deseo, consumo*. Madri: Tierradenadie, 2006, p. 13-26.

GALLO, Alejandra & PELUSO, Irene. "Estrategias sucesorias en la ganadería familiar: un enfoque de género", *Revista de Ciencias Sociales*, v. 26, n. 32, p. 17-34, 2013.

MANÇANO FERNANDES, Bernardo. "Territorio, teoría y política", *VI Internacional de Desarrollo Rural*, Bogotá, 25-28 mar. 2008.

PÉREZ OROZCO, Amaia. "La economía: de icebergs, trabajos e (in)visibilidades". *In*: LABORATORIO FEMINISTA. *Transformaciones del trabajo desde una perspectiva feminista: producción, reproducción, deseo, consumo*. Madri: Tierradenadie, 2006, p. 233-53.

REBELLATO-GIMÉNEZ, Jose Luis. *Ética de la autonomía*. Montevideo: Roca, 1997.

TOMMASINO, Humberto & CANO, Agustín. "Avances y retrocesos de la extensión crítica en la Universidad de la República de Uruguay", *Másquedós*, v. 1, n. 1, p. 9-23, 2016.

URRUZOLA, Juan Pedro. *Escritos urbanos*. Montevidéu: [s.n.], 2002.

13

O MAPA COMO GUIA: O MAPEAMENTO DAS VIOLÊNCIAS FEMINICIDAS E O DEVIR FEMINISTA

Melissa Moreano
Iñigo Arrazola — Colectivo de Geografía Crítica de Ecuador
TRADUÇÃO Joana Emmerick Seabra

1

A ideia de mapear a violência contra as mulheres estava entre algumas de nós do Colectivo de Geografía Crítica de Ecuador há algum tempo. Ela emanou das próprias violências vivenciadas e do feminismo, que aparecia como uma opção política — uma ideia que progressivamente ganhou força ao acompanharmos coletivos e comunidades envolvidas em processos de defesa dos seus territórios. Durante anos, vimos como a consolidação de certos tipos de projeto agroindustrial, extrativista e de expansão urbana produziu efeitos notadamente diferenciados nas mulheres: a poluição, as migrações forçadas ou fragmentações comunitárias são vivenciadas de formas diversas por aquelas que, geralmente, ocupam as posições centrais de cuidado e de preservação das identidades coletivas. Em territórios afetados por projetos de mineração, por exemplo, a chegada das empresas está associada à instalação de acampamentos e prostíbulos, e há consequente aumento da insegurança e da violência sexual.

Nossa ideia começou a tomar forma após vermos o trabalho de Sonia Madrigal, no México. Encaixava-se perfeitamente com o contramapeamento que vínhamos realizando no Colectivo de Geografía Crítica. De modo geral, entendemos os mapas como ferramentas muito potentes de comunicação e de construção de contra-hegemonia. Eles têm o potencial de mostrar as realidades dos territórios pelo ponto de vista daqueles que sofrem a violência, utilizando códigos e representações fortemente internalizados pela população. São um instrumento legitimado de contrainformação que aprendemos a explorar ao longo do tempo.

Para colocar a ideia em prática, pensamos em aproveitar as novas ferramentas geográficas e a força da chamada "democratização da geografia" (Ordoqui & Martín Hernández, 2008), materializada nos aplicativos aos quais grande parte das pessoas têm acesso por meio de celulares ou de computadores. O primeiro mapa poderia ser montado, portanto, como um Google Maps, inspirado pelo projeto *La muerte sale por el Oriente*. Atualmente, Madrigal coleta informações enviadas por organizações do México, da Argentina e do Equador, e convida organizações de toda a América Latina a contribuir com o mapa em construção.[1]

A necessidade também foi conjuntural. Diante do turbilhão de denúncias de feminicídio em todo o continente[2] e do recrudesci-

1 Embora tenha servido de impulso para o nosso mapeamento, essa não é a única iniciativa. No México, há os mapas elaborados por María Salguero (disponível em: http://mapafeminicidios.blogspot.com/p/inicio.html) e Ivonne Ramírez (disponível em: http:// www.ellastienennombre.org/); na Argentina, há o mapa colaborativo de feminicídios na província de Santa Fé (disponível em: https://bit.ly/3MspqlJ) e o mapa de assédio sexual em La Plata, elaborado pelo grupo Mapas de lo Efimero (disponível em: https://bit.ly/3jJnPeD); em Honduras, o Centro de Derechos de Mujeres elaborou um mapa de diversos tipos de violência contra as mulheres (disponível em: https://derechosdelamujer.org/project/2013/).

2 Segundo o Observatório de Igualdade de Gênero da América Latina e do Caribe, foram 1.831 vítimas de feminicídio em 2016, em 16 países. Esse

mento terrível da violência exercida sobre nossos corpos, a marcha Ni Una Menos, Vivas Nos Queremos crescia como uma onda. Era setembro de 2016, e a marcha seria realizada em 25 de novembro. Parecia o momento ideal para apresentar um mapa, uma contribuição geográfica que denunciasse que estavam nos assassinando sistemática e silenciosamente. Naquela época, mais do que esquematizar uma geografia da violência contra as mulheres, nosso objetivo era tornar visível a *quantidade de casos*. O mapa era um instrumento de comunicação de uma situação aberrante que, como todo o resto, apresentaria muitos silêncios.

Como o tema era novo para nós, não sabíamos bem onde procurar, por isso, fizemos consultas. As companheiras que estão envolvidas nessa luta há muitos anos desconfiam, e com razão, das fontes oficiais. Frequentemente são sigilosas e imprecisas, registrando apenas o que interessa ao poder hegemônico. É por isso que há tempos as organizações feministas estão contabilizando por conta própria os casos de mulheres agredidas, abusadas e assassinadas. Mas só mais tarde chegaríamos a essa fonte, depois de compilar os números iniciais.

Nosso primeiro exercício foi a análise de jornais impressos. Era uma fonte de acesso rápido e contávamos com a morbidez jornalística a nosso favor para atenuar a subnotificação. Compreendendo o momento político então vivenciado no Equador e a dimensão política de nossa busca, decidimos analisar um jornal público estatal, *El Telégrafo*, e um jornal privado, *El Comercio*. Depois ampliaríamos nossa pesquisa para *La Hora*, jornal que tem circulação nacional e cobertura em várias províncias, algo que faltava aos outros. Frequentemente nos perguntam por que não analisamos o jornal de *crónica roja*[3] mais conhecido, *El Extra*, que explora esse tipo de evento com morbidez e imagens horripilantes. A verdade é que não o utilizamos justamente para nos

/////

total exclui o Brasil, que no mesmo ano reportou 2.925 casos de feminicídios ("Brasil registró al menos ocho feminicidios diarios en un año", *Agencia EFE*, 24 ago. 2017).

3 Em tradução livre, "crônica vermelha", denominação utilizada para veículos impressos cujo foco são crimes e violência e que se dedicam a fornecer descrições pormenorizadas dos acontecimentos, fazendo uso de linguagem policial e promovendo a investigação jornalística das situações noticiadas. [N.T.]

resguardar: se a revisão dos outros impressos já nos havia revirado por dentro, não queríamos nem imaginar como seria o trabalho de arquivo com esse outro jornal. Decidimos reconhecer nossos limites, respeitá-los e ter em vista que a primeira análise tinha um caráter exploratório. Também soubemos que *El Extra* não mantém arquivos das suas edições por mais de um ano.

Essa análise das notícias tinha dois objetivos: nos aproximar de um panorama que não fosse nem pretendesse ser sistemático, mas que pudesse dar uma ideia da magnitude desse drama, e compreender como se narra a violência contra as mulheres no país. Nesta última parte, mais qualitativa, queríamos entender quais os mecanismos de naturalização da violência. Já sabíamos que a violência contra as mulheres aparece como um fenômeno natural, apresentada como acidentes isolados resultantes de atos imprevisíveis de loucura, e queríamos avaliar o papel dos meios de comunicação social nesse sentido.

Preparamos uma planilha para registrar os dados: quem é a vítima (homem, mulher, menina, pessoa LGBTQIA+), quem é o agressor (parceiro, ex-parceiro, pai, padrasto, amigo, conhecido), o tipo de agressão (violência doméstica, assédio sexual, estupro, feminicídio), a resposta do Estado e a localização geográfica. Em uma coluna intitulada "observações", inseríamos o nome da vítima. Deixamos também outros campos para anotar os aspectos qualitativos que chamassem a nossa atenção: omissão do sujeito da ação; menção a detalhes irrelevantes, como a roupa da vítima; uso deliberado de manchetes mórbidas; pormenores sobre a ação do agressor no corpo da vítima etc. A revisão levou dois meses e cobrimos dois anos de notícias em jornais impressos, totalizando 1.800 exemplares, centenas de notícias com todos os tipos de detalhes e de silêncios. O exercício de análise das notícias iniciou o devir feminista com a verificação empírica da violência que as mulheres vivenciam e a forma sistemática com que a mídia a esconde, disfarçando-a de crimes passionais. Na época, uma das autoras escreveu:

> Encontrar o primeiro caso, seu detalhamento sensacionalista, discernir se é violência de gênero. "Seu cônjuge a apunhalou na frente do filho de cinco anos." É feminicídio. Registrar, preencher a tabela, avançar. Próximo exemplar. Mais casos: estupro com mutilação. Menina. Estuprada. Mulher esfa-

queada: "foi atacada por ciúme". Feminicídio. Pamela, Dyladis, Rosa, Diana, Joselyn, Eva, Angélica, Lenny, Nancy. Pouco a pouco fui me concentrando na seção policial ou de *crónica roja*. As notícias que eu buscava às vezes se dividiam em outras seções, mas a maior parte estava lá. (Moreano, 2016)

Diante da ausência evidente de análise por parte dos meios de comunicação, dados assustadores se revelavam: entre novembro de 2014 e novembro de 2016, esses meios reportaram 299 casos de violência contra as mulheres, desde o assédio sexual até o feminicídio agravado — como se denomina quando o feminicida expressa uma fúria particular sobre o corpo da mulher ou menina.

Desses casos, 97 eram de feminicídio, feminicídio agravado ou tentativa de feminicídio, e o agressor era uma pessoa próxima à vítima: parceiro, ex-parceiro, pai, padrasto, amigo ou vizinho. Os parceiros ou ex-parceiros foram responsáveis por 81 casos. As manchetes repetiam: "o amor o cegou" ou "ele a matou porque ela o abandonou". Por trás dessas palavras de naturalização do feminicído e da violência, os meios narravam assassinatos que frequentemente terminavam com o suicídio do feminicida. Relatos truculentos em que os filhos das mulheres assassinadas estavam presentes ou eram quem encontrava os corpos assassinados ou, ainda, também eram assassinados como forma de "castigo" para a mulher. Outra constatação foi o nível de agressividade expressa no corpo das mulheres: com frequência, o feminicídio esteve acompanhado de estupro ou mutilação.

A responsabilidade dos meios saltava à vista com a linguagem e os gráficos utilizados. A naturalização do "crime passional" e dos "amores que matam" apenas estimula a necessidade permanente do exercício de um superpoder por parte dos homens sobre aquelas que consideram como suas mulheres, semeando a ideia de que homens "normais" assassinam suas companheiras em um momento de loucura impulsionado pela paixão (ou pelo álcool e pelas drogas).

Com a localização geográfica, inserimos os dados no mapa digital,[4] associando cada ponto mapeado à correspondente informação

4 "Violencia feminicida en el Ecuador, lo que la prensa revela", Colectivo de Geografía Crítica de Ecuador, 23 nov. 2016. Disponível em: http://

da pesquisa midiática sintetizada na planilha. Os casos se concentravam em Quito, Santo Domingo, Guayaquil e Durán, o que não significava necessariamente maior índice de violência contra a mulher nessas cidades, mas relacionava-se à forma como tais centros urbanos eram representados nos jornais. Também havia um recorte de classe impressionante: a maioria dos casos reportados correspondia a vítimas de classe popular e baixa. A falta de visibilidade da violência nos estratos sociais mais altos indica que essas mulheres provavelmente têm a possibilidade de proteger sua privacidade.

O Google Maps nos serviu para sistematizar a informação, algo que já vínhamos fazendo, como em nosso mapa do Equador contestatário com estética de denúncia, que compartilhamos na marcha Ni Una Menos, Vivas Nos Queremos.[5]

2

O mapa da violência contra as mulheres construído com base nos dados de jornais impressos teve um impacto inesperado. Na representação cartográfica de províncias do Equador, inserimos números e ícones cor-de-rosa, a cor da marcha. Foi um protótipo do que mais tarde seriam os mapas que produzimos com base nas informações oficiais de violência, os mapas bimensais de feminicídio e, finalmente, aqueles sobre a criminalização do aborto. Por mais simples que pareça, introduzir números no mapa causou um choque. Não tínhamos ideia do efeito que geraria, de como reuniria a indignação e a raiva que muitas mulheres já vinham sentindo.

geografiacriticaecuador.org/2016/11/23/violencia-feminicida-en-el-ecuador-lo-que-la-prensa-revela/.

5 No Equador, a marcha é organizada pelo coletivo Vivas Nos Queremos. [O mapa distribuído na marcha está disponível no link indicado pela nota anterior. — N.E.]

Para *nosotras* [nós com outras], geógrafas e geógrafos críticos, a cartografia sempre havia significado a apropriação de uma ferramenta que o poder havia utilizado para o controle territorial e para a guerra (Lacoste, 1990). O mapa não é uma cópia fiel da realidade, mas apenas *uma representação* dela, uma simplificação com diversos fins. Para nós, essa finalidade era revelar, em cor-de-rosa e lilás, *o que estava oculto*: a violência contra as mulheres tem sido sistemática e historicamente negada (Femenías & Soza Rossi, 2009, p. 54).

Embora o mapa pretenda representar a dimensão do problema com base na atribuição de figuras que simbolizam o número de mulheres assassinadas por província,[b] nem de perto consegue captar toda a complexidade e a dor dessa situação. De todo modo, o risco de que o mapa fosse considerado uma verdade era latente. Por exemplo, depois que algumas mulheres viram os mapas, logo em seguida tiveram a necessidade de saber se, de fato, estava havendo uma emergência nacional em que *as mulheres estavam sendo assassinadas em maior número que antes*. Essa era uma resposta que não podíamos dar por meio dos mapas, mesmo depois de acessarmos os números oficiais e de organizações feministas e de mulheres.

Há vozes, porém, que afirmam haver um recrudescimento da violência contra as mulheres na América Latina. Femenías e Soza Rossi (2009, p. 44) o atribuem à ideia de que, "com as mudanças no mercado de trabalho e na cultura em geral, os homens estariam tentando com mais afinco disciplinar violentamente as mulheres 'autônomas', vistas como a causa dos seus males". Em um esforço de compreender a violência contra as mulheres em um horizonte histórico-social mais amplo, as autoras analisam a precarização das condições de emprego e reprodução da vida com o devir da globalização capitalista, que, ademais, fez retroceder muitas das conquistas laborais anteriores, "ampliando-se as margens de exclusão, desestabilização e crises dos modelos tradicionais do varão provedor" (Femenías & Soza Rossi, 2009, p. 48). Elas lançam a interessante hipótese de que a violência tem sido intensificada por homens precarizados e perdidos ante a "irrupção das mulheres" na

b O Equador possui 24 províncias, subdivisões político-administrativas que se assemelham à divisão brasileira dos estados. [N.T.]

esfera pública. A frustração pelas novas condições de exploração faria com que os homens atacassem as mulheres, tão exploradas como eles, mas que consideram como perigosas ou como adversárias, em vez de dirigir sua raiva contra os homens em situação de privilégio. O disciplinamento das mulheres criaria a ilusão de recuperarem, de algum modo, seu status de "masculinidade como pertencimento ao conjunto dos homens, [que se reconhece] no submetimento e na subalternização das mulheres" (Femenías & Soza Rossi, 2009, p. 58).

Contudo, "é difícil entender o estupro, a mutilação e a tortura como modo de punição ou disciplinamento" (Femenías & Soza Rossi, 2009, p. 58). Nesse sentido, a revelação do agravamento dessa violência se tornou urgente para nós, assim como o reconhecimento político da luta feminista.

3

O que nos parecia ser o desfecho desse processo, afinal, não foi. As informações extraídas dos jornais eram valiosas demais. Como nos disse a companheira Cristina Burneo em um fórum: havíamos feito um exercício de tradução. Dos textos de *crónica roja* à reflexão e à denúncia política, decidimos que os vazios encontrados na análise das notícias deveriam ser preenchidos. Além disso, tínhamos um desejo impressionante — no corpo — de falar com os jornalistas que escreviam sobre essas atrocidades, e queríamos comparar o que havíamos encontrado com as informações oficiais.

Alisson Molina, companheira estagiária do coletivo e responsável pela análise do jornal *El Telégrafo*, descreveu esse momento:

> Na segunda parte do processo, após o levantamento da informação, foi realizada uma análise contrastando os dados obtidos pelo coletivo com os que constavam em relatórios oficiais. Os resultados dessa análise comparativa foram cruciais para sustentar o processo que veio em seguida. Após um extenso estudo realizado pelos membros do coletivo e graças às contribuições teóricas das companheiras conhecedoras dos temas de

> gênero, violência contra a mulher, coletivos de mulheres e feministas, foi possível ampliar a pesquisa e elaborar um documento que contribuiria para a luta pela erradicação da violência de gênero. Com o documento pronto, elaborou-se uma cartilha informativa denominada "El rol del periodismo en la erradicación de la violencia contra la mujer" [O papel do jornalismo na erradicação da violência contra a mulher], que foi disseminada entre os jornalistas em diversas cidades do país, como Cuenca, Quito, Guayaquil, Puyo, Portoviejo e Ambato. (Molina, 2017)

Na verdade, decidimos mapear a "rota da denúncia" com o interesse de evidenciar a quantidade de eventos violentos que ocorrem e como ocorrem, uma vez que, a depender dos indicadores de violência, essas informações variam consideravelmente. À medida que investigávamos, tornava-se cada vez mais notório que a subnotificação é altíssima e que as mulheres em situação de violência estão absolutamente desamparadas. Para a elaboração dessa rota, usamos os dados disponíveis na Pesquisa Nacional de Violência contra as Mulheres de 2011, do Instituto Nacional de Estadística y Censos (Inec), mas também das outras instituições estatais às quais expressamente enviamos ofícios. Entre elas se encontram: o sistema de ligações de emergência ECU911; o Departamento de Violência Intrafamiliar da Polícia Nacional; o Ministério Público; e o Conselho do Judiciário.

A seguir, apresentamos uma análise preliminar[7] da informação compilada de diversas instituições públicas. É uma geografia censurada da violência contra as mulheres, que a todas nos parece horrível e que tem movimentado a raiva e a indignação de todo o mundo e de toda a América Latina. Essa análise nos permite fazer uma conexão com o que consideramos uma violência feminicida de Estado e que não é considerada como tal: a criminalização do aborto.[8]

7 Uma primeira análise dessa informação foi apresentada no "Manifiesto geográfico contra violencia hacia las mujeres" (Colectivo de Geografía Crítica de Ecuador, 2017). Parte da informação também foi exposta em Zaragocin, Silveira e Arrazola (2018).

8 Neste texto não abordamos o mapeamento da criminalização do aborto. Os principais resultados podem ser encontrados no dossiê de Zaragocin *et al.* (2018).

Segundo o Inec, ao menos seis em cada dez mulheres sofreram violência de gênero no Equador (Instituto Nacional de Estadística y Censos, 2011). Elaboramos, então, um mapa que expressa a porcentagem por província de mulheres que declaram ter sofrido qualquer tipo de violência de gênero, acrescentando outra informação: na grande maioria dos casos, a violência é causada pelo parceiro ou ex-parceiro da vítima. Ainda assim, os dados do ECU911 são arrepiantes: durante 2015 e 2016, foram 564 ligações diárias denunciando violência doméstica.

Como coletivo que questiona a legitimidade do Estado quando se trata de ordenar e administrar o território, temos de ter cuidado com o uso que fazemos dessas informações. O que nos dizem as pesquisas e os demais dados compilados pelas instâncias oficiais? Durante os inúmeros debates internos e com outras companheiras feministas, discutimos o grau de credibilidade e confiabilidade dessa pesquisa do Inec. Nossa preocupação diz respeito ao viés desse levantamento, pois, embora tenha representatividade provincial, foi realizado sobretudo nos centros urbanos. Acreditamos que a pesquisa enfrente dificuldades para abarcar os diferentes contextos em que a violência de gênero ocorre, dada a heterogeneidade das mulheres violentadas: mulheres urbanas de classe média alta, mulheres urbanas de bairros populares, mulheres rurais e indígenas em territórios atingidos pela megamineração, mulheres camponesas que defendem sua autonomia e lutam contra as cadeias agroindustriais etc.

No entanto, defendemos a utilidade desses dados como uma primeira radiografia, considerando, evidentemente, seus vieses e limitações. Em primeiro lugar, nos impressiona a alta taxa de violência na Serra Central e na Amazônia. Apesar de a Amazônia ser uma das regiões com menor densidade demográfica no país, os resultados nos fazem pensar sobre as razões pelas quais a violência contra as mulheres atinge índices tão altos em termos relativos. Uma possível causa é o próprio processo de territorialização dos atores estatais e empresariais na Amazônia. Há décadas, a região tem aparecido no imaginário coletivo como espaço de extração e colonização (Colectivo de Geografía Crítica de Ecuador, 2014). A exploração do petróleo e o avanço da fronteira agrícola provocaram grandes tensões nos territórios das comunidades amazônicas, minando seus meios de vida ao contaminar e deslocar os povos locais. Como argumentamos, o aumento da violência contra as mulheres se relaciona também com esses processos. Dito isto, queremos deixar claro que, longe de nos ampararmos em uma concepção ideal sobre a equidade e a harmonia das comunidades antes da chegada desses conflitos, o que estamos dizendo é que a reprodução da violência de gênero tem como irrenunciável elemento explicativo — e de intervenção política — o ambiente da violência generalizada causado por esses projetos em seus territórios.

Em outro mapa, mostramos os dados sobre as denúncias de violência contra as mulheres entre os anos de 2014 e 2016, de acordo com o Ministério Público. As províncias receberam cores que variam de acordo com a taxa relativa entre o número de denúncias e o número total de mulheres em cada província. Esse mapa pode ser relacionado ao anterior e levanta questões importantes sobre o acesso das mulheres às instâncias oficiais de denúncia e de assistência. Por que na Serra Central e na Amazônia, zonas com maiores índices de violência, a taxa relativa de denúncias não está entre as mais elevadas? O que significa essa sub-representação da violência, conforme expressam os dados do Ministério Público? Questões como essa convidam à reflexão sobre a distribuição desigual das instituições estatais em todo o país e sobre as formas particulares que a violência assume em espaços configurados por histórias e padrões culturais tão diferentes entre si.

Outro eixo central para entender a violência de gênero no Equador tem a ver com a ineficácia do sistema de justiça, tal como mencionamos no manifesto entregue à Assembleia Nacional:

> A impunidade da violência contra as mulheres atinge níveis intoleráveis. O sistema de justiça é ineficiente e aumenta a vulnerabilidade e o desamparo de mulheres vítimas de violência. [De acordo com dados do Inec], apenas 20% das mulheres vítimas de violência acessam instâncias judiciais; no entanto, menos de 50% finalmente denunciam. Dessas, apenas 5% recebem uma sentença e menos de 1% das mulheres recebe uma sentença a seu favor. (Colectivo de Geografía Crítica de Ecuador, 2017, p. 1)

A pesquisa de 2011 do Inec dá indícios das razões pelas quais as mulheres não denunciam. Tanto para os casos de violência no âmbito social, escolar e laboral como para os de violência sexual, as mulheres apontaram o medo ou ameaças como as principais razões para não denunciar (31% e 45%, respectivamente). Dado que, na maioria dos casos, as mulheres são frequentemente violentadas por parceiros, ex-parceiros ou pessoas em seu entorno familiar, é mais do que provável que esse medo e essas ameaças provenham desse mesmo ambiente. Há ainda aquelas que retiram a queixa por violência sexual e não prosseguem com os processos; segundo a mesma pesquisa, em 35% dos casos, isso ocorre por falta de dinheiro.

Em que tipo de medidas podemos pensar para enfrentar esses problemas? Um aspecto central tem a ver com a formação de quadros do sistema judiciário. Como nos dizia uma advogada feminista especialista no tema, "os advogados, juízes e procuradores conhecem as leis de violência de gênero, mas não têm uma boa compreensão do que é violência de gênero" (Arévalo, 2017; informação verbal). Portanto, de nada adianta ter códigos legais adaptados se as pessoas que estão encarregadas de aplicá-los não têm as habilidades necessárias.

Por outro lado, a criação de espaços e instituições em que as mulheres possam confiar e se sentir seguras é outro aspecto que não pode ser negligenciado quando falamos de ações que abordem a problemática em seu conjunto. Como já assinalamos, segundo dados do próprio Inec, a maior parte das agressões provém do círculo familiar mais imediato (pais, tios, mas principalmente parceiros e ex-parceiros). O Estado deve, portanto, garantir as condições materiais das mulheres e de seus filhos quando se trata de denunciar e dar continuidade ao processo judicial. Entretanto, ainda nos deparamos com um labirinto que favorece a revitimização das mulheres violentadas e as desanima a seguir um processo que, por si só, é bastante longo.

4

A elaboração dos contramapas da violência contra as mulheres nos levou, naquele momento e ainda sem saber, a uma temática com a qual acabaríamos profundamente envolvidas. Na verdade, isso tem sido recorrente: produzimos a cartografia com fins instrumentais e contra-hegemônicos, o que nos leva a representar uma realidade já desnaturalizada e que nos mobiliza. Enquanto geógrafas e geógrafos, os mapas foram apenas um ponto de partida, mas significaram, de alguma forma, o início do devir feminista do Colectivo de Geografía Crítica de Ecuador.

Quando optamos por revelar os números da violência, a inscrição dessa violência também foi revelada em nosso próprio corpo. Sentimos essas mortes ao ler as notícias: nós, as mulheres das redes de ajuda, as advogadas, as integrantes das plataformas que exigem justiça para os feminicídios, as organizações de mulheres, as mulheres que marcharam em novembro e todas as que sofremos violência em nosso corpo como resultado da violenta estrutura patriarcal. Como disse uma companheira do Colectivo de Geografía Crítica: "dói no útero".

Havíamos dito que, enquanto geógrafas e geógrafos, o mapa é apenas um ponto de partida. Neste caso, foi também um guia rumo ao crescente compromisso militante que não apenas trabalharia para evidenciar os números alarmantes de violência contra as mulheres por meio da produção de mapas bimensais sobre o número crescente de feminicídios no país, por exemplo, mas também para tentar compreender as distintas dimensões dessa violência. Da mesma forma, elaboraríamos mais tarde os mapas da criminalização do aborto e tentaríamos integrar a dimensão de violência de gênero em nosso trabalho de longa data sobre os conflitos territoriais.

Por fim, esta não é uma história para se lamentar. Após as evidências de nossas mortas, outras mulheres organizadas se mobilizaram, inclusive nós mesmas. Como disse Nela Martínez (2010, p. 119), feminista equatoriana: "Quando se busca uma história, é necessário contá-la, escrevê-la, cantá-la. Antes, ela deve ser resgatada".

REFERÊNCIAS

COLECTIVO DE GEOGRAFÍA CRÍTICA DE ECUADOR. "Manifiesto en defensa del Yasuní", 2014. Disponível em: https://geografiacriticaecuador.org/wp-content/uploads/2014/04/colectivo-geografia-critica-en-defensa-del-yasuni.pdf.

COLECTIVO DE GEOGRAFÍA CRÍTICA DE ECUADOR. "Manifiesto contra la violencia hacia las mujeres desde la Geografía Crítica", 2017. Disponível em: https://bit.ly/3mWX2Ro.

FEMENÍAS, Maria Luiza & SOZA ROSSI, Paula. "Poder y violencia sobre el cuerpo de las mujeres", *Sociologias*, v. 11, n. 21, p. 42-65, jan.-jun. 2009.

INSTITUTO NACIONAL DE ESTADÍSTICA Y CENSOS. "Encuesta nacional sobre relaciones familiares y violencia de género contra las mujeres", 2011. Disponível em: https://anda.inec.gob.ec/anda/index.php/catalog/94.

LACOSTE, Yves. *La geografía: un arma para la guerra*. Trad. Joaquín Jordá. Barcelona: Anagrama, 1990.

MARTÍNEZ, Nela. "En busca de una historia: contarla, escribirla, cantarla es necesario. Antes hay que rescatarla". *In*: GARGALLO, Francesca (org.). *Antología del pensamiento feminista nuestroamericano*, tomo 2, *Movimiento de liberación de las mujeres*. Caracas: Biblioteca Ayacucho, 2010, p. 119-24.

MOLINA. "Informe de prácticas pre-profesionales". Quito: Escuela de Gestión Social-Pontificia Universidad Católica del Ecuador, 2017 (documento não publicado).

MOREANO, Melissa. "Feminicidios: queremos todos los nombres", *La Barra Espaciadora*, 14 dez. 2016.

ORDOQUI, Javier Martín & MARTÍN HERNANDEZ, Facundo. "La geografía, los geógrafos y la gestión: aportes para la democratización del territorio", *Boletin Geográfico*, n. 31, 2008, p. 269-287.

ZARAGOCIN, Sofía; CEVALLOS, María Rosa; FALANGA, Guglielmina; ARRAZOLA, Iñigo; RUALES, Gabriela; VERA, Verónica & YEPEZ, Amanda. "Mapeando la criminalización del aborto en el Ecuador", *Revista de Bioética y Derecho*, v. 43, p. 109-25, 2018.

ZARAGOCIN, Sofía; SILVEIRA, Manuela & ARRAZOLA, Iñigo. "Hacia una geografía del femicidio en Ecuador". *In*: NAVAS, María Gabriela & MAKHLOUF, Muna (org.). *Apropiaciones de la ciudad: género y producción urbana — la reivindicación del derecho a la ciudad como práctica espacial*. Barcelona: Pol.len, 2018, p. 77-113.

14

SUBVERTER A GEOPOLÍTICA DA VIOLÊNCIA SEXUAL: UMA PROPOSTA DE (CONTRA)MAPEAMENTO DE NOSSOS CORPOS-TERRITÓRIOS

Giulia Marchese

TRADUÇÃO Manuela M. M. Silveira

INTRODUÇÃO

> *Meu feminismo não se fundamenta em abstrações incorpóreas, mas em realidades corporais. O corpo material é o centro e central. O corpo é o terreno do pensamento e da imaginação. Nossa tarefa é imaginar Coyolxauhqui nem morta nem sem cabeça, mas com os olhos bem abertos. Nossa tarefa é iluminar a escuridão.*
> — Gloria Anzaldúa

A experiência corporal feminina ou feminizada foi historicamente influenciada pelos mais diversos atores, processo que transformou as mulheres em testemunhas silenciadas de uma dinâmica de poder entre quem está autorizado a exercer controle sobre essa superfície material e o que ela supostamente envolve. O Estado-nação, a Igreja, a família, as relações conjugais, as empresas privadas, a sociedade civil e suas múltiplas formas de organização social nos lembram frequentemente de que, como mulheres, o significado de nossa existência transcende nossas fronteiras corporais: estamos neste mundo para algo mais do que para nós mesmas, como indivíduos ou como comunidade. Analisar criticamente a formação geográfica desse corpo que nos constitui é de fundamental importância para compreender os fenômenos limitados a essa dimensão e que se revelam como constitutivos desse espaço geográfico. A violência sexual e a geopolítica são exemplos desses fenômenos. Fundamentada no corpo sexualizado sobre o qual é exercida, esse tipo de violência tem um significado poroso em relação à linha geopolítica definidora: a pele. Trata-se de um fenômeno tanto sistêmico como trans-histórico, tanto íntimo e pessoal quanto político e estrutural.

Os feminismos versaram sobre a violência sexual ou sexualizada segundo perspectivas não vitimizadoras para as mulheres, não paternalistas ou não criminalizadoras em relação aos sujeitos e corpos envolvidos, de maneira a denunciar a (auto)invisibilização e a naturalização impostas para perpetuá-la. É nesse viés feminista e em uma América Latina antirracista e antiespecista que me encontro, que me transformo, que me situo como uma mulher criada e disciplinada por meio de experiências de violência. No entanto, aqui e agora, vivencio um ambiente racista como uma alguém sistematicamente privilegiada: branca, jovem, com passaporte europeu, universitária. Um sistema que se tornou um ambiente, um ambiente que tentou silenciar minha voz, minha liberdade de movimento e minha experiência, com o objetivo de orientá-las para espacialidades mais adequadas às minhas condições de gênero, raça e classe. Sexismo, racismo e classismo trabalham em conjunto para delimitar territórios jurídicos apropriados. Podemos ser mulheres urbanas ou rurais, brancas ou racializadas, com diferentes condições de classe, idade e localização geográfica: nossas condições de identidade sobrepostas em nossos corpos são continuamente orientadas, corrigidas, endireitadas e universalizadas por mapas dos mais diversos tipos. Por exemplo, os mapas das mulheres urbanas são os enormes outdoors que vemos nas ruas. São os costumes de nossas comunidades, bairros, famílias: o sistema jurídico, mais ou menos legislado, que funda ou pretende fundar nossos territórios. São mapas que dizem nos orientar, embora tudo o que façam seja espacializar o corpo, transformá-lo em espaço, propor a regra geral, as dimensões desejáveis, tanto interna quanto externamente, na suposta polarização ocidental entre corpo e espírito.

Em pesquisas acadêmicas engajadas, acompanhadas de mobilizações sociais, os feminismos têm praticamente declinado em favor de epistemologias e metodologias voltadas para mudanças sociais radicais. Situado nesse contexto, este texto se refere a uma proposta teórica que considera as contribuições da antropologia e da geografia com base na epistemologia feminista, que defino como a *geografia política feminista do corpo* (*ou corporalização da geografia*). É necessário ressaltar aqui o caráter político do (auto)conhecimento que se pretende gerar com as metodologias propostas, cujos objetivos são "visibilizar, desnaturalizar e historicizar" (Castañeda Salgado, 2012) a violência sexual na experiência das mulheres, na experiência encarnada em nossos corpos. Apesar dos esforços políticos, tanto acadêmicos como práticos, o fenômeno da violência sexual continua afetando as vidas e os corpos da maioria de nós mulheres na atualidade.

Considero que realizar uma pesquisa feminista sobre esse tema deve envolver uma análise profunda de nossa experiência pessoal, que nos serve de base para nos reconhecermos. Afirmar que o fenômeno está tão generalizado e difundido a ponto de afetar a maioria dos corpos femininos ou feminizados significa nos engajarmos no reconhecimento de nós mesmas como parte das sujeitas da pesquisa: o corpo da pesquisadora como o primeiro território a (contra)mapear. Isso implica não apenas nos reconhecermos com as mulheres com as quais nos comprometemos a trabalhar, mas também nos transformarmos profundamente a partir de nosso próprio corpo.

Para esse reconhecimento, me parece urgente pensar na pesquisa acadêmica em termos de *colabor* (Leyva Solano & Speed, 2015) de transformação íntima, coletiva e social. O compromisso de politizar o fenômeno da violência sexual, visibilizando-o como violência política entendida pelas sobreposições de poder em âmbito territorial, implica duas ações:

i) analisar as relações de poder presentes em diferentes contextos, dimensões e em diferentes escalas geográficas: a análise das relações de poder presentes no observado e das relações de poder entre o observador e o observado, assim como as relações que cada um estabelece com sua própria experiência pessoal;

ii) evidenciar a necessidade de uma crítica à geografia e à etnografia como análises de uma dimensão especificamente pública da cultura. A geografia política feminista pretende ser uma metodologia que *repolitiza* e *desprivatiza* a experiência das mulheres, o que também questiona as categorias da fragmentação espacial moderna, tais como espaço público e espaço privado.

A ESPACIALIZAÇÃO DA EXPERIÊNCIA FEMININA: CORPOS DE MULHERES

Pretendo incorporar aqui um conhecimento geográfico crítico em uma perspectiva feminista, a fim de compreender e nos libertar das violências sexuais e sexualizadas, o que também significa compreender de que modo nossos corpos foram espacializados.

Essa materialidade a que chamamos corpo, que é a materialidade que somos, tem sido tratada de diferentes maneiras na geografia e em particular na geografia feminista. O corpo foi definido como um lugar (Massey, 1994), como a primeira escala geográfica de análise (Smith, 1993), como uma superfície de intervenção por parte de diferentes atores e/ou poderes (McDowell, 1999) e como um território para a conquista (Segato, 2014).

Este trabalho esboça como cada conceitualização sobre o corpo é estratégica para o objetivo político aqui proposto: construir metodologias participativas para o trabalho de (des)construção de experiências corporais livres e libertadoras para as mulheres.

Consequentemente, estou interessada em abordar o corpo como um *ensamblaje* territorial,[1] uma composição, um território político composto por muitos outros que o produzem e que são permeados por relações de poder das quais é necessário nos libertarmos.

1 A autora utiliza o termo *ensamblaje*, conceito-chave de sua análise e que, de acordo com o contexto, ora mantemos no original, ora traduzimos como *composição*, *sobreposição*, *conjunto* ou *entrelaçamento*. [N.T.]

O corpo das mulheres é historicamente configurado como um *território político* (Gómez Grijalba, 2012). Como diz a feminista comunitária maya-xinka Lorena Cabnal:

> Incorporam-se categorias interpretativas próprias, como a de *território-corpo*, que implica o primeiro território-corpo das mulheres indígenas,[2] em uma ação de recuperação e defesa. É esse território expropriado pelos patriarcados e duplamente pactuado para se sustentar, um território com memória corporal e histórica e, portanto, o primeiro lugar de enunciação, o lugar a ser curado, emancipado, libertado, o lugar para recuperar e reivindicar a alegria. *O corpo que se abraça com o território-terra*[3] implica um lugar significativo e histórico onde habita a longa memória dos povos, um território de recuperação da expropriação colonial, da usurpação de modelos organizativos impróprios, da imposição mercantilista da propriedade privada destinada a fazer parte do Estado-nação colonial. Mas, antes de tudo, também um território em defesa do auge do neoliberalismo, cujas transnacionais extrativistas representam outra nova forma de expropriação, pilhagem e ameaça à vida dos povos. (Cabnal *apud* Gargallo, 2012, p. 165)

A base da metodologia aqui proposta é o *território que habitamos*, *que somos* — território-corpo e território-terra. Consideramos o território como a unidade de medida das práticas extrativistas patriarcais e, consequentemente, capitalistas. No cálculo aquisitivo desses poderes hegemônicos, o corpo das mulheres é concebido como um território geoestratégico para a conquista (Segato, 2014), não só dos próprios corpos mas também de toda a comunidade[4] e seu território-terra.

2 Em suas palavras, a autora se refere às mulheres indígenas, embora eu considere que as categorias que ela propõe possam ser estendidas aos corpos das mulheres em geral, elas próprias atravessadas por diferentes poderes hierarquizantes.

3 Grifo meu, para enfatizar a forma como a autora conecta território-corpo e território-terra por meio de um abraço.

4 A categoria "comunidade" é usada aqui em sentido amplo, referindo-se não apenas às comunidades indígenas mas também às comunidades de coexistência autoconformadas e em resistência.

O entrelaçamento entre território-corpo e território-terra torna essencial analisar os contextos de guerra nos quais ocorrem fenômenos massivos de violência sexual, particularmente na América Central e no México.

Entretanto, reconhecemos o corpo também como *conjunto* de nossa subjetividade encarnada, nosso primeiro território, de onde impulsionamos nossos processos de libertação.

As principais características de uma cartografia são a escala geográfica, o sistema de representação e a simbologia, todas elas categorias de organização espaçotemporais que se combinam para a (auto)apropriação da representação do mundo. Se nossos territórios-corpos e territórios-terras são efetivamente territórios de poder, é necessário refuncionalizá-los como territórios de resistência, como territórios políticos de insubordinação e de deslocamento espaçotemporal, de maneira a inverter as escalas geográficas, os sistemas de representação e as simbologias das composições territoriais de poder. A cartografia ortodoxa, seja ela corpórea, municipal, estadual, nacional ou global, constrói o território e propõe sistemas de limites e definição (que são de sexo-gênero, como as fronteiras nacionais), para nos tornar funcionais à penetração extrativista: "Cada cartografia é, antes de tudo, um projeto sobre o mundo. O projeto de cada cartografia é transformar, previamente, a face da terra à sua imagem e semelhança" (Farinelli, 2009). O conhecimento territorial e sua representação são outra forma de exercer o poder, bem como um veículo para seu exercício. A geografia é uma arma de guerra e, na produção cartográfica, o sujeito hegemônico ocupa o lugar central, enquanto os territórios ao norte e ao sul são *funcionalizados* em relação ao norte, cada um à sua maneira e de acordo com a perspectiva vigente. O mapa não é o território: "O mapa mente. A geografia tradicional rouba o espaço, assim como a economia imperial rouba a riqueza, a história oficial rouba a memória e a cultura formal rouba a palavra", diz Eduardo Galeano (2003 [1999]).

Se olharmos para um mapa do que se pretende ser um corpo feminino e um masculino, uma representação hegemônica das duas corporalidades, vemos como o masculino é desenhado com linhas retas que o moldam, enquanto se procura caracterizar o corpo feminino com linhas curvas. A linha reta, de fato, é a mais curta para se ir de um ponto a outro: é a linha do mapa moderno, dos conquistadores, das práticas neocolonialistas que procuram espacializar a terra, a natureza e, por sua vez, naturalizar algumas corporeidades como apropriáveis.

Assim como a imagem padronizada e biologicista dos corpos femininos e masculinos é uma representação violenta e falaciosa, também o é a representação mais conhecida do mundo, a de Mercator: eurocêntrica, pois representa a Europa no centro do mundo, alimentando uma visão culturalmente viciada que deforma o território à medida que se aproxima dos polos; é retangular. Dito isto, nenhum mapa está livre de distorções, aproximações e generalizações. O planisfério de Peters, criado para ser mais fiel em relação às dimensões reais dos continentes, respeita a proporção das superfícies, mas não as distâncias.

Devemos nos perguntar também: quem estabelece as fronteiras dos corpos, dos Estados-nação? Quais operações traçaram as linhas que os definiram? E, na análise dos planisférios, quem decidiu que o Norte fica em cima e o Sul, embaixo? Evidentemente, pessoas preocupadas em produzir representações do mundo que tornassem funcional uma visão na qual o Norte fosse o "topo" e o Sul o "fundo", perpetuando a dialética amo-escravo, penetrado-penetrador. O planisfério usualmente utilizado na Austrália nos mostra um mundo "de cabeça para baixo", embora não questione a centralidade da Europa e as proporções propostas por Mercator. Como representar de forma não paralisante, sugestiva, mais livre, libertadora, disfuncional e aberta? Como reverter os imaginários para denunciar, desconstruir e recriar melhores condições de habitabilidade em nossos territórios-mundo?

ESTRATÉGIAS DE (AUTO)REPRESENTAÇÃO: *CORPOS-MUNDOS* OU CORPORALIZAR A GEOGRAFIA

Dentro desse contexto teórico, neste trabalho considero as contribuições da antropologia e da geografia feminista, que defino como geografia política feminista do corpo (ou corporalização da geografia), entendendo-a como um método de pesquisa encarnada (corpo como primeiro território de análise), o que me permite pensar nas escalas geográficas e territórios analisados em termos de sobreposições.

Ao pesquisar a história da cartografia, encontramos representações da realidade que são resultado de processos de (auto)consciência; são alternativas à forma espacial hegemônica que caracteriza a abordagem extrativista da geopolítica moderna. Um desses exemplos é a produção artístico-literária de Opicinus de Canistris, sacerdote, místico, escritor e cartógrafo italiano que viveu no século XIV. As imagens e representações que produziu foram chamadas de "corpos-mundos" (Siebold, 2014). Elas correspondiam às visões do autor; eram representações de continentes e oceanos transformados em figuras humanas, muitas delas autorrepresentações utilizadas como técnicas de autoanálise para interpretar suas visões místicas em relação ao seu corpo e à sua vida.

Opicinus de Canistris narra: "Meus olhos interiores se abriram ao discernimento da terra e do mar e os integraram a minha consciência" (Whittington, 2010, p. 20). Seus mapas aparecem como corporificados:

> Por um lado, a criação dos mundos corpóreos permitiu a Opicinus literalizar e simplificar as conexões micro/macrocósmicas entre corpos e mundos de uma forma que poucos haviam feito. Mas ele também usou essa ideia para criar imagens inigualáveis em sua complexidade e dificuldade interpretativa, multiplicando mapas e figuras pela página em redes caleidoscópicas. (Siebold, 2014)

O mais importante nesse contexto é evidenciar como a maioria de suas obras parece representar a terra e os corpos como coextensivos, feitos do mesmo material: corpos feitos da mesma matéria que a terra (Whittington, 2010). Essa coextensividade nos leva a superar também a distância ontológica e epistêmica estabelecida entre o *sujeito* e o *objeto* de pesquisa, assim como a constante relação de poder estabelecida entre os dois, o subjetivado e o objetivado. Da mesma forma, envolver as relações de poder na análise implica ampliar o horizonte metodológico limitado das ciências sociais patriarcais e coloniais, presas à dialética universalismo/relativismo, macroescalas/microlugares, estruturas e práticas individuais.

Essas premissas de pesquisa nos levam a repensar constantemente nossa posição como pesquisadoras e nossa relação com o que estamos pesquisando, com o objeto-sujeito da pesquisa, para "situar a pesquisadora no mesmo plano crítico que o objeto explícito de estudo" (Harding, 1998, p. 24). Elas nos obrigam a renegociar continuamente a posição e as relações de poder envolvidas na pesquisa, ao considerar a mobilidade e a reflexividade como duas características de todos os sujeitos.

Por meio dessa metodologia, constatamos que o projeto político definido de maneira neutra como *globalização* mascara processos multiformes de dominação neoimperial e neocolonizadora em diferentes escalas geográficas e envolvem constantemente dinâmicas espaciais igualmente multiformes. O território é dividido, com base em uma perspectiva geoeconômica, em zonas industriais e financeiras que constroem as localidades como zonas econômicas especiais: de livre comércio, parques industriais, enclaves *offshore* aparentemente idênticos em qualquer parte do mundo. É necessário, portanto, analisar as composições territoriais orientadas por esses zoneamentos. Além disso, existem sobreposições que articulam elementos profundamente diferentes, mas igualmente funcionais. O objetivo não parece ser eliminar as diferenças, mas trabalhar com elas para construir corredores e caminhos em um mundo cada vez mais fragmentado produtivamente. Embora essa tendência possa ser vista como aparentemente generalizada, considero que a base espacial do sistema político-econômico hegemônico sempre foi heterotópica. Mais do que a exclusão de espaços "alternativos" e a inclusão de espaços "homogêneos", seria preciso pensar em uma "inclusão hierarquizada" de qualquer formação espacial, abordando-a e transformando-a (violentando-a) a fim de torná-la funcional ao sistema. O diferente é assim absorvido e situado em lugares relacionalmente periféricos, marginalizados e precarizados. É necessário mudar o *ponto de vista* para entender como as hierarquizações e as exclusões estabelecidas são produtivas para o sistema político-econômico.

Acredito que essa polarização macro/micro essencializa novamente as escalas geográficas e a abordagem funcionalista com as quais se vincula em nível sistêmico. Nessa discussão, é necessário considerar as conexões globais definidas, o que permite articular e territorializar o abstrato espaço global dos fluxos.

Existe uma clara divisão e fragmentação do espaço geográfico em zonas funcionalmente especializadas. Tanto nossos corpos como o próprio espaço-nação mexicano podem ser lidos com base em uma especialização produtiva que os insere em uma dinâmica específica da divisão internacional do trabalho e da economia global. O México é um país que, em escala regional e internacional, oferece certos recursos naturais, como os do subsolo, da natureza e do corpo das pessoas. Da mesma maneira, existem diferentes zonas formalmente reconhecidas, como as financeiras e as econômicas especiais, e outras não reconhecidas de maneira formal, a exemplo das zonas de exploração de recursos naturais e de colheita de corpos de mulheres para o tráfico de pessoas, ou seja, zonas de expropriação territorial em termos mais amplos. Essa é uma prova evidente de que a geografia contemporânea está moldada pela economia e suas dinâmicas, como é o caso da guerra generalizada implantada nos territórios para favorecer as práticas extrativistas.

Enquanto o espaço marca limites e conteúdos, a geopolítica conecta e dá significado funcional aos espaços para sua produtividade sistêmica. Revelar as composições que servem de base às essencializações e fragmentações espaciais e metodológicas (escalas geográficas de análise, como nossas perspectivas ao espaço analisado) nos leva a considerar outros métodos e técnicas de pesquisa. O método de *ensamblajes* nos permite situar a articulação da opressão de modo não hierárquico ("não há hierarquia de opressões", Audre Lorde) nem essencialista (categorias ou escalas que configuram espaços estabelecidos de articulação), mas interdisciplinar, multissituado e multimétodico. Os *ensamblajes* denunciam, por um lado, a localização simultânea de determinados territórios como sujeitos a intervenções, moldáveis para a satisfação de necessidades; espaços historicamente identificados como terra (natureza) e o corpo das mulheres, corpos racializados, empobrecidos. Por outro lado, existe uma diferenciação, um zoneamento espacial que confina o *intervenível* a uma esfera privada (privatização massiva). As mulheres e suas determinadas zonas corporais se tornam território da acumulação original em que está alicerçado o capitalismo (Federici, 2004 [2017]). Essa recondução necessária das violências sexuais no âmbito dos corpos e das terras como *ensamblajes* territoriais violentados nos permite explicar de que modo as violências sexuais estão historicamente associadas às práticas de guerra e aos contextos e sistemas bélicos, responsáveis por organizar a destruição em âmbito pessoal e comunitário por meio dos corpos das mulheres e da aniquilação de suas subjetividades.

TÉCNICAS DE TRABALHO ENTRE A ANTROPOLOGIA SITUADA, A (AUTO)ETNOGRAFIA E A GEOGRAFIA FEMINISTA DO CORPO

Como uma das ciências sociais que acredito importantes à pesquisa, a epistemologia feminista se concentra na reconstrução e ressignificação da experiência das mulheres no sistema capitalista patriarcal neoliberal contemporâneo, como já mencionei.

Os sujeitos e corpos femininos podem ser historicamente localizados como sujeitos e corpos construídos como outros, situados em uma posição social desigual, hierárquica.

O *colabor* é uma prática inerente à subjetividade cotidiana do "observante", um saber incorporado, um saber fazer no sentido literal de saber com o corpo, ou seja, "um conjunto de habilidades inconscientes que passam por e se inscrevem no corpo" (Giglia, 2003, p. 90). O corpo somos nós: na pesquisa feminista, é o território pelo qual devem passar tanto a análise e a observação como a autoanálise e a auto-observação. Com base na epistemologia feminista como criação de conhecimento situado (Haraway, 1995), queremos dar conta da mobilidade do observado e também da mobilidade das posições e do lugar de enunciação do/da observante.

Propomos discutir criticamente o conceito de etnografia multissituada ou "etnografia estrategicamente situada [para] compreender, ampla e etnograficamente, o sistema e, ao mesmo tempo, os sujeitos locais" (Marcus, 2001, p. 121). Do ponto de vista metodológico, a antropologia se aproxima da geografia na busca de um vínculo teórico-prático entre as já mencionadas macroestruturas e os microlugares. A proposta de Marcus oferece contribuições específicas para pensar sobre o vínculo entre as violências sexuais, a memória corporal e o contexto do sistema capitalista patriarcal neoliberal.

> A pesquisa empírica multissituada tem conotações particulares para a antropologia feminista. Refere-se tanto à localização geográfica do contexto como ao estudo dos lugares de concentração de poder ou de marginalidade, da reprodução social, da criatividade pessoal ou coletiva, buscando insistentemente as *marcas de gênero na construção do espaço*. (Castañeda Salgado, 2012, p. 229)

O objetivo da metodologia proposta é construir coletivamente um conhecimento "parcial e contingente" (Leyva Solano & Speed, 2015, p. 456) com dez mulheres do município de Ecatepec, em Morelos, México, identificando, juntas, estratégias para uma vida livre de violência.

É necessário nos (re)conhecermos e termos um ponto de vista estratégico para focalizar a reconstrução de nossa experiência como mulheres e a reapropriação de nossos territórios, a começar por nosso próprio corpo. Pretendemos ativar processos que nos permitam exercer uma política de autorrepresentação para gerar uma ressignificação do *ensamblaje* territorial que habitamos, que somos: nosso corpo.

Com base no objetivo e na estrutura teórico-metodológica proposta (*ensamblajes* e territórios), nos parece importante coletar técnicas de pesquisa que definirei aqui como etnogeográficas. Essas técnicas ajudam a revelar a territorialização de categorias nas quais o poder está em jogo — raça, classe, sexo e sexualidade — e os territórios (corpos e terras) que as encarnam. Uma dessas técnicas é o *(contra)mapeamento do corpo*, uma ferramenta gráfica e discursiva que permite revelar as sobreposições de poder que configuram nosso corpo, o corpo das mulheres, em nossas experiências pessoais de violência sexual sistêmica. Ela nos permite articular o corpo com amparo nas diferentes categorias, estabelecer novas semióticas cartográficas, abolir as hierarquias visuais ortodoxas baseadas na essencialização das escalas geográficas e fazer uma auto-história, como propôs Gloria Anzaldúa, uma história de vida realizada pela autorreflexão.

Finalmente, o (contra)mapeamento do corpo oferece a possibilidade de reconstruir um lugar de enunciação nosso, próprio, desenhado e realizado segundo nossa experiência pessoal. Procuramos colocar o mapeamento em um horizonte lúdico, artístico, criativo, histérico, para representar o tempo e o espaço fracionado e simultâneo — *ensamblado*/sobreposto — das mulheres. Continuamos em busca de ferramentas técnico-práticas que expliquem como "as mulheres se movem em lugares limítrofes, fronteiriços, de trânsito e de intermediação" (Castañeda Salgado, 2012, p. 229), geralmente caracterizados por um contexto de militarização, conflito e guerra. Queremos revelar e questionar como a fronteira é encarnada no corpo, como as diferentes dinâmicas geopolíticas estruturais nos configuram e configuram nossas terras.

CONCLUSÕES: RUMO A UM (CONTRA)MAPEAMENTO DO CORPO COMO *ENSAMBLAJE* TERRITORIAL

A geografia política feminista nos convida a reconhecer nossos corpos como territórios que sintetizam nossas articulações com o poder, que chamarei aqui de *ensamblajes* de poder, as quais aparecem encarnadas em nossas condições hierárquicas de gênero, raça, classe e sexualidade. Como reorganização do território-terra, o resultado é um zoneamento territorial. O território das geografias extraíveis e penetráveis é um território *manchado*, em que as violências ocorrem de forma diferente dependendo da interação e da interseção entre *ensamblajes* territoriais de poder, territórios-terra e territórios-corpo (Marchese, 2015). Longe de pensar no território-terra como uma tela uniforme, violentada e permeada por ausências ou "vazios de poder", considero fundamental visibilizar a saturação de poderes que se entrecruzam nessas operações. Será fundamental desconstruir o poder representado de modo monolítico, além de enumerar e nomear os poderes e suas violências por meio do corpo, do tecido corporal da experiência, e identificá-las na interseção com a dimensão de sua territorialização. A técnica de (contra)mapeamento do corpo permite que percebamos como nosso primeiro território foi o primeiro espaço cartesiano, ainda antes da invenção da visão cartográfica do mundo; o espaço cartesiano entendido como um meio que reitera o antropocentrismo e a fetichização da natureza. Por isso acreditamos que deve haver um limite para a produção espacial como potencial libertador.

A materialização espacial envolve formas de confinamento, o que torna impossível manter a produção espacial infinitamente aberta, como sugere Lefebvre (1976). Ao contrário de Foucault — que em suas reflexões se refere a um sujeito/corpo universal e assexuado e, portanto, ao corpo feminino como algo dado —, pretendo, com a metodologia dos *ensamblajes*, revelar a sobreposição de poder que configura especificamente os corpos femininos. Nesse sentido, é fundamental considerar o corpo como *ensamblaje* territorial de autoenunciação e de ressignificação de nossas experiências, e não como um espaço-recipiente cartesiano. A proposta é buscar a ressignificação de nossos corpos como *ensamblajes* territoriais para pensar coletiva e intimamente os processos de libertação.

CASTAÑEDA SALGADO, Martha Patricia. "Etnografía feminista". *In*: BLAZQUEZ GRAF, Norma; FLORES PALACIOS, Fátima; RÍOS EVERARDO, Maribel. *Investigación feminista: epistemología, metodología y representaciones sociales*. Cidade do México: Unam, 2012, p. 217-38.

FARINELLI, Franco. *I segni del mondo: immagine cartografica e discorso geografico in età moderna*. Firenze: Academia Universa Press, 2009.

FEDERICI, Silvia. *Calibán y la bruja: mujeres, cuerpo y acumulación originaria*. Madri: Traficantes de Sueños, 2004. [Ed. bras.: *Calibã e a bruxa: mulheres, corpo e acumulação primitiva*. Trad. Coletivo Sycorax. São Paulo: Elefante, 2017.]

GALEANO, Eduardo. *Patas para arriba: la escuela del mundo al revés*. Madri: Siglo XXI, 2003. [Ed. bras.: *De pernas para o ar, a escola do mundo ao avesso*. Brasil: L&PM, 1999.]

GARGALLO, Frascesca. *Feminismos desde Abya Yala: ideas y proposiciones de las mujeres de 607 pueblos en nuestra América*. Bogotá: Ediciones desde abajo, 2012.

GIGLIA, Angela. "Cómo hacerse antropólogo en la Ciudad de México: autoanálisis de un proyecto de trabajo de campo", *Alteridades*, v. 13, n. 26, p. 87-102, 2003.

GÓMEZ GRIJALBA, Dorotea. *Mi cuerpo es un territorio político*. Bogotá: Brecha Lésbica, 2012.

HARAWAY, Donna. *Ciencia, cyborgs y mujeres: la reinvención de la naturaleza*. Trad. Manuel Talens. Madri: Cátedra, 1995.

HARDING, Sandra. "¿Existe un método feminista?". *In*: BARTRA, Eli (org.). *Debates en torno a una metodología feminista*. Cidade do México: UAM-Xochimilco, 1998, p. 9-34.

LEFEBVRE, Henri. *La produzione dello spazio*. Milão: Il Saggiatore, 1976.

LEYVA SOLANO, Xochitl & SPEED, Shannon. "Hacia la investigación descolonizada: nuestra experiencia de co-labor". *In*: LEYVA SOLANO, Xochitl *et al*. *Prácticas otras de conocimiento(s): entre crisis, entre guerras*, tomo I. Guadalajara: La Casa del Mago, 2015, p. 451-80.

MARCHESE, Giulia. *Lo sviluppo político del confine: il femminicidio nello spazio pubblico di Ciudad Juárez*. Dissertação de mestrado, Bolonha, Universidade de Bolonha, 2015.

MARCUS, George E. "Etnografía en/del sistema mundo: el surgimiento de la etnografía multilocal", *Alteridades*, v. 11, n. 22, p. 111-27, 2001.

MASSEY, Doreen. *Space, Place and Gender*. Minnesota: Minnesota University Press, 1994.

MCDOWELL, Linda. *Género, identidad y lugar: un estudio de las geografías feministas*. Trad. Pepa Linares. Madri: Cátedra, 1999.

SEGATO, Rita Laura. *Las nuevas formas de la guerra y el cuerpo de las mujeres*. Puebla: Pez en el Árbol, 2014.

SIEBOLD, Jim. "Canistris Maps (1335-1350)", 2014. Disponível em: http://www.myoldmaps.com/late-medieval-maps-1300/231-go-tenjiku-zu-asian/230-opicinus-de-canistris/.

SMITH, Neil. "Homeless/global: scaling places". *In*: BIRD, John; CURTIS, Barry; PUTNAM, Tim & TICKNER, Lisa (org.). *Mapping the futures: local cultures, global change*. Londres: Routledge, 1993.

WHITTINGTON, Karl Peter. *The Body-Worlds of Opicinus de Canistris, Artist and Visionary (1296-ca.1354)*. Tese de doutorado, Berkeley, Universidade da Califórnia, 2010.

DIÁLOGOS

PARTE III

15

DE-GÊNEROS E TERRITÓRIOS: A TERRA TEM GÊNERO?

Gabriela Ruales
Sofía Zaragocin
TRADUÇÃO Manuela M. M. Silveira

Este texto é uma provocação, um convite para revermos, com base no feminismo, a nossa compreensão sobre a terra-natureza. Trata-se de um diálogo, um questionamento inacabado, talvez infinito, assim como as formas que os corpos e os territórios assumem ao se deixarem levar pelo ímpeto da vida e, consequentemente, pela transformação permanente.

INTRODUÇÃO: DE ONDE ESCREVEMOS

Nós somos membros do Colectivo de Geografía Crítica de Ecuador e temos trajetórias similares, mas distintas no que se refere ao feminismo e a sua relação com o território-terra. Sofía Zaragocin analisa o espaço de acordo com a geografia feminista decolonial, e Gabriela Ruales se fundamenta na relação corpo-território pensada pelo

Colectivo Miradas Críticas del Territorio desde el Feminismo. Estamos interessadas em criar um diálogo entre as geografias feministas e os debates feministas latino-americanos para provocar a discussão ao redor de uma pergunta central: a terra tem gênero?

O diálogo aqui proposto relaciona-se com nossa experiência de pesquisa-ação e, particularmente, a conversas sobre as seguintes autoras e seus trabalhos: Astrid Ulloa, Katy Jenkins, Lorena Cabnal e as Asambleas del Feminismo Comunitario en Bolivia. Acompanhando o desejo de promover uma discussão entre diferentes tendências de espacialidades feministas, escolhemos duas geógrafas que trabalham temas de gênero e feminismo, respectivamente: uma autora ativista e um coletivo que trabalha os temas do feminismo comunitário. Todas as autoras analisadas repensam a relação linear e essencializada estabelecida entre terra e mulher que desenvolveremos a seguir.

POR QUE NOS PERGUNTAMOS SE A TERRA TEM GÊNERO?

A pergunta surge porque algumas pessoas afirmam que a terra é mulher e, mais do que isso, que a terra é mãe. Mas qual a origem dessa afirmação? Por que feminina, mulher e mãe ou por que unicamente mulher e mãe? Se atribuímos um gênero à terra, o que ocorre com os outros gêneros presentes na diversidade que a própria terra ampara e concebe? O que acontece com o masculino, o pai, os homens e aqueles que estão em transição? E com quem rompe com o heteronormativo e com o homonormativo colonial? Por que uma terra feminizada, se há uma grande diversidade presente entre os seres?

Compartilhamos um incômodo que se refere à relação causal, homogeneizante e essencializada estabelecida entre mulher e território. Mais especificamente, ao uso político dos termos Pacha Mama e Mãe Terra, que atribuem um gênero à terra: mulher e mãe. Como reprodutora social da vida, a mulher é associada à terra, que também gera vida, atuando como a mãe que nos une e ampara a todos. Ouvimos menções a essa relação durante anos, tanto nos espaços comuns, acadêmicos e militantes quanto nos que propõem outra cosmovisão. Pacha Mama, Mãe Terra e outros tantos nomes feminino-maternais chamam a nossa atenção neste momento da história, mas os questionamos, porque acreditamos que foi estabelecida uma relação patriarcal utilitária nessas considerações, que criaram uma cultura machista muito arraigada nas práticas e na simbologia construída sobre os territórios, incluindo aqui nossos corpos.

O incômodo provém da sensação de que se atribui uma identidade essencializada à terra, o que em outras circunstâncias já seria pouco justificável. Na maioria dos espaços políticos e acadêmicos, por um lado, seria impossível considerar todas as mulheres como cisgêneros e, por outro, como mães inatas, seguindo lógicas heteronormativas, heteropatriarcais e heterossexistas. Isso vem sendo questionado por vários feminismos há muitas décadas. Por que se atribui à terra uma identidade fixa e estável que já não é possível atribuir sequer às pessoas que supostamente se encaixam em uma identidade feminizada? O que nos leva a pensar que ainda se pode atribuir um gênero fixo ao espaço, quando em outros contextos isso já vem sendo intensamente questionado? De onde surge esse pensamento e para quê?

EXPLORAÇÃO HISTÓRICA DAS TERMINOLOGIAS PACHA MAMA E MÃE TERRA

Como reforçam as vozes de Lorena Cabnal, das mulheres indígenas maya-xinca da Guatemala e do feminismo comunitário da Bolívia, existe um tipo de patriarcado originário, anterior à colonização, que se entroncou com o patriarcado proveniente da Colônia. De acordo com Cabnal, esse "entroncamento patriarcal" teria fortalecido uma *heterorrealidade cosmogônica originária*,

> a norma que, pelo essencialismo étnico, estabelece que todas as relações da humanidade e desta com o cosmos estejam baseadas em princípios e valores como a complementariedade e a dualidade heterossexual para a harmonização da vida. No entanto, essa é a mais sublime imposição an-

> cestral da norma heterossexual obrigatória na vida de mulheres e homens indígenas, legitimada por práticas espirituais que a definem como sagrada. (Cabnal, 2010, p. 16)

Um dos principais questionamentos da autora se dirige à construção masculina do conhecimento cosmogônico originário, pois tal construção epistêmica gerou e continua gerando desigualdades em relação a quem não é parte da coletividade masculina.

Da mesma forma, o feminismo comunitário da Bolívia propõe que "a compreensão de Pacha Mama como sinônimo de Mãe Terra é reducionista e machista, referindo-se somente à fertilidade para manter as mulheres e Pacha Mama sob seu arbítrio patriarcal" (Cabnal, 2010, p. 18). É interessante notar a relação que a autora estabelece entre a exploração da natureza, entendida como Mãe Terra, e a exploração das mulheres. A interpretação machista da terra está relacionada com sua fertilidade, ou seja, com o fato de considerá-la um ser sexuado feminino fecundável que, consequentemente, é uma mãe ou, como propõe Lorena Cabnal:

> A Pacha Mama é a Mãe Terra cujo papel cosmogônico se situa dentro de uma ordem heterossexual cosmogônica feminina, como reprodutora e geradora de vida. Foi engendrada por Tata Inti, o pai Sol, o astro rei, o masculino fecundante. Estabelece-se nessa relação algo que deve chamar nossa atenção, como mulheres feministas comunitárias, pela posição de poder e superioridade manifestada entre o de cima, como macho, e a de baixo, fecundada como fêmea. (Cabnal, 2010, p. 19)

Assim, a terra em toda a sua complexidade é apresentada exclusivamente como feminina, mãe e numa relação heteronormativa. O não humano é humanizado, heteronormalizado e se apoia sobre uma base patriarcal de criação de um mundo carregado de essencialismos.

Entender a terra como mãe serviu para estabelecer um imaginário de relação maternal com ela. No entanto, essa mesma construção simbólica aprofundou o abuso, o uso e usufruto da terra.

COMO TENTAMOS RESPONDER A ESSAS PERGUNTAS

Respondemos com base em nosso conhecimento situado mas também nas reflexões geradas por um trabalho coletivo e na experiência em lutas antiextrativistas e feministas. Reconhecemos que ainda falta muito a indagar sobre esses processos; todavia, acreditamos que seja legítimo semear um primeiro esboço desse questionamento em nós mesmas e nas aproximações ao trabalho territorial e coletivo que realizamos.

Durante muitos anos, escutamos sobre a relação terra-mulher-mãe; nos questionamos sobre como assumimos essa visão de mundo e começamos a observá-la ouvindo outras mulheres e organizações de mulheres que problematizaram essa essencialização dos territórios e de si mesmas. Nós, mulheres que escrevemos este texto, nos reunimos para dialogar e tivemos como referência a troca com outras e outros, pensando sobre o que as perguntas aqui expostas nos provocam; nos propomos a ler, pesquisar e continuar remexendo o que isso nos suscita para contribuir com um novo entendimento do mundo, dos territórios e dos corpos de maneira ampla. A ideia é que isso se dê sem a distorção patriarcal, tradicional ou cultural que propõe um gênero ou um gênero binário ao território e que muitas vezes nos distancia em nossas relações diversas entre mulheres e os diversos gêneros.

COMO ESTE TEXTO ESTÁ ESTRUTURADO

Juntas dialogamos, refletimos e escrevemos para dar espaço a quatro perguntas que nos inquietam:

A que nos referimos com a pergunta *central* deste texto, isto é, se o território tem gênero? A terra tem gênero? Tem somente um gênero?

SOFÍA Questionar isso também significa perguntar quem atribui um gênero ao espaço, quais são as subjetividades envolvidas e o que enunciam os processos que desejam atribuir um gênero ao espaço e ao território. A geógrafa feminista Gillian Rose nos diz que o espaço apenas reflete a sociedade heteronormativa em que vivemos. Ao levar essa análise à categoria ontológica da terra, essa terra passa a refletir os sistemas de gênero existentes em determinado contexto. Por essa razão, as divisões espaciais se refletem nitidamente nas divisões de gênero e vice-versa. O espaço mostra outras dimensões das dinâmicas de gênero impregnadas na sociedade, como no caso do espaço-tempo. Quando perguntamos se a terra tem gênero, estamos fazendo outras perguntas, por exemplo: quem detém a autoridade ética para atribuir um gênero à terra? Será que a terra tem dinâmicas de gênero impregnadas em si mesma?

Ao mesmo tempo, pela interculturalidade, reconhecemos outros sistemas de gênero, para os quais, por exemplo, há pedras femininas e outras masculinas. Reconhecemos que o perigo de produzir este texto é cair em violências epistêmicas em relação a outras maneiras de entender as relações de gênero, que implicam uma variedade de noções de complementaridade vinculadas a distintas identidades espaciais. Já existe uma longa discussão sobre a complementaridade em relação ao mundo feminino e masculino em contextos de povos e nacionalidades indígenas. No entanto, a discussão espacial sobre a complementaridade é limitada.

GABRIELA Essa pergunta traz consigo a preocupação de reconhecer se esse binarismo, na ânsia de humanizar a terra, faz com que a identifiquemos como mulher: não como o feminino em sua explicação adjetivada, mas como mulher; e não somente como mulher, mas como mãe. Ou seria então resultado de uma prática utilitária de inferiorizar a terra para poder explorá-la em práticas capitalistas atravessadas por lógicas patriarcais?

Ao responsabilizar a mulher pela gestação e ao equiparar a terra à mulher, a terra acaba sendo uma infinita reprodutora; portanto, ao ser considerada como infinita reprodutora, será considerada como mãe infinita. Aliás, se seguirmos o raciocínio de considerá-la mãe, onde está o pai? Onde está o lado masculino da terra nessa suposta dualidade? Como as feministas comunitárias da Bolívia denunciaram há alguns anos, ocorreram eventos disparatados, segundo os quais o pai é o cosmos e a terra é sua esposa.

Justamente para não cair na violência epistêmica mencionada por Sofía, considero indispensável analisar como a equiparação entre terra e mãe fortalece as lógicas de dominação sobre ela, indo de encontro ao entendimento da terra como organismo de reprodução da vida segundo a cosmovisão andina ancestral, não atravessada pelo patriarcado capitalista.

A que se refere a palavra "terra"?

GABRIELA A Terra, um planeta, a conjunção dos distintos elementos, como água, ar, terra, fogo, minerais, bem como seus vínculos, ocasionam o despertar da vida em relação ao lugar onde ocorre essa conjunção. As coisas não são iguais no nível do mar e na montanha, assim como há diferenças entre o que acontece em latitude zero e em um dos polos etc. A terra se diversifica de acordo com a sua geografia. É o espaço físico que habitamos, o que comemos, o que cheiramos, sentimos, que nos atravessa e, portanto, é também nosso corpo. Ao mesmo tempo, é o espaço que permite nossa existência por meio das relações que nele ocorrem e que conformam o território, isto é, as relações sociedade/natureza e as sociais, que se dão, por sua vez, na relação tempo e espaço.

SOFÍA Para mim, a terra é uma identidade espacial como outras. No entanto, entendo que é a identidade espacial priorizada na América Latina por evidentes razões históricas. A terra, em comparação com o espaço e o lugar, tem um sentido político de luta e resistência, e vemos isso agora nas lutas contra o extrativismo, especialmente contra a mineração.

Entretanto, com as geografias feministas latino-americanas e anglocêntricas, o corpo cria territorialidade. Há uma relação conceitual entre a geografia feminista e, particularmente, a geopolítica feminista e as propostas de corpo-território em suas perspectivas feministas na América Latina. Sara Smith indica como o corpo, por meio de sua possibilidade reprodutiva, faz com que o amor e o corpo dos bebês sejam entidades geopolíticas, que criam uma geopolítica íntima, como ela denomina. Essa é uma maneira muito particular de entender como o corpo gera territorialidade.

A terra, então, é a identidade territorial que permite relacionar a geografia feminista com os debates feministas sobre o território. É a identidade espacial que nos permite construir diálogos multiespaciais segundo diferentes perspectivas feministas.

Qual é a relação existente entre gênero e terra que estamos questionando?

SOFÍA Estamos criticando a relação linear que atribui à terra um papel essencializado de mãe como reprodutora da vida. Não questiono que a terra reproduza várias formas de vida, mas por que isso lhe atribuiria um gênero. Quem somos nós para atribuir um gênero à terra? Por que pensamos que podemos humanizar a terra, ordená-la em lógicas binárias e heteronormativas? Em vez de ver a terra como uma entidade feminizada, proponho a possibilidade de enxergar nossas relações de gênero na terra e em relação com as múltiplas lutas territoriais geradas em esferas feministas, decoloniais e ambientais. É esse o nosso aprendizado. Se começássemos a nos enxergar de modo generificado *na* terra, essa relação mulher-terra-mãe não seria possível. Uma maneira de sair desse debate, então, é perguntar à própria terra como chegamos a nomeá-la como mulher. Certamente terá muito para nos contar.

GABRIELA Quando a terra foi humanizada? Nessa humanização, em que momento sua única possibilidade de existência se tornou binária, homem/mulher, feminino/masculino, se até cientificamente a terra é considerada biodiversa? Por que nessa humanização binária o papel feminino é maternal? E por que a mulher é equiparada à natureza em seu papel essencializado?

O papel reprodutor materno foi designado à terra em várias culturas e em distintos tempos, de modo que teríamos que indagar em que momento as diversas cosmovisões, ao menos as de nossa região, estabeleceram e fomentaram a atribuição de um gênero à terra de tal maneira. Questionamos o vínculo patriarcal dessa visão e a utilização da terra em seu papel maternal, no sentido de ter que dar suporte, aguentar, entregar, sacrificar ou reproduzir até a saciedade tudo aquilo que o capital ou qualquer outro sistema depredador precisa. Sugiro entender a terra como um ser infinitamente diverso, não humano, mas que contém a humanidade, a qual, por sua vez, também é terra, ou seja, é uma humanidade diversa não somente em formas e cores como também em representações sexuais e de gênero. Entender a terra em seu sentido material, espacial, geográfico, territorial, planetário e não genérico nos permite ampliar nosso leque de possibilidades criativas da humanidade e dos seres não humanos. Romper com a dualidade hegemônica patriarcal homem/mulher, reprodutora/fecundador etc. e nos entendermos em nossas outras facetas faria com que tivéssemos, acredito, uma relação mais profunda com a terra e com os seres que a habitam.

Então a terra tem gênero?

GABRIELA A terra não tem gênero. É um ser material em que se constrói território, o qual é uma representação das distintas relações que ocorrem nele. A terra contém uma infinidade de formas e estados aos quais não se pode atribuir uma característica humana. A terra não tem gênero: existem gêneros na terra, mas esses são designados pelas pessoas numa tentativa cultural de entender as distintas formas que apresentam a humanidade, o espaço geográfico e suas relações territoriais.

Ainda que atribuir um gênero à terra com o intuito de decifrá-la seja uma intenção humana, a terra é infinitamente diversa e constitui o espaço de criação de múltiplas formas de combinação de processos vitais e de diversos seres. O processo histórico de feminização e maternalização da terra pode criar limites perigosos a outras formas de humanidade, além de limites funcionais para a exploração da terra e de seus elementos em benefício do capital. Isso também nos distancia da relação encarnada com a terra, pois constrói uma cultura de exploração do não humano, quando, ao contrário, devemos apoiar ações direcionadas ao seu cuidado e respeito.

Dizer que a terra não tem gênero é uma postura baseada no contexto de expansão das atividades extrativistas e de exploração da terra, no qual as lutas em sua defesa também se fortaleceram.

SOFÍA Não. A terra em si não tem gênero, é uma dimensão do espaço-tempo e, por isso, não é possível lhe impor uma identidade, seja de gênero, seja de outro eixo da diferença. Levando essa análise à categoria ontológica da terra, poderíamos dizer que a terra reflete os sistemas de gênero existentes em determinado contexto. A terra é, sim, reprodutora de vidas (além da humana) e é essencial para elas. Existem dinâmicas nas quais são as mulheres que lideram processos políticos contra a mineração, como nos demonstra Katy Jenkins, processos em que se adota um essencialismo estratégico referente à utilidade da luta mulher-mãe-terra.

No entanto, com exceção desses momentos em que o essencialismo estratégico é compreensível, acredito que atribuir um gênero à terra demonstra uma tremenda incompreensão do que a terra é. Não se entende ontologicamente aquilo que é um espaço multidimensional, onde podem conviver muitos sistemas de vida e compreensões da existência. Atribuir gênero a um espaço planetário como a terra é simplificá-lo e dogmatizá-lo, o que leva a um profundo desprezo à forma como vivemos espacialmente. No entanto, não descarto a possibilidade de que a terra possa ser uma entidade feminista e acredito que a relação mulher-terra atribuída ao planeta permite e estimula justamente uma resposta feminista.

É possível, portanto, promover uma luta feminista em defesa da terra em todos os seus sentires e, ao mesmo tempo, defender que não se atribua um gênero à terra. Quanto mais se feminiza a terra, mais necessária é uma resposta feminista, e isso implica um questionamento sobre como se deu tal processo de feminização. Em minha opinião, esse debate também dificulta as discussões sobre corpo-território, nas quais a (re)patriarcalização dos territórios e seus efeitos sobre corpos feminizados nos indicam que, ainda que a terra não tenha gênero, continua sendo tratada como se tivesse.

UMA PAUSA NECESSÁRIA, À GUISA DE NÃO CONCLUSÃO

Não podemos concluir, pois apenas propomos perguntas que devem ser amplamente discutidas. Contribuímos com inquietações e sugerimos uma pausa ativista e conceitual. Queremos estimular espaços e momentos incômodos. Não queremos que o debate sobre natureza, decolonialidade, feminismos e extrativismos continue sem que façamos uma pausa conceitual que, por sua vez, deveria ser uma pausa ativista e, portanto, política. Queremos fazer uma pausa porque é necessário nos repensarmos e vivermos a terra de outra maneira. Mudar a relação mulher-terra-mãe é um primeiro passo.

Queremos fazer uma pausa para que a militância ambiental se repense com base em suas práticas em defesa do território. Acreditamos que as lutas feministas, antiextrativistas e decoloniais estão relacionadas por meio de suas práticas, que têm solidificado processos binários via perspectivas de gênero. Para continuar, precisamos enxergar como criamos o gênero na terra. Há uma necessidade de feminismos que se voltem à terra por meio de uma relação de cumplicidade e reciprocidade política e conceitual. Convidamos vocês a construir um feminismo para a terra, não a atribuir um gênero a ela. Essa é a ética feminista que propomos.

REFERÊNCIA

CABNAL, Lorena. "Acercamiento a la construcción de la propuesta de pensamiento epistémico de las mujeres indígenas feministas comunitarias de Abya Yala". *In*: ACSUR-LAS SEGOVIAS. *Feminismos diversos: el feminismo comunitario*. Madri: Acsur, 2010, p. 10-25.

16

AS MULHERES TOMAM A FRENTE DAS LUTAS: CONVERSA COM DONA FELISA MURALLES, DO MOVIMIENTO DE RESISTENCIA DE LA PUYA, GUATEMALA

Jonatan Rodas

Felisa Muralles

TRADUÇÃO Sislene Costa da Silva e Manuela M. M. Silveira

APRESENTAÇÃO

O protagonismo político das mulheres é evidente diante da expropriação neoliberal e neoextrativista. As mulheres têm estado à frente das lutas de resistência, rompendo o silêncio, exigindo o direito à justiça, retendo as forças repressivas, denunciando crimes contra elas mesmas e suas comunidades, agindo coletivamente pela defesa dos corpos-territórios. É nesse contexto que se situa a experiência de dona Felisa Muralles, integrante do Movimiento de Resistencia de La Puya, na Guatemala. Como muitas outras mulheres do continente, ela se tornou uma sujeita política que interrompe a inércia do capital e enfrenta as lógicas da dominação, colocando a vida no centro. A conversa aqui compartilhada celebra sua força organizativa potencializada na vida diária, assim como seu legado de esperança para transformar radicalmente o mundo.

Há cinco anos, em março de 2012, um grupo de vizinhos iniciou uma luta de resistência contra a implementação de um projeto de mineração nas proximidades de seus povoados, nos municípios de San Pedro Ayampuc e San José del Golfo, no departamento de Guatemala. Conhecido como Movimiento de Resistencia de La Puya, ou simplesmente La Puya, esse grupo de vizinhos se tornou referência fundamental para novas formas de luta no país. Como em muitas outras experiências na América Latina, o papel das mulheres tem sido decisivo. São mulheres comuns que têm feito coisas extraordinárias, tais como deter as forças policiais, sustentar a vida cotidiana no acampamento e colocar a fé cristã no centro de suas motivações. Mulheres que, ao longo do caminho, se descobriram outras e descobriram outro mundo. Outro mundo possível.

Embora tenha como ponto de partida a vida pessoal de dona Felisa Muralles, conhecida como dona Licha, esta conversa não deixa de revelar uma experiência compartilhada por muitas das mulheres que até hoje continuam a cuidar persistentemente de seu território e a evitar qualquer investida da polícia ou da empresa mineradora. A tarefa não tem sido fácil, como mostra o próprio relato de dona Licha. À força repressiva do Estado e da empresa de mineração, acrescentam-se agressões, difamações, diferenças políticas e pessoais que, como a própria dona Licha diz, causariam um derrame cerebral em qualquer pessoa. Assim, o valor dessas mulheres não reside no fato de serem seres extraordinários, mas precisamente de serem mulheres de seu tempo, lutando inclusive contra as determinações históricas. Devido à sua participação na resistência, as mulheres passam a perceber que existe um mundo para além da reprodução e do cuidado da casa.

CONVERSA COM DONA FELISA MURALLES: PLANTÃO DA RESISTÊNCIA, SAN PEDRO AYAMPUC

Dona Licha, nos conte sobre sua vida: onde a senhora nasceu? Como é a sua família? Com o que a senhora trabalha?

Nasci em 1967 no povoado de El Carrizal, no município de San Pedro Ayampuc, na Guatemala. É dali que venho, é ali que vivo. Sou de uma família bem unida, de onze irmãos, bons pais. Infelizmente, meus pais já não estão vivos. Sou a última da família, a mais nova. De todos os irmãos, nove estão vivos, dois já morreram. Estamos sempre em contato, temos boa relação, somos de famílias grandes. A minha é uma família pequena, de seis filhos. Fiquei viúva aos 35 anos e logo me casei novamente. Meus seis filhos são do meu primeiro marido. Eu tenho uma boa família e um bom esposo. Sempre tive um bom relacionamento com minha família.

Sempre gostei da terra. Nós ajudávamos meu pai a capinar o mato. Não era a mesma coisa que agora, havia outros costumes: não se usava bomba, e sim enxada, mas eu gostava. Mais tarde, quando meu marido começou a viajar para os Estados Unidos, eu continuei fazendo esse trabalho com meus filhos mais novos, para ensinar a eles o trabalho com a terra, mas, infelizmente, os três meninos não tomaram gosto. Sempre que os colocava para fazer algo, eles vinham com desculpas: que era ruim, que não gostavam. Em resumo, não gostaram. Mas eu sempre gostei da terra. Hoje plantamos milho e feijão, gostamos de cuidar e de cultivar a terra para obter nossos alimentos.

Esse vínculo com a terra tem algo a ver com seu pai? Por que a senhora se uniu à resistência? A senhora foi uma das primeiras que se organizou?

Talvez eu já tivesse o amor pela terra, mas também o amor pela organização. Meu pai era uma pessoa que gostava de se organizar. Lutou por sua comunidade, foi presidente de um comitê para construir a estrada que liga Lo de Reyes a El Carrizal. É como se já tivéssemos no nosso sangue, porque meu irmão Chebo e eu estivemos muito envolvidos [na organização].

Quando meu marido era vivo, eu vivia muito fechada com meus filhos, mas, quando ele faleceu, saí daquele círculo, me senti independente, comecei a me envolver na organização da escola, depois em organizações da igreja, gostava de ajudar e apoiar. Eu já tinha aquela experiência de organização, já havia começado, então me escolheram para o Cocode.[1] Em 2012, fui vice-presidenta do Cocode.

De lá para cá, após o término do mandato no Cocode, eles me elegeram como prefeita auxiliar.[2] O mandato de prefeita auxiliar terminou e este ano eles me elegeram novamente, mas não estamos registrados, porque temos um conflito com o prefeito de San

1 O Consejo Comunitario de Desarrollo (Cocode) representa o nível mais básico de organização comunitária da estrutura institucional do Sistema de Consejos de Desarrollo. É por meio dele que o Estado da Guatemala, via Secretaría General de Planificación (Segeplan), organiza e coordena a administração pública para a formulação e execução de políticas de desenvolvimento.

2 Embora reconhecida pelas autoridades municipais, a figura de prefeito auxiliar não representa uma posição institucional ou remunerada. Trata-se de uma atividade voluntária, para a qual se elege alguém de acordo com sua legitimidade dentro de sua comunidade. Às vezes, o posto de prefeito auxiliar se confunde erroneamente com a figura do prefeito da comunidade ou prefeito indígena, nos casos de populações principalmente ameríndias.

Pedro Ayampuc. Mas fomos eleitos pela comunidade. O prefeito sempre tem um atrito conosco por causa da mineração, porque ele não quer admitir nossa organização, já que sabe que seremos uma pedra no sapato. Por isso ele não quis nos registrar, mas estamos vendo as questões legais, pois a nossa candidatura vai sair, não vamos desistir. Já apresentamos uma queixa contra ele na Procuradoria dos Direitos Humanos e não vamos desistir agora, temos que conseguir que ele nos autorize. Estamos há seis meses sem registro, mas estamos organizados, logo, não estamos perdidos, porque a comunidade nos reconhece, quem não quer nos reconhecer é ele. Nós continuamos; quando fazem isso é que trabalhamos com mais vontade. Sinto que, graças ao legado de papai, carregamos em nosso sangue essa iniciativa de nos organizarmos, apoiarmos, cuidarmos da comunidade.

Em que momento específico a senhora se tornou parte de La Puya?

No início, em 2011, passavam vídeos sobre mineração na escola e meu filho mais novo me dizia: "Hoje eles nos mostraram um vídeo sobre mineração". Ele me contava e eu fazia ouvidos moucos, como se eu não me importasse. Nessa época, minha filha estava em um grupo de jovens e me dizia: "Olha, a mineração está aqui". Começamos a ver que já havia estradas mais longas ali, máquinas trabalhando acolá. Assim começou nossa preocupação, começaram a nos mostrar vídeos em El Carrizal. Foi quando Toño nos avisou: "Olhem, a mineração já está aqui, aqui em El Carrizal estão vendendo terrenos, já é hora de dar um basta nisso". Eu comecei a reagir e disse: "Por onde começamos?". E víamos vídeos de mineração em

San Marcos.[3] Quando vimos a destruição lá, comentávamos: "Por onde começamos?". Estávamos nos organizando em uma reunião em El Guapinol quando a Marcha Camponesa de Polochic[4] estava prestes a acontecer, então tivemos que, como em El Carrizal, assumir a responsabilidade, nos organizar e ir cozinhar para eles em Llano Largo quando passassem por lá. Era o que estávamos fazendo enquanto grupo organizado que foi a Guapinol. Por lá andava um homem de El Carrizal e eu falei pra ele: "Olha, *don* Víctor, por onde começamos e o que fazemos?", e ele me disse: "Eu acho que, para começar, devemos mandar fazer umas faixas e colocá-las em El Carrizal dizendo 'Não à mineração'". Então percebemos que já estávamos nos organizando. Fizemos uma vaquinha, mandamos fazer duas faixas e colocamos em El Carrizal. Seguíamos ainda nos perguntando por onde começar. No dia 2 de março de 2012, por volta das quatro horas da tarde, recebemos um telefonema de uma mulher de El Carrizal, em San José del Golfo, dizendo que uma máquina estava chegando e que estava vindo para cá. Ela nos perguntava o que devia fazer: parar a máquina? E os irmãos falavam para ela: "Não, não faça isso, porque você vai arrumar confusão", mas ela continuou com a iniciativa, saiu do banco, passou por eles e ficou lá com a sua

3 Referência à mina de Marlín, o primeiro megaprojeto de mineração instalado na Guatemala após a assinatura dos Acordos de Paz. Esse empreendimento minerador foi instalado entre os municípios de San Miguel Ixtahuacán e Sipacapa, no departamento de San Marcos, oeste do país.

4 A Marcha Indígena, Campesina y Popular começou em 18 de março de 2012 na cidade de Cobán, Alta Verapaz, a 216 quilômetros da capital. Teve o objetivo de apresentar uma lista de reivindicações ao governo guatemalteco, incluindo o fim da criminalização dos líderes comunitários, a aprovação da Lei de Desenvolvimento Rural e da legislação relativa aos direitos dos povos indígenas, entre outros.

caminhonete. Justo quando ela estacionou, passou o pequeno ônibus de El Carrizal[5] e ela falou: "Desçam e me deem apoio". Cerca de cinco pessoas desceram e começaram a chamar mais gente. Era a primeira sexta-feira da Quaresma e as pessoas estavam na Via Crúcis.[6] Eu não estava, porque tínhamos acabado de chegar em casa com lenha. Então eles chamaram minha filha, que era quem estava mais envolvida, e falaram: "Venha, porque precisamos de pessoas", e ela me disse: "Estamos indo para La Puya, porque eles estão entrando com máquinas". Meu outro filho disse: "Você está louca, por que você quer que a gente vá?". E ela reforçava: "Sim, mamãe, vamos". Bem, vamos. Perguntei ao meu marido e ele não se negou, então entramos todos no carro sem termos comido nada, porque tínhamos acabado de chegar. Já havia muita gente, todos vendo que eles entraram com a máquina na mina, ameaçaram a mulher e disseram: "Se você não remover a caminhonete, nós tiramos ela à força", e, como saiu gente armada da mina, ela começou a discutir e a xingá-los, porque era bastante desbocada. Começaram a discutir e ela teve que tirar a caminhonete do caminho. Mas a máquina não estava completa: ela entrou, mas depois de alguns dias saiu porque faltava uma parte e, em vez de ficar trancada lá, ela decidiu sair.

Assim, começamos a esperar para ver se viriam mais máquinas e discutir o que fazer. Então *don* Víctor de El Carrizal disse: "Bem, então o que podemos

5 Ônibus que percorre o caminho entre a capital municipal de San José del Golfo e o vilarejo de El Carrizal em intervalos de uma hora ou uma hora e meia.
6 Deve-se notar que esse é um fato relevante, pois a atividade religiosa é característica do povo de El Carrizal. Outros momentos tensos em que a mineradora tentou entrar com máquinas foram marcados justamente em dias de atividade religiosa no vilarejo.

fazer é uma grande vala para dividir a estrada. Colocamos algumas tábuas apenas quando nossos carros passarem". Aí alguém disse: "Não, isso é um crime, não podemos fazer isso, é obstrução da locomoção e não podemos cometer um delito", e então nos disseram que, em outras resistências, eles cometiam breves delitos, que atiravam, queimavam, agrediam. Dissemos que não queríamos ir para a prisão, que tudo tem que ser feito de uma boa maneira. Víamos as notícias por aí em que se comentava sobre roubo de explosivos, que havia acusações do tipo, e dizíamos que não tínhamos que fazer isso, que tínhamos que começar a entender o que podemos fazer. Tínhamos essa mentalidade de não agredir e não sermos presos.

Combinaram que alguns pernoitariam ali e não deixariam passar nada. Trouxeram uma panela, fizeram café ao ar livre. Era março, ainda não chovia. Então viemos dia após dia, dia após dia, para ver o que estava acontecendo. No começo, havia *picopadas*[7] de trabalhadores que queriam entrar, mas pessoas diziam: "Não, aqui eles não entram, não entram". Aí, em 2 de março [de 2012], já não deixaram entrar nada. Havia um portãozinho e eles despejaram cimento de contato no cadeado, depois vieram carros que queriam sair e queriam remover a chave, mas não conseguiam porque o cadeado estava selado.

Houve várias tentativas. No dia 8 de maio [de 2012], à uma hora da manhã, chegaram alguns caminhões que estavam sob custódia da polícia da mina. Nós estávamos de plantão (porque é disso que estou falando) em um grupo grande e dissemos: "Não vamos aguentar isso, não vamos aguentar isso para sempre", então vamos organizar um grupo hoje e outro amanhã, para que todos possam descansar e cuidar de suas coisas. Jun-

7 Uma *picopada* se refere à carga (de pessoas ou materiais) que cabe na parte traseira de uma picape.

tamos cerca de dez pessoas em cada grupo. Eu era a coordenadora, me escolheram porque eu fiz a lista. Mas cada um fez seu grupinho, eram seis no total, e havia a possibilidade de serem sete, o que não queríamos, porque todos eles acabam caindo no mesmo dia da semana, sem chance de alternar.

Já organizados, descansamos um pouquinho mais, com a condição de que viríamos quando necessário, mesmo que não fosse a nossa vez. Havia dias em que ficávamos o dia inteiro ou vínhamos muitas vezes quando o sino tocava [adotou-se essa estratégia de tocar o sino]. Houve várias tentativas de nos despejar, várias provocações.

Vínhamos a cada seis dias e foi quando nos organizamos. Começou com a ideia de que devíamos construir um posto improvisado. As pessoas vinham por aqui [ela aponta para o lugar na cadeira onde estamos sentados e conversando], faziam pequenos buracos e cavidades para colocar as panelas e, num barril, colocavam um *comal* [frigideira] e preparavam as tortilhas. Ficávamos tranquilos, fazíamos vaquinha, íamos comprar *chicharrones* [torresmo], fazíamos café, comprávamos pão. A mesma senhora da caminhonete tem um irmão nos Estados Unidos que mandou dinheiro para a instalação de banheiros portáteis. Tudo ia bem, mas essa senhora infelizmente foi embora (nos traiu, possivelmente, ou foi embora apenas!), e ela acabou se voltando contra a gente, porque queria ser reconhecida pelo que fez. Mas dona Yoli tomou a iniciativa e se destacou mais, ela começou a ficar chateada. Vinha e não recebia a importância que queria. Às vezes as organizações perguntavam: "Quem foi a senhora que atravessou o carro no caminho?" e começavam a entrevistá-la, e ela começava a ficar toda *chiaviada* [envergonhada]. Não gostava do fato de não ter tido o reconhecimento necessário e que a outra tivesse ganhado relevância muito rápido, então começou a ficar irritada. No primeiro aniversário do movimento, fizemos uma caminhada de San José del Golfo até aqui e ela foi na frente com sua caminhonete enfeitada com cartazes cheios de insultos. Colocava nos cartazes coisas como: "Enquanto eu dou passinhos, outros chupam os ossinhos", coisas ofensivas, como se dissesse: "Eu fiz isso e vocês se aproveitam".

Dona Yoli disse à polícia: "Olha, esta senhora pode causar problemas", porque ela já começava a agredir, a insultar. Ela passou maus bocados comigo, já faz alguns meses que não me agride. É um pouco estranho porque foi uma boa ação, e ela recuou porque não atingiu a posição que queria. Mas nós sobrevivemos. Dona Yoli se afastou porque — talvez você tenha ouvido a história — ela cresceu muito e depois se deixou cair, então foi uma história muito ruim, porque ela sim foi uma grande pessoa. Nos animava e era uma liderança mesmo: nós lhe demos credibilidade e ela acreditava muito nisso. Ela ia onde quer que houvesse reuniões, porque se expressava muito bem, era desenvolta, tudo isso ajudava. Mas percebemos que ela viajava a outros países e não trazia informação, e as pessoas começaram a não gostar. Tentamos dar um fim nisso e ela se chateou tanto que até quis começar a criar problemas. Aí pensamos: muita gente achou que sem ela não poderíamos continuar, que não saberíamos o que fazer. "Não", dissemos, "começamos do zero e temos que aprender no caminho". Assim fomos nos desenvolvendo. Talvez eu tenha perdido o foco. Talvez eu não quisesse saber das coisas dessa maneira, talvez tenha me antecipado muito.

Mas a nossa história ajuda outras resistências: nós contamos os problemas que tivemos para evitar que elas também passem por isso. Temos dado certos conselhos para que não caiam nos mesmos erros, ainda que sejam pequenos. Embora não tenhamos sido presos, há coisas pequenas que nos prejudicaram. Portanto, o maior conselho que damos é: não caia em provocação.

Se te tratarem mal, não dê atenção, porque antes eles costumavam nos chamar de *hija de tantas* [filha da puta] e já se iniciava um *pijazo* [agressão], porque ninguém pode *sacar la madre* [insultar a mãe][8] de alguém, mas agora eles podem insultar a minha mãe dez ou vinte vezes, porque não me machuca mais, não me irrita mais. A experiência vai fazendo com que você desenvolva uma casca mais grossa, e isso ajuda a ir tolerando as coisas. Às vezes digo que por um milagre não tive um derrame de tanta raiva que passei. Mas peço a Deus sabedoria e tolerância para me livrar de toda a raiva, porque acontece de tudo: te criticam, te olham feio, mas são coisas que o ar leva.

Aprendi uma coisa com Lolita Chávez.[9] Eu a considero um exemplo, gosto de como ela é e aprendi muitas coisas com ela. Em uma ocasião ela veio aqui e começou a contar tudo o que estava acontecendo com ela: "Eu cheguei até aqui porque tomei banho de manteiga, agora tudo passa escorregando por mim, não importa o que digam", porque a chamam de prostituta, dizem que tem homens em todos os lugares. Aí ela diz que tomou esse banho de manteiga, e, mesmo que a difamem, que digam que ela está com dez homens, isso já não deixa ela zangada, pois sabe que não é verdade e não se incomoda. É isso que temos que fazer: tomar banho de manteiga e não deixar que nada nos afete. Se a pessoa é assim, muito sensível para um olhar feio, vai embora daqui e não volta mais. Muita gente fez isso, gente muito sensível, que talvez se incomodou com uma coisa mínima, porque não lhe ofereceram uma xícara de

8 *Sacar la madre* é um insulto muito ofensivo e comum no país.

9 Lola Chávez é uma reconhecida liderança indígena do Consejo de Pueblos de Occidente, organização de base indígena do oeste guatemalteco que luta contra as excessivas cobranças de energia elétrica na região, problema contrastante com a falta de energia nas casas e a instalação de hidrelétricas.

café na hora certa ou porque todos estavam comendo e não se deram conta de oferecer uma tortilha. São coisas que devemos ir aprendendo, porque é isso que ajuda a nos mantermos firmes.

Externamente a senhora é uma das pessoas mais reconhecidas do movimento...

E eu não gosto, sabe por quê? Por causa do que aconteceu com a Yoli. Gostaria que houvesse mais mulheres. Não vou dizer que recebi treinamento, mas, em cada oficina de formação em que estive, aprendi coisas que ajudaram a me desenvolver e a me entender. E eu gostaria que houvesse mais mulheres, para que eu não fosse a única a ficar marcada. Gostaria que houvesse um pequeno grupo, tomei até a iniciativa de dizer: "Olhem, vamos nos reunir, para que vocês se desenvolvam um pouquinho mais", porque basta ver uma câmera fotográfica que se escondem; se fazem uma entrevista, parece que têm as bocas costuradas. E é por isso que tenho vergonha de que me mencionem muito, pois há pessoas que já me têm como contato. E eu falo: "Não digam Licha, digam resistência ou um grupo, não digam fulana", porque você fica marcada e eu não gosto disso por causa desse problema. Porque ela [Yoli] acreditou tanto e eu não acredito, ela acreditou tanto nisso, tanto que foi até o topo e estando lá em cima já não queria que ninguém a tocasse.

Esse interesse em não querer concentrar a atenção ajuda o movimento a permanecer horizontal?

Espero que sim, e que não olhem para mim, para que não se crie divisão ou inveja, porque houve certo atrito: aqui, o que tem gerado problema são as viagens. Quando há a oportunidade de viagens, acontecem certos atritos e é por isso que eu gostaria que houvesse mais mulheres treinadas. Mais do que qualquer outra coisa, os olhares se concentram na mulher que vai representar La Puya. Não vou dizer que precisam ser bem desenvolvidas, porque eu mesma não sou tão assim, mas gostaria de ver mais mulheres viajando e nos representando. Todas essas pequenas reuniões vão nos orientando, treinando e desenvolvendo, e ajudam muito, mas infelizmente não há ninguém que queira participar.

Pensando em sua experiência aqui, por que a senhora acha que são as mulheres que estão à frente da luta?

Porque os homens são muito violentos, ou eram, até se capacitarem aqui. Pensamos o seguinte: para que os homens não agridam ninguém, vamos assumir a liderança, porque um homem não vai nos bater tão facilmente, vão pensar duas vezes. Mas um homem vai bater em outro, que vai bater de volta, e vão brigar. Foi por isso que nos colocamos à frente. E não nos assustamos, porque já conhecemos nossos direitos e sabemos que não é tão fácil assim, eles têm que pensar duas vezes para nos atingir. Além disso, as câmeras fotográficas sempre estão lá e isso tem ajudado a garantir que qualquer coisa seja registrada e haja provas. Foi por isso que começamos a assumir a liderança.

A empresa mineradora usa isso para nos desprestigiar: diz que mantemos os homens sob chicote para que não lutem, que são medrosos e que estão sob o nosso comando, o que não é verdade. Eles têm coragem, e nós não queremos que haja briga. Meu irmão Chebo, por exemplo, se meteu em muitas *riatas* [brigas] quando era jovem e bebia. Mas aqui, meu Deus, aqui ele se tornou outra pessoa, nem metade do que era, porque acalmou o gênio que tinha. Aqui ele tem educação para falar, antes só falava vulgaridades, mas isso tem ajudado muitos homens a trabalharem sua raiva, porque no início diziam: "Bem, se isso não for resolvido nos primeiros dias, vamos comprar gasolina e vamos jogar sobre as máquinas. Vamos queimá-las todas e vamos ver se não podemos pará-los". Mas essa não era a solução, queimar uma máquina não significa um prejuízo para eles, eles compram outra e nós vamos para a cadeia. Foi o que nos fez entender que não íamos consertar as coisas com violência: tinha que ser da melhor forma. É por isso que nós, mulheres, vamos sempre na frente, para protegê-los: não queremos que os levem presos, nem que apanhem, nem que batam nos outros.

A senhora já discutiu isso com outras mulheres, com outras organizações?

Bem, elas veem como uma coisa boa, porque estamos prevenindo coisas piores. Ninguém gosta de saber que um companheiro foi preso, somos abençoados por não termos ninguém preso. Porque isso seria uma desgraça ou acirraria mais os ânimos, então não tivemos a experiência de ter alguém na prisão.

Mas houve companheiros condenados?

Sim, mas estamos felizes por eles não estarem presos e por termos conseguido levantar o dinheiro para a fiança e, então, com a ajuda de Deus, conseguimos rir deles [os da empresa mineradora]. Porque não vão levá-los, nós temos o dinheiro e no dia em que eles pedirem, aí está e será entregue. E não nos dói, porque sabemos que "Deus recompensa a cada uma". Temos dúvidas se eles de fato vão pedir esse dinheiro, pois pensam que vai ser malgasto, porque não é um dinheiro certo, não é justo. Pode ser que não peçam, porque já tem tempo que juntamos e eles não pediram ainda.

A mina está fechada e, embora isso represente uma vitória para a população, o processo ainda não foi vencido. Quais são suas esperanças para o futuro? O que acontecerá depois?

Se Deus quiser, vamos ganhar essa luta e possivelmente vamos recuperar o terreno de alguma forma, para que não seja mais usado para isso [mineração]. Que se livrem do que está lá e possa ser usado para alguma coisa, uma área protegida, algo que possamos vigiar para que seja para isso mesmo. É o que pensamos, e, se Deus quiser, não desanimaremos. Quando o fim estiver formalizado, vamos apoiar outras lutas, dar os conselhos que funcionaram para nós e que outras resistências funcionem para outros. Visitamos vários processos de resistência e eles veem o exemplo de La Puya como algo importante. Em oficinas onde há pessoas de outros países, elas acham nossa história comovente, gostam de escutar. Ver uma camiseta de La Puya é como um troféu, compram como se fosse algo muito valioso.

Aqui pensavam que se aguentássemos uma semana seria muito, que não chegaríamos à Semana Santa e, se chegássemos, iríamos embora, porque quem ficaria aqui durante a Semana Santa? Nem a Semana Santa, nem o Natal, nem os aniversários, nada nos impediu de estar aqui. Para mim, não há data que me afaste, seja o meu aniversário, seja o de qualquer outra pessoa. Já passamos dois Natais aqui, não nos importa a data, se é domingo, faça chuva ou faça sol. Graças a Deus também estou com saúde e nem mesmo uma doença me impediu de vir. Não há nada que me impeça de vir pra cá.

Como a senhora concilia o compromisso com La Puya e sua vida familiar?

Meus filhos homens às vezes me dizem que se incomodam um pouco que eu fale tanto com eles sobre La

Puya, como se eu estivesse ali em reunião. Minha filha mais velha diz: "Mamãe, para ver a senhora, preciso agendar visita... quando a senhora tem um dia livre para mim?". Me dizem isso com ressentimento.

E eu falo: "Eu estou fazendo isso por vocês, porque você não vai. Eu sei que você tem filhos pequenos, mas você deveria ir de vez em quando. É por vocês, é por esses *patojitos* [crianças pequenas] que eu estou fazendo isso". Eu digo às pessoas: "Olhem, eu sei que todos nós podemos, porque pessoas bem velhinhas, gente bem idosa tem vindo para se revezar, não tem idade ou desculpa para não vir aqui". É mais difícil por causa dela [Heidi, sua filha mais nova, que sofre de uma doença neurológica]. Nestes últimos plantões, eu saio às quatro e meia da manhã, caminho uns 25 minutos até a rua de cima, onde pego o ônibus, e nem isso me impede de ajudar minha filha a sair da cama. Então eu penso: por que pessoas jovens, resistentes e descansadas não vêm aqui? Não há razão para não virem, porque teve mulher grávida, pessoas com recém-nascidos que estiveram aqui, então todos nós podemos, mas falta vontade.

Em que sentido a resistência mudou a sua vida?

Em muitos, porque me abriu a cabeça. Eu tinha uma mente fechada, opaca, e me abri para a realidade de cuidar mais da água, das árvores, da terra, não jogar lixo em qualquer lugar. Em outras palavras, mudou os maus hábitos que eu mantinha, como se fosse normal comer algo e jogar no chão. Aprendi muitas dessas coisas e fico com raiva quando vejo alguém em um ônibus que termina sua água e joga pela janela. Eu gostaria de ter mais coragem do que já tenho, porque adquiri muita coragem, muita coragem pra dizer: "Não seja porco, pegue isso".

Um dia uma senhora me disse (e acertou em cheio!): "Mas você não seria assim se Tomás [o primeiro marido] ainda estivesse vivo". Eu disse: "Sim". Sim, porque honestamente eu não seria assim, mas as coisas acontecem por alguma razão, porque se ele estivesse vivo as coisas seriam muito diferentes. Eu estaria rodando, dando voltas no mesmo lugar. As coisas acontecem por alguma razão e eu aprendi muito com isso, desde aquela época até agora. Faz dezesseis anos que ele morreu; Deus escreve certo por linhas tortas. Ele não faz por capricho, ele sabe por que tem um sapo debaixo de uma pedra, ele tem tudo calculado, então tudo acontece por uma razão. Quando aquela senhora me disse que, se Tomás estivesse vivo, eu não seria assim, ela talvez estivesse certa porque o conhecia, mas as coisas não são mais assim e, honestamente, isso mudou minha vida. Aprendi mais, pude conviver com mais pessoas de diferentes lugares. Quando vou a uma oficina de uma semana, acredite ou não, em quatro ou cinco dias já me acostumei com as pessoas. No último dia todos estão gritando com pessoas de outro país, você se adapta à maneira como elas são, porque estão vivenciando as mesmas lutas que você, talvez um pouco diferentes, mas lutando por um bem comum, e isso me transformou muito.

Como a senhora se vê hoje em dia como mulher?
A senhora estava ciente de sua condição de mulher?

Eu descobri essa condição. Infelizmente, a gente foi criada num mundo tão pequeno em que a mulher era ainda menor, estava abaixo do poder do homem. Ele mandava, o marido era o rei, a mulher era a empregada. Um círculo restrito muito ruim, que comecei a perceber quando era jovem, tentei com minha família, embora não tenha dado muitos resultados, mas tentei. Agora eu já resolvi, mas são coisas que você vai descobrindo, porque a gente quando é criança pensa que só nasceu para ter filhos, para reproduzir e cuidar da casa, e esta não é nossa função. Nossa função é muito maior do que ficar trancafiada em casa.

No dia em que nos falamos pela primeira vez, a senhora me disse que estava escrevendo sua história. De onde nasceu essa ideia? Por que escrever sua história?

A ideia foi da minha irmã que é religiosa, freira. Ela está em um convento e me disse: "Olha, eu gostaria que você escrevesse o que você está vivendo, que escrevesse um livro". "Bem", eu respondi, "boa ideia". E comecei a anotar todos os detalhes desde o primeiro dia, escrevi o que eu mesma vivi. Não o que me contaram, porque quando eu não estava lá, perdi alguns acontecimentos. No início eu vinha e não acontecia nada; bastava eu sair e as coisas aconteciam. Então escrevi o que eu vivi: em que momento, a que horas vieram, o que fizeram comigo, como me ameaçaram, como encarei o perigo.

O primeiro texto é sobre os dois primeiros anos. Foi ideia da minha irmã, ela começou a fazer poemas sobre o primeiro ano com base no que escutava ou no que eu contava. Fez isso no primeiro e segundo ano. No terceiro ano, pensei: "Bem, eu tenho que tentar porque eu vivencio isso, eu conheço". Então, quando eu fiz o meu poema, ela me disse: "O seu fica melhor, porque você está lá, enquanto eu faço com o que me contam ou o que escuto". Agora eu faço um poema para ela em cada aniversário. Escrevi cinco poemas nestes cinco anos.

Meu livro é simplesmente sobre datas: o que aconteceu, o que fizemos, como fizemos, mas também é sobre minha vida. Talvez de uma perspectiva geral, mas é a minha história. Uma vez, uma senhora de uma organização me disse que me ajudaria a publicá-lo, mas eu não quis. Meu objetivo é guardar minha história para meus netos, para que possam aprender um pouco sobre mim. Meu marido acha que é egoísmo não publicar ou não mostrar para outras pessoas. Talvez mais para frente teria que ser melhorado, porque estão escritos do meu jeito. Algum dia, quem sabe.

Defendendo a Casa Comum
(Poema para o 5º aniversário de La Puya)
Felisa Muralles

Bom dia, boa tarde
Hoje vamos celebrar
Fazemos cinco anos
E ninguém pode negar
No tempo em que aqui estamos
Muitas coisas estão acontecendo
Estamos muito felizes
Porque não estão explorando
Também completamos um ano
Barrando a entrada deles
É uma vitória para o planeta
E vamos festejar
A empresa e o ministério são a mesma corrupção
Eles só pensam em dinheiro
E não veem a poluição
Companheiras e companheiros
Que estão aqui hoje
Defendamos nossas terras com unhas e dentes
O governo está calado
E não é conveniente que fale
Eles compraram seu silêncio
E conosco, eles não vão tolerar isso
A resistência de La Puya
Deu um bom exemplo
Organize sua comunidade
E não percamos tempo
Com felicidade e alegria
Porque estamos sempre acompanhados por
Deus Pai e Virgem Maria

17

A VIOLÊNCIA NÃO AFETA APENAS AS MULHERES, MAS TODA A COMUNIDADE

Cristina Cucurí
Miriam Lang
TRADUÇÃO Joana Emmerick Seabra

CRISTINA CUCURÍ Faço parte da comunidade indígena Nitiluisa, paróquia[1] de Calpi, cantão Riobamba, província de Chimborazo, Equador. Trata-se de uma das maiores, mais populosas e mais antigas comunidades da paróquia de Calpi — creio que sejamos cerca de duas mil pessoas. Sou a primeira de seis irmãos, quatro mulheres e dois homens. Minha mãe realiza atividades tradicionalmente consideradas de mulheres: é dona de casa, se dedica aos

1 O Equador está dividido em 24 províncias. As províncias são o segundo nível de divisão administrativa do Estado equatoriano e são subdivididas em cantões, que, por sua vez, são subdivididos em paróquias urbanas ou rurais. [N.T.]

trabalhos agrícolas, à *minga* comunitária[2] e às sessões ou assembleias. Meu pai foi operário na Cemento Chimborazo, uma fábrica de cimento perto da paróquia, mas agora está aposentado. Quando ele se aposentou, há cerca de oito anos, meus pais voltaram a viver juntos como casal, porque até então minha mãe assumia toda a responsabilidade no lar, na comunidade, na agropecuária e na criação dos filhos. Meu pai se limitava a trabalhar na empresa, voltar para descansar em casa e continuar a rotina no dia seguinte.

Papai apoiou muitíssimo minha educação. Quando terminei o colégio, minha mãe me disse: "Nós te apoiamos até aqui", mas papai respondeu: "Não, é minha filha e se ela quiser estudar, eu vou apoiá-la". Ele tem sete irmãos. Naquele tempo, meus três tios eram solteiros e viviam na cidade, e, como eu era a primeira sobrinha e primeira neta, eles tomaram para si a tarefa de "me fazer estudar": eu devia ter a melhor educação. Estudei na escola da comunidade até a quarta série e depois disso fui para um colégio religioso em Riobamba, chamado Nuestra Señora de Fátima. Meu pai tinha a intenção de me deixar nesse internato. Quando fui para a cidade, cortaram o meu cabelo, tive que vestir calças, vestidos e usar o uniforme da escola.

MIRIAM LANG As freiras cortaram o seu cabelo?

CRISTINA Não, foram os meus tios.

MIRIAM Para você se adaptar?

2 A *minga* comunitária pode ser compreendida como uma forma de mutirão, por exemplo, para o cultivo ou a construção de casas, englobando outras ações auto-organizadas para o bem comum. [N.T.]

CRISTINA Exatamente. Logo que terminei a universidade, reivindiquei o meu modo de ser novamente, para tomar posse do que era meu, do meu traje tradicional, meus costumes, minha língua. Até esse momento era como se eu estivesse num mundo que não era meu, me vestindo com uma roupa que não era minha, usurpando. Quando terminei os estudos superiores na Escola Politécnica de Chimborazo, obtive diploma em educação e promoção da saúde, o equivalente à saúde pública, e por isso acabei usando a vestimenta mista. Após dois ou três anos, houve uma convocatória para graduação em medicina e promoção da saúde na mesma universidade e, naquele momento, eu voltei a estudar, mas aí já com a minha vestimenta. Todos os meus colegas de estudo ficavam me olhando: "Te conhecemos como mestiça por toda a vida, mas agora…". Eu já estava mais solta, mais expressiva, mais comunicativa. Do tempo da escola até a universidade eu era mais calada, inibida, tinha que estudar mais e mais; tinha uma ou outra amiga, mas não muitas. Por isso, acredito que recuperar a minha vestimenta e a minha língua significou recuperar a mim mesma e expressar quem eu sou e de onde venho. Para mim, foi forte essa ressignificação e reivindicação.

MIRIAM E na sua infância, na comunidade, falavam kichwa?[3]

CRISTINA Sim, sim. Quando eu voltava à minha comunidade nos finais de semana, colocava minha roupa e falava em kichwa.

MIRIAM Ou seja, era como se disfarçar para sair de lá.

3 Na Constituição da República do Equador de 2008, reconhece-se o kichwa como um dos três idiomas oficiais nas relações interculturais do Estado plurinacional. [N.T.]

CRISTINA Exatamente, quando eu saía da comunidade, já colocava calças. Agora não, às vezes até uso umas meias de lã nos fins de semana, mas desde então estou sempre com a minha roupa e me sinto muito bem. Recuperei o que é meu. Usurpar uma identidade que não era a minha fez com que me sentisse muito envergonhada, talvez por isso fosse tímida, me sentisse inibida, não queria falar, todas essas coisas.

MIRIAM E a sua família tem terras, tem animais lá na comunidade?

CRISTINA Sim, eles têm animais, têm *chacra*, têm terra...

MIRIAM E na casa dos seus pais, comem o que plantam?

CRISTINA Sim, a maioria das coisas. Minha mãe sempre fez salada de folhas de quinoa, por exemplo. Fazia suco de alfafa, cevada torrada, preparava o milho e um monte de produtos de grãos secos, mandava moer e continua fazendo isso até hoje. Acho que ter uma boa alimentação influenciou muitíssimo para continuarmos avançando no nível educativo.

MIRIAM E hoje em dia, onde você mora principalmente? E como foi a sua trajetória nas organizações indígenas, nas organizações de mulheres e mistas?

CRISTINA Eu vivo com meu companheiro na cidade, mas nos fins de semana sempre vou para a casa dos meus pais. Hoje, devido às atividades na direção [da Ecuarunari], também vou para outras comunidades e outras províncias. Estou envolvida com as organizações comunitárias desde muito nova. Na comunidade, você tem que apoiar os seus pais nas *mingas* comunitárias e nas sessões. O meu pai é o chefe da casa. Desde os quinze, dezesseis anos, você já precisa ir se relacionando, porque você não representa a si mesma na comunidade, e sim a seu pai.

Fui me relacionando e passei a ver também o problema da violência contra as mulheres. Na minha casa não houve violência física, mas aconteciam desavenças, conflitos e até insultos. Na casa das vizinhas, sim, eu via violência física: o marido bêbado arrastava a esposa, batia, chutava, deixava hematomas no rosto. Isso me impactou muitíssimo.

Não sou muito boa na cozinha. Lavar, sim, arrumar e limpar a casa, e, como diz o meu marido, eu me esforço. Estou sempre mudando as coisas de lugar, mas na cozinha? Eu cozinho porque preciso [risos]. Mamãe costumava me dizer: "Se você se casar...", porque supostamente é a obrigação da mulher, "se você tiver que cozinhar e seu marido não gostar da sua comida e se, por acaso, ele te bater e você vier para a minha casa...". Ela avisava que se eu fosse para a casa dela, ela me levaria imediatamente de volta à casa do meu marido. E eu dizia: "Não, eu tenho que estudar, porque em algum momento vou conseguir pagar alguém para fazer as tarefas domésticas". Então acredito que fui me perguntando: por que nós, mulheres, temos de lavar, passar, cozinhar? E se ele me bater, por que não há ninguém para ajudar, nem mesmo minha própria mãe? Ao contrário, o que eles dizem é: "Por isso você tem que pensar muito bem se quer se casar ou não", ou seja, se você está sofrendo, o problema é seu. Foi você que decidiu viver a vida de casada. Talvez os pais nem estejam de acordo, mas, como você decidiu, isso já significa que você escolheu se separar deles. Então, se você tiver problemas, eles não têm mais a obrigação de te apoiar.

MIRIAM Que difícil, não? Vindo de uma mãe...

CRISTINA Eu acredito que ainda seja assim em alguns lugares. Até hoje minha mãe me conta que muitas vezes ajudou mulheres agredidas fisicamente por seus esposos. Isso me faz refletir sobre o que ela me disse e sobre como ela age: será que minha mãe não queria que eu me casasse? Ou que eu conseguisse achar um companheiro que não me maltratasse, justamente para não sofrer? Como explicar, portanto, essa contradição?

MIRIAM Infelizmente, em muitos lugares, as coisas funcionam assim e isso é muito difícil. Mas, veja, algum tempo depois de nos conhecermos, você era uma liderança entre as mulheres e trabalhava muito essa questão em Chimborazo. Como você chegou até lá?

CRISTINA Eu me relaciono com a comunidade desde que eu era muito nova porque, na verdade, eu sou da comunidade. Também representei meus pais na *minga*, nas assembleias e fui dirigenta na organização mista. De lá, fui para as organizações de mulheres. Com outros companheiros e companheiras agrupamos as dezessete comunidades da paróquia de Calpi para fundar a Organización de Segundo Grado Mixta, da qual fui uma das fundadoras e articuladoras. Também fui a primeira secretária da Corporación de Organizaciones Indígenas de Calpi. Passei três anos como dirigenta e logo me desvinculei por um tempo para que outras pessoas liderassem, com o pensamento: "Outras pessoas têm que trabalhar aqui". Eu não tenho que estar sempre ali. E é justo nesse momento que começo a trabalhar com as mulheres, porque esse é o tema sobre o qual comecei a me questionar quando ainda era pequena: por que dizem que temos que nos casar? Por que dizem que temos que cozinhar? Por que não valorizam o trabalho das mulheres na comunidade? Se eu não gosto de cozinhar, qual é o problema? Por que me agridem a cada instante? Não a mim, exatamente, mas à vizinha da qual já falei, por exemplo. Então comecei a me envolver com o Projecto de Desarrollo de la Mujer Rural y su Familia, financiado pela Comunidade Europeia e pelo Ministério da Agricultura e Pecuária. Comecei a reforçar o estudo e a prática do kichwa, a me reivindicar como mulher e indígena, a aprender e reaprender muitos direitos e leis que estão a favor das mulheres. Também passei a entender que essas leis são vistas da perspectiva urbana e mestiça, e que não necessariamente protegem mulheres indígenas e rurais, mas ainda assim compreendo que é útil conhecê-las. Sou militante e ativista pelos direitos das mulheres e dos povos indígenas há vinte anos e continuo a apoiar e a trabalhar com camponesas e indígenas. Começamos a articular as organizações de mulheres indígenas, rurais e camponesas no âmbito da província para construir o *Sumak Kawsay*[4] e o Estado plurinacional a partir de nós mesmas: por onde temos que caminhar para conseguir isso?

Naquele momento foi muito importante que conhecêssemos a Lei 103,[5] as delegacias da mulher e o papel da polícia, além de muitos mecanismos que eram oferecidos para denunciar a violência contra as mulheres. Era um pedaço de papel que te davam para que o agressor não se aproximasse. Mas, na comunidade, como é que você vai dizer: "Aqui, tenho um papel"? Ele vai jogar seu papel fora e ainda agredi-la, porque não há polícia, e a delegacia da mulher fica a quilômetros de distância. Na delegacia os funcionários também só falam espanhol, e muitas das mulheres mais velhas não dominam muito bem o idioma, o que as sujeita a situações de ridicularização: são chamadas de "Marias" ou de "primas" ou dizem para que elas "falem como cristãs". Esses termos nos depre-

4 Expressão em kichwa, muitas vezes traduzida para Bem Viver, que se refere aos princípios ancestrais de viver com plenitude as relações humanas e com a natureza. Foi incorporada à Constituição equatoriana de 2008 como fundamento do projeto de Estado plurinacional. [N.T.]

5 Lei contra a violência à mulher e à família, de caráter civil e penal, promulgada em 1995 como conquista do movimento de mulheres e feministas. Foi revogada em boa parte pelo Código Integral Penal de 2014, introduzido pela Revolução Cidadã, assumida pelo governo de Rafael Correa.

ciam. O que fazer, então? Além disso, houve um gatilho muito forte quando um deputado indígena da província de Chimborazo, que foi presidente da Comissão de Direitos Humanos durante esses anos, bateu na esposa e se aproveitou da justiça indígena: "Eu faço uso da justiça indígena, eu sou indígena". A mulher o denunciou na delegacia da mulher e, portanto, a comunidade teve que resolver esse problema.

MIRIAM Ou seja, ele pensou que seria protegido pela comunidade em seu direito de agredir a esposa?

CRISTINA E a comunidade de fato o protegeu. Na verdade, a comunidade o protegeu porque ele era deputado da província e porque, caso contrário, não contaria com seu apoio para realizar nenhuma obra ou para qualquer questão da gestão da comunidade. Decidiram que a esposa estava transgredindo o papel de dona de casa, abandonando seu marido e seus filhos porque trabalhava fora de casa e da comunidade. E que ela deveria assumir a sua responsabilidade.

MIRIAM E o que aconteceu então? Como você reagiu a isso?

CRISTINA Fizemos uma grande marcha de mulheres indígenas na cidade de Riobamba contra a violência infligida às mulheres. Pensamos que o acesso das mulheres à justiça indígena é o caminho a seguir, mas que ela não deve ser assim, injusta, sem equidade. Então marchamos em apoio à justiça indígena e contra essa decisão. Começamos a trabalhar de forma articulada para a Assembleia Constituinte e dizíamos: "Sabemos que existem falhas na justiça indígena, mas este é o caminho que nos dará soluções para os problemas da violência contra nós, mulheres". A justiça comum é um campo diferente, com árbitros distintos, funciona em outro idioma, com outros códigos, requer dinheiro, tempo, e não tem resolvido os problemas da violência contra as mulheres. Na justiça indígena também não temos garantias, mas sabemos quem pertence à comunidade, quem são os dirigentes, se podemos influenciar em algo ou queremos que seja resolvido na comunidade, mas não de uma forma parcial a favor dos companheiros. Essa foi e é a luta.

MIRIAM Seu relato mostra a vigência do Estado colonial e do sistema de *hacienda*[b] nas subjetividades. Deram razão a esse senhor porque era poderoso. Isso não é justiça.

CRISTINA Por isso fizemos a marcha. Começamos a refletir e a construir propostas para recuperar os nossos costumes e as tradições, sem discriminação nem violência. Fomos inspiradas pelas mulheres indígenas zapatistas e sua Lei Revolucionária de Mulheres. Logo nos articulamos com algumas companheiras indígenas de Cotacachi e de Sucumbíos[7] para elaborar uma proposta para a Assembleia Constituinte.

MIRIAM E que propostas vocês levaram à Assembleia?

CRISTINA Basicamente, foram duas as propostas fundamentais que vieram de Chimborazo, não sei se as outras compa-

b Propriedade agrícola de grande extensão criada no bojo da colonização, sobretudo na região da Sierra (Cordilheira dos Andes), no Equador. As *haciendas* são resultado de expropriação de terras e da servidão indígena, e sua produção beneficiava uma elite rural e eclesiástica, tendo uma parte importante orientada à exportação regional. Trata-se de uma estrutura socioeconômica específica da realidade equatoriana e foi abolida formalmente na década de 1960 (Andrés Guerrero, *La semántica de la dominación: el concertaje de indios*. Quito: Libri-Mundi, 1991). [N.T.]

7 Cotacachi é uma cidade equatoriana, sede do cantão de mesmo nome, localizada na província de Imbabura, na região andina equatoriana. Sucumbíos é uma província localizada no norte do país, na região amazônica. [N.T.]

nheiras apresentaram outras. Primeiro, que os direitos das mulheres indígenas sejam reconhecidos no capítulo sobre os Direitos Coletivos dos Povos. Isso foi importante, foi uma contribuição significativa para os povos indígenas da América Latina, no sentido de que a reivindicação dos direitos das mulheres esteja incluída nos direitos coletivos, com vistas ao Bem Viver, ao bem-estar, à harmonia e ao equilíbrio dos povos. Por exemplo, no artigo 57, o parágrafo 10 declara que os povos e nacionalidades indígenas podem "criar, desenvolver, aplicar e praticar o seu direito próprio ou consuetudinário, que não poderá violar direitos constitucionais das mulheres, crianças e adolescentes, em particular". Isso foi importante, ainda que, claro, esse não tenha sido exatamente o texto no qual trabalhamos. De todo modo, trouxe o sentido do que dizíamos: quando se fala em direitos coletivos, por que apenas os homens são visibilizados? Por que as mulheres são deixadas para trás e o problema da violência fica de fora?

A segunda proposta diz respeito à justiça indígena: sem a participação e a decisão das mulheres, a justiça indígena pode ser invalidada em casos já resolvidos. Mas a única instância que pode invalidar as decisões tomadas e à qual podemos recorrer é a Corte Constitucional. O artigo 171 da Constituição afirma que "as autoridades das comunidades, povos e nacionalidades indígenas exercerão funções judiciais com base nas suas tradições ancestrais e em sua própria lei em âmbito territorial, com garantia de participação e decisão das mulheres". Procuramos assegurar que os problemas que afetam as mulheres também sejam resolvidos no sistema de justiça indígena.

MIRIAM É possível invalidar uma decisão que foi tomada sem a participação das mulheres, então.

CRISTINA Exatamente. E não somente no tema da violência contra as mulheres. Todos os casos resolvidos pela justiça indígena têm que ser resolvidos com a participação e decisão das mulheres. Quando falamos de participação, não estamos falando apenas de números, porque sempre fomos muitas nas assembleias. Em alguns casos, aliás, quase toda a assembleia é composta de mulheres. Estamos falando sobre decidir, sugerir, apresentar propostas na resolução de conflitos de qualquer tipo, e, se for o caso de violência contra as mulheres, a presença, a decisão e a proposição das mulheres devem ser uma prioridade, não apenas uma presença física.

MIRIAM Então vocês seguiram como delegação para a sessão da Assembleia Constituinte, em 2008. Você se lembra de quais organizações estiveram presentes? Ou quantas?

CRISTINA Bem, vamos ver. A Red Provincial de Organizaciones de Mujeres Kichwas y Rurales de Chimborazo, o Comité Central da Unión de Organizaciones de Cotacachi (Unorcac) e as mulheres da Asociación de Mujeres de la Nacionalidad Kichwa de Sucumbíos-Ecuador (Amkise) são as organizações com as quais temos nos articulado nesse processo. Eu diria que não só estivemos nessa ocasião, mas já estivemos lá várias vezes: ir e vir de Montecristi[8] para conversar com as autoridades, com as mulheres parlamentares constituintes, com a Comissão.

MIRIAM E foram bem recebidas lá?

CRISTINA No final, sim, mas no início... Eu lembro que quando o movimento feminista e de mulheres do Equador convocou um encontro nacional em Riobamba para elaborar a

8 Cidade que sediou a Assembleia Constituinte em 2007-2008. [N.T.]

agenda das mulheres para a Assembleia Constituinte, disseram que as mulheres deveriam enviar as suas propostas para a elaboração de um documento para a Constituição. Quando enviamos nossa proposta como mulheres indígenas, ela não apareceu no documento. E quando participamos dos eventos, nos disseram que as mulheres indígenas não podiam estar separadas porque, ao final, todas somos mulheres.

MIRIAM E o que vocês pensaram naquele momento?

CRISTINA Pensamos que tínhamos de fazer alguma coisa, ou seja, contar o que vivemos e como queremos viver, como queremos construir o nosso futuro. Porque não é que queiramos viver em comunidades com homens e mulheres separados. Mas, quando estamos vivendo mal, a comunidade também não avança, não se desenvolve. Como assegurar que nossos problemas também estejam na Assembleia Constituinte e na Constituição equatoriana? Refletimos, começamos a construir o caminho e a percorrê-lo. Quando fomos a Montecristi para entregar a proposta das mulheres equatorianas, algumas nos olharam torto, porque elas entregaram uma proposta, e nós entregamos outra, ao presidente da Assembleia, Alberto Acosta: "Isso significa fragmentação, somos todas mulheres e não sei o que mais querem". Mas ainda assim entregamos a nossa proposta.

MIRIAM A alternativa era ficarem invisíveis.

CRISTINA Exatamente. Não queríamos permanecer invisibilizadas. Penso que esse foi o gatilho para que mais tarde dissessem: "Então vamos incluí-las para que possam vir para a mesa". Também havia mulheres membros da Assembleia que foram ativistas em alguma etapa da vida, ativistas dos direitos das mulheres, que nos apoiaram muito. Abriram caminho para entrarmos na Assembleia e contarmos as ideias que trazemos.

MIRIAM E quais foram as reações das lideranças masculinas do movimento indígena?

CRISTINA Eles nunca perceberam. Quando se trabalha como uma formiga na província, não se sabe o que está acontecendo. Pelo que me disseram, nunca souberam das nossas propostas, nunca imaginaram que um grupo de mulheres de três províncias pudesse ir e dizer à Assembleia Constituinte o que estamos vivenciando, o que está acontecendo nas comunidades e como queremos construir as nossas aspirações de vida para nós e para os nossos povos. Comentaram comigo que, quando souberam, já era tarde, o tema já estava colocado. Na ocasião em que o padre Fernando Vega, líder da Comissão de Justiça, falou sobre a questão da justiça indígena, nós dissemos por que queremos que as mulheres também estejam presentes, e então os outros membros da Assembleia descobriram os problemas que nós, mulheres, temos em relação ao acesso à justiça comum e indígena: "Ah, olhem, as mulheres indígenas também têm conseguido viver na violência". O apoio do padre foi fundamental. Nos contaram que ele disse: "Ou colocam em prática a parte das mulheres, ou a justiça indígena não acontece", e por isso: "Então colocamos, colocamos". Eu lembro que vi as notícias na televisão quando voltava de Montecristi, e lá uma respeitada líder indígena dizia: "Na questão da justiça indígena, as mulheres sempre estiveram presentes, não sei quem colocou a participação das mulheres, mas deve ser uma feminista que não conhece a vida dos povos nem compreende o sentido comunitário", mas já era tarde demais quando ela disse isso.

MIRIAM E você, o que você pensa sobre isso? Quer dizer, porque há todo um debate, não? A própria Constituição é um instrumento do Estado liberal ocidental. Você acredita, agora, em retrospectiva, que recorrer a esse recurso ajudou as organizações de mulheres indígenas de diferentes províncias, afinal?

CRISTINA Penso que é um mecanismo, mas não é tudo. Para dizer: "Já estamos vivendo muito bem com isso", ainda nos falta trabalhar muito. Uma das coisas que vejo como resultado de todo o processo, pelo menos dentro do movimento indígena atual, é que, em julho de 2016, conseguimos que a assembleia ampliada da Conaie decidisse que os casos de violência contra as mulheres e o feminicídio devem ser tratados, resolvidos e sancionados no sistema de justiça indígena. Penso que é um passo importante, mas ainda temos um longo caminho a percorrer. No entanto, essa decisão está na Constituição e isso obriga o Estado a lidar com ela. No sexto congresso da Conaie, realizado em Saraguro,[9] em setembro de 2017, a mesa das mulheres se posicionou para que a organização declarasse obrigatório que os territórios dos povos indígenas estejam livres de violência contra as mulheres. Portanto, discussões, posicionamentos e propostas vão sendo geradas pelas mulheres. Elas iniciaram o trabalho em um lugar pequeno e estão posicionando os temas de violência contra as mulheres e feminicídio entre povos indígenas em espaços mais amplos, o que é importante. Penso que o gatilho foi a Constituição de 2008, quando visibilizamos que temos problemas como abuso sexual, violência contra as mulheres, irresponsabilidade em assumir a paternidade, gravidez na adolescência e feminicídio em meio aos povos e às nacionalidades

9 Cidade ao sul dos Andes equatorianos, na província de Loja.

indígenas. No sexto congresso da Conaie, as mulheres levantaram a voz, dizendo que se deve declarar os territórios livres de violência contra as mulheres, o que considero outro passo importante. Embora, como digo, seja apenas um mecanismo e não seja o fim. Ainda nos falta muito *chakiñan*[10] para construir. Temos que seguir com voz ativa, com propostas e ideias.

MIRIAM Sim, é um passo. E me diga, existem todas essas pessoas indígenas, tanto homens como mulheres, que dizem que as mulheres que reivindicam — possivelmente na direção do que a sua mãe dizia — vão dividir a comunidade, acabar com a harmonia; que elas não devem reclamar, e sim aguentar; ou seja, entendem que o direito coletivo da comunidade em seu conjunto deve estar à frente do direito individual de uma mulher que supostamente quer viver livre de violência. Como você vê essa discussão?

CRISTINA Quando nós realizamos várias oficinas comunitárias com organizações de mulheres em Chimborazo, especialmente no âmbito do cantão e da província, nós já tínhamos uma proposta. Pessoalmente, pesquisei algo sobre as mulheres indígenas na Constituição boliviana porque o processo constituinte estava muito avançado. Não encontrei nada, apesar de haver um grupo considerável de parlamentares dos povos e nacionalidades indígenas na Assembleia Constituinte da Bolívia. Também procurei na Constituição do México. Uma organização que apoiava as organizações de mulheres em Chimborazo nos ajudou contratando uma advogada especializada em povos indígenas; a advogada também trabalhava o tema da justiça indígena com um colega

10 Termo em língua kichwa que denota caminhos, como atalhos e veredas, percorridos a pé. [N.T.]

seu, muito reconhecido nacionalmente e próximo do movimento indígena. Conversamos com ela e explicamos a proposta elaborada pelas companheiras, para que nos ajudasse a transformá-la em artigos constitucionais. Eu lhe enviei o documento. Ela respondeu que, sobre os direitos coletivos, o Estado não pode obrigar, nem a perspectiva de gênero pode ser incluída: os direitos coletivos são dos povos indígenas. Nesses debates, ela me disse: "Os direitos são inventados". Acolhi e respondi: "Se são inventados, nós, as mulheres dos povos indígenas, queremos reinventar direitos para viver melhor, com dignidade, é isso que queremos". E foi o que fizemos.

MIRIAM Recentemente, li uma pesquisa de uma estudante aymara, da Bolívia, que entrevistou a Mama T'allas[11] aymara no altiplano de La Paz. Seu interesse era conhecer como elas exercem a autoridade em um sistema em que se atua sempre em pares complementares, segundo o Chacha Warmi.[12] E então aí existem várias mulheres que expressam que, sim, sofrem discriminação, mas, em suas próprias palavras, nunca manifestam que isso as machuca ou as fere. Ao contrário, dizem: "Sim, eu sofro discriminação, riem de mim, dizem que não sou capaz" e não sei o que mais, mas "isso prejudica a comunidade". Fiquei surpresa por essas mulheres nunca expressarem uma noção de violação para com a sua pessoa, mas sim que a violência que elas sofrem impactaria diretamente no coletivo. Como seria isso

11 Máxima autoridade feminina de uma comunidade originária.

12 Conceito aymara que expressa a complementariedade entre dois elementos opostos. A tradução literal pode ser entendida como homem-mulher, remetendo à união de dois em matrimônio, ou outra conjugação entre feminino e masculino, formadora do um/único. O conceito remete a uma cosmovisão sobre a constituição dos seres, das pessoas e da harmonia pela dualidade e complementaridade dos termos. [N.T.]

aqui no Equador? As mulheres kichwa das comunidades de Chimborazo com quem você falou, que você conhece, que tem acompanhado, como elas sentem isso? Elas sentem que a violência atinge a sua pessoa? Sua personalidade? Ou é simplesmente algo que não deve ocorrer em geral ou algo que causa danos à comunidade ou à família?

CRISTINA Por causa dessa situação que eu estava contando, eu me perguntava: por que os direitos individuais se contrapõem aos direitos coletivos? Devem estar no mesmo nível, e não se sobreporem, de maneira a se equilibrarem e cooperarem para o Bem Viver e bem-estar dos povos e, sobretudo, das mulheres indígenas. E o que isso quer dizer? Que, se o meu direito individual foi violado, isso afeta toda a coletividade, não apenas a mim. Por exemplo, se um marido mata a mulher, isso afeta a comunidade, os filhos, o *ayllu*, altera a harmonia e o equilíbrio comunitário e individual. Não afeta apenas a família, afeta toda a comunidade porque também envolve os parentes que também têm suas próprias famílias. Onde e com quem a criança vai ficar? Em que circunstâncias essa criança crescerá e será um dirigente? A situação que passou terá marcado a sua vida. Como ela liderará sua comunidade? Porque, em algum momento da vida, ela terá que servir à comunidade: não se é nomeada apenas porque é mais reconhecida, porque tem alguma propriedade ou um sobrenome melhor; na comunidade, todas e todos temos que servir, em algum momento. Então, em que circunstância essa criança vai ser dirigente? E quais serão as experiências vividas por ela sem a mãe? Não afeta apenas a vida da criança, mas sim a vida de toda a comunidade.

MIRIAM E que exemplo essa criança vai dar depois de crescer?

CRISTINA Sim. Era isso que estávamos dizendo: afeta as mulheres mas também afeta a comunidade. Por outro lado, penso que em Chimborazo o individual se sobrepôs ao coletivo desde a época da Colônia, desde a época das *haciendas*, que já foram nos dividindo, nos individualizando. Então o próprio Estado começou a dizer: "Você não tem por que se organizar", "Você é um cidadão que pode representar a si mesmo de forma direta, perante o Estado". Os dez anos de correísmo[13] têm sido muito fortes nesse processo de nos individualizar; além dele, o sistema patriarcal, capitalista, neoliberal.

É importante recuperar o espaço territorial, o espaço *comunal*,[14] considerando a perspectiva das mulheres. Significa dizer: "Isto não me afeta somente como pessoa mas também a comunidade". Estamos nesse espaço e nesse tempo. Em algumas comunidades, talvez possa acontecer o que você comentou sobre a Bolívia. Mas a influência liberal e individual tem sido forte na vida das mulheres, na vida dos povos, muito forte. Eles entendem a violência como um assunto pessoal. Por isso dizem que o problema da violência é um problema pessoal, e é por isso mesmo que ele não é contemplado nas comunidades, porque não veem que afeta todas e todos. Estamos no processo de recuperar, reinventar, ressignificar, (re)conceitualizar a organização, o espaço e o tempo das mulheres e dos povos indígenas.

13 O ciclo de governos progressistas conhecido como socialismo do século XXI se manifestou, no Equador, pela ascensão do ex-presidente Rafael Correa ao poder, em 2008. O sobrenome dele deu origem ao termo correísmo, que exalta a liderança pessoal em um movimento e projeto político mais amplo da Revolução Cidadã e da refundação do Estado plurinacional. [N.T.]

14 O termo foi mantido no original, pois, ainda que *comunal* possa trazer o sentido de comunitário, o contexto implica referência à relação social e à organização específica das *comunas*, forma predominante de organização política nas comunidades rurais do país, sobretudo as indígenas. [N.T.]

Em 2012, participei de um projeto de pesquisa sobre pluralismo jurídico e mulheres indígenas da América Latina, com o Centro de Investigaciones y Estudios Superiores en Antropología Social (Ciesas) do México. Entrevistamos homens no sul de Chimborazo, em Tixán. Nós fazíamos o roteiro de perguntas e um companheiro fazia as entrevistas. Os homens relataram que se sentem mal quando são violentos e que não se sentem bem quando agridem as mulheres. Mas é a única forma como têm vivido, a única que conhecem desde a Colônia e a *hacienda*. Se tivessem conhecido outra forma de conviver, de viver melhor, estariam em condições de aprender e não teriam exercido violência. Seus pais viviam na *hacienda* e eram muito maltratados pelo proprietário da terra e, quando chegavam em casa, eles replicavam isso. É essa a forma de convívio que conheceram e vivenciaram. Foi interessante ver a perspectiva dos companheiros sobre o problema. Podemos estar falando mais pelo viés das mulheres, e saber que eles também não se sentem bem exercendo a violência nem convivem bem com ela é um caminho para reconstruir a harmonia e o equilíbrio na comunidade. Porque os homens indígenas também têm sofrido discriminação, exclusão e violência por parte de homens ou mulheres brancos ou mestiços.

MIRIAM Você acaba de mencionar uma série de processos, desde a *hacienda* até a forma mais moderna do correísmo, que têm influenciado os territórios indígenas de Chimborazo. Então existe todo esse debate acerca das origens do patriarcado? Como diz a feminista comunitária guatemalteca Lorena Cabnal, houve um patriarcado ancestral. No entanto, algumas mulheres bolivianas dizem: "Não, o patriarcado é mais recente: veio com a Colônia e depois com o sindicalismo camponês, que impôs a figura da liderança masculina". O que você pensa a respeito?

CRISTINA Concordo com Lorena Cabnal. Existem várias correntes feministas, entre elas as radicais, as autônomas e outras que valem a pena conhecer, mas eu não me encaixo em nenhuma delas. Sou parte de uma comunidade, pertenço a um povo indígena, tenho língua própria, tradições, costumes, cosmovisões, cosmovivência, território. Os companheiros são nossos companheiros de vida, nossos companheiros comunitários, nossos companheiros de luta. Como me situar para trabalhar o feminismo? Entendendo o feminismo como a luta e a proposta política de qualquer mulher em qualquer parte do mundo, de qualquer cultura, tradição ou povo, em qualquer etapa da história, que queira se rebelar ou que tenha se rebelado contra o patriarcado que a oprime ou quer oprimi-la. A luta não é contra os companheiros e homens de qualquer cultura: é contra o patriarcado que oprime as pessoas e os povos indígenas, que afeta todos e todas.

Seja em zonas urbanas, seja nas comunidades indígenas, os companheiros, em diferentes espaços, muitas vezes consideram o feminismo como equivalente ao machismo. As feministas são consideradas anti-homem, contra os homens, eles até mesmo entendem que elas os odeiam.

MIRIAM Mas e você, como se sente?

CRISTINA Reitero que, pessoalmente, concordo com Lorena, essa irmã da Guatemala. Em dado momento, ouvi algumas lideranças indígenas dizerem que não existiu violência em Abya Yala, que o patriarcado e a violência contra as mulheres vieram com os espanhóis. Não acho que isso seja verdade. Houve patriarcado em Abya Yala, mas de uma forma diferente, em uma medida diferente, porque era outro contexto. Penso que os espanhóis reforçaram muito o patriarcado e a violência durante a colonização, com o Estado e a religião. É isso que entendo quando dizem que as mulheres indígenas são triplamente discriminadas. Não se trata tanto de discutir de onde veio e como surgiu, mas de trabalhar esse problema que já existe. O que devemos fazer, como devemos enfrentá-lo? Concordo com Lorena Cabnal que houve patriarcado antes: não podemos dizer que não houve, mas recrudesceu com a chegada dos espanhóis aos territórios dos nossos tataravôs e tataravós. Agora o que se valoriza é se você é uma mulher ou um homem, se tem dinheiro ou não, se professa alguma religião ou não, se fala bem o espanhol ou não, se tem um diploma ou não, e por isso te discriminam, excluem, violentam. Em 1830, na primeira Constituição equatoriana, apenas as pessoas que professavam a religião católica, que eram casadas, que tinham certa quantidade de dinheiro e bens, que sabiam ler e escrever, eram consideradas cidadãs. Se você não preenchesse essas condições, não era considerada cidadã. Então os povos indígenas, as mulheres indígenas e as mulheres em geral não eram cidadãos. No tempo dos incas, enviavam mulheres "donzelas" para serem sacrificadas. Nas guerras entre aldeias, elas eram cedidas em casamento para tecer alianças entre os povos. Elas também tinham que ficar responsáveis pelos cuidados da casa enquanto os homens iam para a guerra. Por outro lado, tinham direitos sobre a terra, proteção *comunal*, entre outros. Portanto, essa é a prova de que houve realmente um patriarcado ancestral, mas não o mesmo patriarcado que os espanhóis trouxeram.

MIRIAM Bem, você também comenta, de uma forma mais pragmática: "O importante é que entendemos que o patriarcado existe hoje, que nos faz viver mal e que temos que fazer algo a respeito", não? Desde 2016, você ocupa o cargo de dirigenta de terras e territórios na Confederación Kichwa de Ecuador (Ecuarunari), uma das organizações mais importantes da Conaie. O que essa posição implica? Quais são as suas tarefas? E como você vê a relação entre violência e território?

CRISTINA Para mim, tem sido um espaço de aprendizagem e de contribuição, porque a Ecuarunari é uma organização regional. Tenho militado em organizações comunitárias mistas, organizações de segundo nível, provinciais, além de apoiar problemas das mulheres indígenas, feminicídio, abuso sexual, assédio, violência, e trabalhar com o coletivo. Ser uma liderança de territórios em nível regional tem uma dimensão muito mais ampla. Território não significa apenas terra, água, fogo, ar, mas abrange também flora, fauna, rios, as pessoas que habitam a superfície da Terra e o que está dentro dela, como os minerais, entre outros elementos. É como trabalhar de acordo com a visão dos povos, a visão coletiva da autodeterminação e do controle territorial, como a defesa contra a exploração mineradora, a gestão comunitária da água, do território e do comunitário. Já não é apenas a defesa do território-corpo, como diz Lorena: é a defesa do território-terra. Por meio dessa liderança, estou começando a trabalhar e a combinar a defesa do território-corpo e do território-terra, porque o nosso território-corpo e o nosso território-terra conformam elementos que se conjugam, compartilham, configuram e coexistem no espaço. Se algum elemento é alterado, surgem desequilíbrios, desarmonias, e os efeitos repercutem na vida individual e comunitária do povo. Sendo mulher, é um desafio trabalhar esses temas. O território livre de violência contra as mulheres se enquadra na defesa do território-terra e do território-corpo. Outro ponto importante para promover esse trabalho é reconstruir, recuperar e praticar a autodeterminação, a autonomia e o autogoverno dos povos com base nos tratados internacionais dos povos indígenas da Organização Internacional do Trabalho (OIT), da ONU, da Organização dos Estados Americanos (OEA) e, evidentemente, também da Constituição equatoriana. O caminho a ser seguido é a reconstrução das comunidades indígenas. O Estado equatoriano emitiu a Lei das Comunas, que está em vigor desde 1937 e que contradiz os direitos dos povos indígenas. No meu ponto de vista, ela destruiu, fragmentou, causou divisões e fragilizou a organização comunitária. Diz que a comunidade tem um Cabildo[15] formado por um presidente, vice-presidente, secretário, tesoureiro e síndico, por exemplo.

MIRIAM E isso impõe uma forma de organização específica.

CRISTINA Exatamente, impõe uma única forma de organização. Isso ocasionou a criação de organizações menores no interior das comunas, em muitos casos impulsionadas pelo Estado, causando perda do sentido de coletividade na comunidade. E os Cabildos se limitam a tomar providências — por exemplo, doces para o Natal, recintos para o cemitério, reparos de estradas —, como se estivessem implorando às autoridades de Estado. Assim, o controle e a autogovernança do território não são exercidos nessa forma de governo imposta pelo Estado com a Lei das Comunas. Estou percorrendo este caminho agora mesmo: recuperar, reconfigurar, ressignificar, (re)conceitualizar o território *comunal* como um território de luta, de resistência e de proposições sobre os direitos das mulheres e sobre os direitos dos povos indígenas.

MIRIAM E livre de violência em que dimensões?

CRISTINA Para viver digna, harmoniosa e equilibradamente na comunidade, não devemos vivenciar violência em casa, nem na comunidade e muito menos com a exploração mineradora no território. Ser removido e expropriado do seu habitat e explorar a natureza como um recurso também

15 O Cabildo foi instituído no período colonial como um conselho municipal para a administração de terras. Prevalece hoje como organização político-administrativa. [N.T.]

são violências contra o território-corpo das mulheres e contra o território-terra. A dimensão da violência sobre o corpo e a vida das mulheres pela mineração é algo novo, um tema importante que não deve ser separado dos direitos de uma vida digna, equilibrada e harmoniosa na comunidade. Quando extraem o mineral, contaminam a terra, a água, o ambiente e também os produtos que serão consumidos. Se uma mulher comer esses produtos, ela pode adoecer, ou seja, ela é violentada por meio de sua alimentação e ela tem direito a uma alimentação adequada, digna e saudável. Isso está relacionado com a soberania alimentar. Se há contaminação da água, é possível contrair doenças, o que também é uma forma de violência contra o corpo das mulheres e a vida *comunal*.

Outra questão forte é a da educação nas comunidades. Educação formal, como dizem, aquela oferecida pelo Estado, porque a educação que os nossos pais nos dão desde o nascimento é outra forma de educação coletiva. Na comunidade, adquirimos muitos conhecimentos e saberes dos nossos povos e nacionalidades. Mas, para lidar com o Estado, é necessário ter um pedacinho de papel que comprove que a pessoa é especialista em algo ou tem um bacharelado. Esse é um tema que diz respeito às mulheres e aos povos indígenas. Nos últimos dez anos, o correísmo fechou milhares de escolas comunitárias dos povos indígenas. Estive participando de pesquisas sobre essa questão e existem centenas de escolas comunitárias fechadas na província de Chimborazo, especialmente nas comunidades indígenas. Isso significa a ruptura da coesão social comunitária. Antes, a *escuelita*[16] era o centro de articulação das comunidades, onde eram realizadas

16 A tradução literal seria escolinha ou escola pequena. Optamos pelo termo original porque remete não apenas ao tamanho mas a uma relação de pertencimento e forma afetiva de se referir a uma escola comunitária. [N.T.]

festas, os encontros dos *ayllus*. Havia as sessões, as *mingas* e muitas atividades em torno da escola e da comunidade. Alguns programas traziam as mães de família para cozinhar para as crianças da *escuelita*, então também era um espaço articulador das mulheres. O fechamento das escolas tem significado a perda desse espaço. Crianças de diferentes comunidades têm sido concentradas numa única escola, o que fez ressurgir problemas coloniais. Por exemplo, em Chunchi, onde costumava haver uma *hacienda*, uma comunidade foi formada pelos antigos *huasipungueros*[17] e se mantém a escola onde vivem os descendentes dos *mayordomos* [senhores]. Ressurge, assim, a dor da discriminação sofrida pelos avôs e avós. Por isso não quiseram mandar seus filhos e filhas para essa *escuelita*, foram estudar na unidade educativa do cantão, ou seja, reavivaram-se conflitos coloniais que pensávamos ter terminado com o fim da *hacienda*.

MIRIAM Inacreditável. Houve de fato todo um esforço para modernizar e centralizar a educação. Segundo o presidente [Rafael Correa], as escolas comunitárias bilíngues eram "escolas da pobreza", indignas. Milhares delas foram fechadas por todo o país e foram criadas as "escolas do milênio": modernas, de cimento, para centenas de crianças.

CRISTINA Exato. O único argumento para fechar as escolas era o de que "não há crianças suficientes para se manter uma *escuelita*". O Estado não tinha investido nada em muitas das escolas comunitárias e não deveria ter fechado as

17 Nome dado ao habitante do *huasipungo* (em kichwa: *huasi*, "casa"; *pungo*, "porta"), referia-se à terra cedida por um proprietário a pessoas nativas, no Equador, para moradia e cultivo, mediante relação de servidão (Jorge Icasa, *Huasipungo*. Rio de Janeiro: Edinova, 1968). [N.T.]

escuelitas, porque elas pertenciam à comunidade. O que deveria ter sido feito era melhorar a qualidade da educação por meio de uma abordagem coletiva e de duas vertentes de conhecimentos: a ancestral e a do mundo, colocando os melhores professores, com boa remuneração. Em muitas ocasiões, o Estado tem enviado professores recém-graduados para o campo, para que adquiram experiência, enquanto deveria ser o contrário.

MIRIAM Você diz que a Lei de Comunas debilitou a organização comunitária. Vocês, como organização, têm alguma visão de como deveria ser a autogestão do território?

CRISTINA Estou elaborando algumas estratégias. No ano passado, com a dirigência de Ecuarunari, produzimos um documento em que dizíamos que o primeiro passo é nos empoderarmos das convenções e dos tratados internacionais sobre os povos indígenas. Além disso, também é preciso tecer e construir autogovernos comunitários para que tenhamos controle sobre o nosso território e, dentro do autogoverno territorial, fortalecer o agrupamento de mulheres, para que tenham propostas e voz. Outro tema fundamental é a Lei das Comunas. Queremos apresentar um processo de inconstitucionalidade contra a lei perante a Corte Constitucional, porque ela contradiz os tratados internacionais sobre os povos indígenas e a Constituição equatoriana. Nos tratados internacionais, afirma-se que os povos indígenas têm a sua forma própria de organização. O Estado tem a obrigação de garantir isso, adotando medidas efetivas para que nós, povos indígenas, possamos exercer os nossos direitos coletivos plenamente. Dessa forma, queremos avançar na construção do Estado intercultural e plurinacional.

Acredito, ainda, que outra questão importante é ter o controle do território: o que está acontecendo dentro da comunidade? Em relação a crianças e adolescentes, muitos casos de abuso e assédio sexual nas escolas vieram a público recentemente. Os meios de comunicação social deram visibilidade às crianças dos setores urbano e mestiço, mas é possível que haja casos de violência, assédio sexual e de abuso de crianças nos setores indígenas. O que o Cabildo ou o governo comunitário fazem acerca desses problemas? E acerca de questões como a violência contra as mulheres, a soberania alimentar, a mineração, a terra, a água? Temos de saber o que temos e quanto controle exercemos sobre o nosso território, porque agora as empresas mineradoras estão nos expropriando, apoderando-se facilmente do território. O caminho é o da autonomia e do autogoverno comunitário: reconstruir e exercer controle sobre o território. Com o objetivo de reconstruir o território, propomos basicamente recuperar alguns elementos: uma comunidade tem território e isso não significa apenas que é onde estão as casas ou onde a comunidade vive, mas também abrange alguns hectares, o páramo [terras altas andinas], o rio, os riachos. Temos a nossa própria língua, o nosso sistema organizacional, político e civil, e isso também inclui o sistema de justiça indígena. Esses elementos têm de ser fortes para construir autonomia e Bem Viver em harmonia e equilíbrio.

Enquanto mulheres, quando nos referimos ao Bem Viver em harmonia e em equilíbrio, não estamos pensando somente em alimentação, organização, reconhecimento ou na defesa de nossa existência como povos indígenas, da nossa experiência de vida, mas em um território livre de violência contra as mulheres, de violência física, psicológica, territorial e patrimonial, livre de gravidez na adolescência, entre outros temas. Como eu disse, isso também afeta a vida *comunal*, além da vida individual ou conjugal: afeta o *ayllu*.

18

DO QUE ESTAMOS FALANDO QUANDO FALAMOS EM REPRODUÇÃO? UM DIÁLOGO ECOFEMINISTA

Ivonne Yánez
Cristina Vega
TRADUÇÃO Joana Emmerick Seabra

O diálogo a seguir é uma reflexão sobre a ideia de reprodução. O que entendemos por reprodução? A que nos referimos quando falamos das lutas pela reprodução? Em que sentidos os espaços e as experiências de reprodução (de cuidado da vida, do meio, das pessoas) podem ser emancipadores? Cristina e Ivonne se encontraram para pensar sobre essas perguntas, e, dessa troca, surge o texto aqui compartilhado.

O QUE QUEREMOS DIZER COM REPRODUÇÃO?

IVONNE YÁNEZ Há alguns meses, você me convidou para comentar um dos seus textos, "Rutas de la reproducción y el cuidado por América Latina". Não foi uma tarefa fácil. Como ecologistas, concebemos o tema da reprodução mais vinculado à proteção das florestas, dos rios, das sementes diante da expansão mineradora, petroleira ou da agroindústria, por exemplo. Fazemos campanhas cujo principal argumento é a defesa do direito da natureza para garantir a reprodução da vida. Para *nós*, a reprodução da vida ocorre nesses espaços entendidos como parte dos territórios onde vivem povos e comunidades. Ao ler seu artigo, e graças às bases teóricas e históricas marxistas-feministas aprendidas com Silvia Federici, também tive algumas dúvidas sobre o que podemos ter em comum com relação à visão do que é a reprodução e, quiçá, se existem diferenças entre nossas perspectivas. Estamos falando sobre a mesma coisa quando falamos sobre reprodução? Isso torna o nosso diálogo muito interessante e, sobretudo, importante, pois se trata de construir alianças e caminhadas conjuntas.

CRISTINA VEGA Eu posso tentar elencar alguns elementos sobre como a reprodução é entendida de um ponto de vista feminista. A ideia central é que a vida e, de alguma maneira, a vida humana, bem como a vida em geral, acontece e tem que ser mantida.[1] Em nossas sociedades, a forma como a vida tem sido mantida se baseia em uma ordem

1 Ao longo do texto original, as autoras utilizam variações do termo *sostener* como categorias afins relacionadas ao debate sobre a sustentabilidade da vida. Optamos por variações do termo "manter" ao considerarmos os sentidos dúbios atribuídos a "sustentar" na língua portuguesa. [N.T.]

social injusta, que atribui a carga e a responsabilidade às mulheres na esfera privada. No feminismo, esse é um ponto de partida muito claro para pensar a reprodução. Feministas de muitos lugares, e eu creio que seja isso o que está sendo revisado agora, têm pensado a reprodução segundo o modelo do trabalho assalariado. Pensaram que a reprodução, assim como a produção, era apenas o que resultava visível em nossa sociedade. Além disso, concebiam que era o sistema capitalista que ordenava e assegurava o salário, ainda que fosse o inverso. Como explica Silvia Federici, existe toda uma série de tarefas e atividades que se encontram fora do mundo produtivo, mas que acabaram ancoradas e moduladas por ele. E a autora explica o que custou essa ancoragem.

Certamente não é o caso em todas as sociedades, mas em muitas delas o produtivo e o reprodutivo estão entrelaçados: não foram separados nem mediados em absoluto pelo salário. Assim, o conceito de reprodução parece adquirir mais peso nas sociedades que o separam, gerando especializações e assimetrias de valor. São sociedades que dividem as tarefas de forma bastante explícita, atribuem um valor social e um salário a algumas atividades, enquanto deixam outras na penumbra. Ao atentarem para a injustiça dessa divisão de tarefas, as feministas passam a cultivar o conceito de reprodução. E a reprodução, associada a essa subvalorização, advém de um conjunto de atividades que, quando analisadas, se tornam cada vez mais imensas. Em vez de marginais, tornam-se cada vez mais variadas e mais ricas. Tudo ou muito do que fazemos é reprodutivo e se confunde com a reprodução social. Alguns componentes têm a ver com a manutenção da materialidade do corpo, ou seja, a higiene, a alimentação, a saúde etc. A alimentação, por exemplo, envolve muitas microatividades sobre as quais o feminismo ainda precisa refletir melhor: o que significa, por exemplo, alimentar-se, estar provido de alimentos e, além disso, transformá-los? Isso também se aplica à higiene, à saúde, ao descanso e a muitas outras coisas. Nesse sentido, as tarefas que têm a ver com a manutenção material dos corpos não podem ser dissociadas da esfera afetiva e do bem-estar emocional: não alimentamos as crianças como se fôssemos robôs; buscamos saber do que gostam mais, do que necessitam, o que é bom para elas e o que comeram no dia anterior. É aqui que entram em jogo os julgamentos morais, pedagógicos, éticos e políticos e todo um sistema de práticas e valores. Para o feminismo, esse conceito deve abranger não apenas as mulheres, mas pessoas racializadas, pobres, migrantes, ou seja, todas aquelas que estão "abaixo" e cujas atividades são menos valorizadas e mais invisíveis. Quando essa ordem está ausente, a reprodução como um conceito é desfocada.

Para as feministas, como eu dizia, a materialidade do corpo vem em primeiro lugar, antes da esfera afetiva, o que também tem a ver com a divisão sexual do trabalho e a ausência de salários. Muitas feministas que constataram os limites do marxismo associam a reprodução ao trabalho, à ausência de um salário e à família. São esses, aliás, os dois eixos que articularam as primeiras abordagens feministas: o trabalho e a família. Se olharmos para sociedades em que essas divisões não são tão rígidas ou são estabelecidas de outra maneira, o trabalho de reprodução assume outros sentidos — mesmo se pensarmos nas sociedades de exploração, como aquelas baseadas em plantations, ponto de referência para o feminismo negro. Trata-se de um reduto da humanização, e não tanto de um lugar de subjugação, de falta de salários, de ausência de moradia, de exploração familiar.

Para alguns segmentos do feminismo, resgatar a reprodução tem a ver não apenas com a miséria da família ou com a opressão mas com a valorização das atividades que fazem parte do ciclo de vida. No primeiro feminismo, por exemplo, Simone de Beauvoir considerava a reprodução como uma repetição em que nada de transcendente ocorria, em que não havia emancipação: era algo que tinha que ser movido para ser livre. Atualmente, o feminismo está olhando mais para a complexidade ao redor da reprodução do que para a geração livre de trabalhadores para o mercado. A reprodução está sendo valorizada para que se possa compreender como resgatá-la politicamente, já que ela desencadeia processos potencialmente transgressores da lógica capitalista por meio da tensão capital-vida, tema de algumas economistas feministas. Trata-se de uma tensão que emerge repetidamente e nos lembra de que a economia é a ciência do ocultamento e da instrumentalização. O que se busca é reproduzir sujeitos que se adequam ao mercado e assumem pouca responsabilidade socializada, além de transferir o trabalho para os que se encontram na base, tanto dentro dos países como entre países. Portanto, o que o feminismo faz, de certa forma, é dizer: podemos construir uma alavanca política por meio da riqueza da reprodução e das possibilidades de se contestar toda ordem social. Podemos fazer política tendo esse ponto de partida? É a chamada perspectiva (política) da reprodução ou a centralização da reprodução. Porque a atividade reprodutiva é potencialmente (e não de forma automática) uma base para desafiar a ordem social e de gênero capitalista. Creio que esse pensamento tem sido nutrido pelo ecologismo e por outras experiências. Mas, antes de continuar, gostaria de saber como você pensa a reprodução.

IVONNE Nós — e por nós eu me refiro a um ambientalismo equatoriano promovido pelas mulheres da Acción Ecológica (porque o ambientalismo, assim como o feminismo, é obviamente muito diverso) — estamos nessa luta há trinta anos, acompanhando organizações e comunidades locais ameaçadas pelo extrativismo, pelas políticas agrárias, pelo avanço do capital. Em muitos casos, vemos que as mulheres são as que mais lutam, porque são as mais afetadas por essas ameaças ou porque suas vivências servem de base para as alternativas ao modelo predatório. Assim, a nossa [reflexão] não é apenas uma análise intelectual ou acadêmica, institucional ou de ativismo urbano, mas proposta pela prática, pelo contato com as pessoas nos lugares onde vivem. Muito nos inspira a luta pela vida travada pelas mulheres nas zonas rurais do Equador. São lutas pela reprodução, é claro: pela reprodução de suas culturas, de suas comunidades, da própria vida.

Desse modo, entendemos o tema da reprodução num cenário de conflitos. Aquilo que você chama de divisão sexual do trabalho e dos papéis é visto e vivenciado de uma forma um pouco diferente, penso eu. É óbvio que nas comunidades indígenas ou camponesas ameaçadas, por exemplo, nem tudo é harmonioso entre homens e mulheres: existem machismos e patriarcados comunitários. Há tarefas específicas atribuídas aos homens e às mulheres. A caça é masculina, a agricultura é feminina. Existem, inclusive, conhecimentos que são próprios de uns e de outras. Consideremos que isso seja divisão de tarefas ou dos trabalhos de cuidado e de reprodução das comunidades. Quando as empresas mineradoras ou petrolíferas chegam, essas divisões se acentuam ainda mais. Por exemplo, em algumas comunidades shuar[2] mais ligadas às florestas, os homens eram responsáveis pela caça e pelo fornecimento da carne de caça, enquanto as mulheres ficavam nas comunidades cuidando coletivamente da *chacra*, dos animais, das crianças e dos mais velhos. E o coletivo é muito importante, porque as famílias são estendidas, e as tarefas de cuidado, inclusive a preparação dos alimentos, são feitas em conjunto. Portanto, penso que essa seja uma diferença na forma

2 Os povos do grupo linguístico shuar, na Amazônia equatoriana, enfrentam ameaças da megamineração em seus territórios ancestrais. [N.T.]

de ver a questão das tarefas e dos papéis atribuídos. Não são os homens que confinam as mulheres no lar: é uma divisão de gênero, mas em *comunalidade*. A base é a comunidade propriamente dita.

E o que acontece quando as atividades mineradoras ou petrolíferas chegam às comunidades? O que presenciamos numa comunidade shuar, bem ao sul do Equador, é que os homens já não podem caçar, porque as florestas estão desaparecendo; com isso, eles permanecem mais tempo na comunidade, fazendo com que as mulheres dupliquem ou tripliquem sua carga de trabalho, porque elas engravidam com mais frequência, aumentando o número de filhos, e ainda têm de lidar com a presença de homens ociosos, que agem como crianças. Eles também bebem mais, o que resulta no aumento da violência contra as mulheres, que passam a ser escravas. Evidentemente, a divisão anterior acordada e consensuada de tarefas de reprodução já não existe: tudo mudou com a chegada do capital minerador. Mineradoras, petrolíferas e madeireiras transformam completamente as relações entre homens e mulheres nas comunidades.

Para nós, ecologistas, o tema da reprodução remete à análise das tarefas reprodutivas e de cuidados nas comunidades e nas relações sociais, mas também abrange a reprodução da vida das árvores, das aves, dos botos, dos insetos ou espíritos, bem como suas relações com os seres humanos. É a reprodução da vida no seu conceito mais amplo, não meramente social ou biológico/ecológico: refere-se aos sujeitos-natureza. Assim, quando iniciamos este caminho de aproximação da ideia de corpos, territórios e feminismos há poucos anos, parecia haver obstáculos a superar, porque a reprodução, do ponto de vista feminista, parecia mais vinculada a uma concepção do trabalho das mulheres. Essa abordagem nos fez perceber que essa concepção é muito útil para compreender o que acontece nas zonas de conflitos socioambientais, mas deve ser complementada. Quando analisamos a situação das mulheres nesses contextos de conflito, a questão reprodutiva e dos cuidados se relaciona com o próprio corpo das mulheres, que, biologicamente, é mais afetado: por ter maior teor de gordura, absorve mais toxinas de rios contaminados, solos deteriorados, florestas desmatadas. Mais pessoas ficam doentes, a violência aumenta e rompem-se as relações entre os indivíduos e entre humanos e ecossistema.

Finalmente, enfatizamos que o aumento da carga de trabalho não é exclusivo das mulheres e atinge também a natureza, que precisa multiplicar seus ciclos de carbono e água para realizar fotossíntese, para abrigar os animais, para que os solos mantenham sua capacidade de dar alimentos etc. Todos os trabalhos da natureza, também convertidos em trabalho por meio dos serviços ambientais, fazem parte da reprodução da vida. Portanto, os trabalhos de reprodução transcendem o humano.

CRISTINA Tudo o que você diz é muito elucidador e ajuda a reformular as concepções do feminismo urbano do Norte, cujo pressuposto é uma sociedade em que produção e reprodução são concebidas separadamente, porquanto recebem nomes diferentes. Nas sociedades que você menciona e que existem em número cada vez menor no planeta, essa separação não se observa e a esfera da reprodução não é desvalorizada, apesar da divisão sexual das atividades. O próprio conceito de trabalho doméstico é absolutamente estranho a uma comunidade que não vivencia, por exemplo, as relações de criação de filhos inseridas em uma casa fechada, urbana etc., mas em um entorno natural aberto. Penso que alguns feminismos partem de experiências que condicionaram e limitaram formas de pensar e, por isso, os feminismos de outras localidades ajudam a situar e historicizar o que agora aparece como algo absolutamente normalizado. Existem espaços em que a reprodução, como manutenção da vida social e natural, pode responder a uma lógica mais abrangente e valorativa, que faz com que diferentes processos girem à sua volta. A reprodução passa a assumir outro sentido.

IVONNE O que você quer dizer com "assumir outro sentido"?

CRISTINA Quero dizer que está organizada e conectada de outra forma. Por exemplo, se você fala de uma sociedade que se organiza de forma comunitária, embora haja uma divisão sexual do trabalho relacionada à alimentação, cuidados, festas etc., tudo é feito em conjunto. Isso significa que a manutenção é vivenciada continuamente, e não como algo isolado ou dividido, sujeito a uma dinâmica especial. A divisão produção/reprodução não está tão definida e, por isso, talvez seja melhor falarmos em manutenção (*sostenimiento*) da vida de maneira mais geral. Para mim, o conceito de reprodução tem a ver com estas quatro coisas: separação, hiperespecialização, desvalorização e subjugação de tudo o que concerne à regeneração das pessoas e ao seu bem-estar cotidiano.

No feminismo, há toda uma discussão sobre a relevância do conceito de gênero para todas as sociedades, ou se seria possível pensar em sociedades em que existe uma divisão, mas as tarefas realizadas pelas mulheres ou outras pessoas que transitam por gêneros distintos não são desvalorizadas. Suas atividades são complementares, tal como você descreveu quando falou sobre a comunidade shuar antes das companhias petrolíferas. Talvez as tarefas estejam divididas, mas não haja uma hierarquia de valores entre elas. Parece difícil pensar sobre isso no mundo contemporâneo; na verdade, é difícil para mim. Em todo caso, poderíamos refletir com base em sociedades ou experiências em que o relacional e o interpessoal atravessam não apenas a reprodução mas também a produção. Produz-se *em relação* à comunidade. As comunidades andinas poderiam ser um bom exemplo, em alguns casos. Não se produz para uma acumulação individual, porque a produção é comunitária, ou seja, é relacional, direcionada ao bem-estar dos demais, assim como a reprodução. Não há indivíduos de um lado e sujeitos relacionais de outro: tudo é pensado e realizado para a manutenção comum e por meio da interdependência. Para mim, a própria separação conceitual entre produção e reprodução já reflete certa ordem social: a capitalista, a modernidade ocidental que geralmente classifica, divide, isola e hierarquiza. Essa situação cria sujeitos que se pensam como indivíduos, exceto quando chegam às suas casas urbanizadas e meio que descobrem que existem por meio de relações. Depois voltam a sair e assim por diante.

O que acho muito interessante é como o feminismo, em sua diversidade, tem ampliado e problematizado o conceito de reprodução, o que tem muito a ver com os feminismos que vieram de sociedades não ocidentais. Também teve a ver com os diálogos com o ecologismo, porque muitas feministas se basearam nas contribuições de Marx, e ele considerava a reprodução inserida no mercado. Pensava: o que precisamos para nos reproduzir? O que o mercado produz? Mas as feministas dizem que há algo mais: o trabalho das mulheres. As ecologistas também dizem que há muitas outras coisas: a nossa relação com os ciclos naturais, com o meio ambiente, com as atividades que não estão no mercado. No final, o que perdemos é a ideia de que somos organismos vivos e que a vida também tem os seus limites — algo que o marxismo, com a sua visão antropocêntrica e androcêntrica, não considerou cuidadosamente.

IVONNE Isso não é mediado exclusivamente pelo trabalho humano.

CRISTINA É mediado pelo trabalho humano e pela ordem social, mas tem os seus próprios limites, seus próprios ciclos e seu próprio poder. É algo que nós, seres humanos, achamos difícil de entender. E, como boas herdeiras do marxismo, as feministas também têm essa dificuldade. Nós temos dificuldade de pensar desse modo.

PRODUÇÃO E REPRODUÇÃO: DIFERENTES PERSPECTIVAS

IVONNE Acho necessário redefinir ou (re)conceitualizar o que pode ser entendido como reprodução e produção de acordo com diferentes pontos de vista. Considero muito importante falar sobre essa dualidade em diferentes perspectivas. A maioria das pessoas vive em áreas urbanas, e há muitas comunidades que ainda vivem sob formas não capitalistas ou mais comunitárias. Aqui existem formas de produção que têm outro sentido: para uma comunidade indígena ou camponesa, o que significa produzir? Por que o cultivo de alimentos se insere no âmbito da *produção* e não da reprodução, da reprodução da vida, mesmo que parte dos produtos seja vendida? A situação nas cidades é análoga: por acaso o fato de preparar a comida, cuidar das crianças, reproduzir os espaços familiares, tão importantes, não são tarefas também necessárias para a vida? Além disso, a sociedade equatoriana num contexto capitalista não teria se mantido em funcionamento se não fosse pela existência da família. Não me refiro à família da Tradição, Família e Propriedade ou à família de Engels, mas a um sentido cultural, à família ampliada do Equador. Tudo o que mencionei se enquadra no âmbito da reprodução, ou melhor, da sobrevivência cultural. Como podemos reconhecer e reivindicar esses âmbitos da reprodução da vida, a fim de convertê-los em emancipatórios? Eliminando a atribuição de papéis: aquela que chamam de mãe ou que chamam de irmã é quem, infelizmente, se encarrega de organizar as reuniões familiares, que toma conta dos bebês ou vai ao mercado. Mas, e se essas pré-atribuições, tão benéficas para o capital, forem quebradas e transformadas em tarefas coletivas? Trata-se de tarefas para a reprodução da vida e que devem ser fortalecidas porque têm que existir e ser reivindicadas como tarefas libertadoras.

CRISTINA Acho desafiador pensar na reprodução não como um conjunto de atividades, mas como um ciclo que conecta atividades, ou seja, não pensá-la como uma lista, mas como um *continuum* articulado. Pensar na articulação é mais interessante, nesse sentido, do que pensar em um conjunto de tarefas divididas entre produtivas e reprodutivas. Se pensarmos em como as tarefas se concatenam umas com as outras, também descobriremos os ciclos, as idades, os cursos de vida, e então poderemos compreender como o trabalho assalariado está ligado ao que fazemos em casa, ao transporte, à água, ao abastecimento, ao mercado, ao território. O desafio é repensar as conexões. Nas cidades tudo está ordenado, sistematizado: as crianças na escola, as mulheres no trabalho, a casa em outro lugar. Um universo absolutamente classificado, hierarquizado e organizado. Quando saio de casa, a reprodução termina; quando chego aqui, a produção começa. Mas o desafio é romper, atravessar essas classificações que nos organizam e que organizam hierarquias, atravessá-las num sentido sincrônico e diacrônico. Quando vivemos, ficamos doentes e velhos: isso acontece em todos os espaços que habitamos. Temos uma forma de pensar muito *presentista* e é por isso que pensar no cuidado é algo que, às vezes, consideramos estranho até o momento de termos filhos, até ficarmos doentes e até que fiquemos velhos. Romper com o pensamento da individualidade, da maximização e da racionalidade implica colocar essas questões no centro da existência e entendê-la em conjunto com tudo que a mantém. Como você disse, se a família equatoriana não existisse, isso desmoronaria.

IVONNE Além disso, a família equatoriana não é a única forma de enfrentar a situação capitalista que impõe esse tipo de vida e de relações. Convenientemente, o que mantemos agora também é uma ancestralidade, mas que adquire outra dimensão, quase de sobrevivência.

CRISTINA É aí que entra o feminismo para contabilizar os esforços que as mulheres realizam para resolver esses conflitos e essas crises, cada vez mais frequentes, porque a sociedade capitalista impõe mais trabalho à "natureza" e mais trabalho às mulheres. As mulheres têm de estar constantemente se salvando dos muitos golpes do conflito imposto por uma sociedade hierarquizada, dividida etc. O feminismo questiona a idealização da família, e essas redes familiares, por mais ancestrais que sejam, devem ser pensadas de uma forma crítica, porque a família é um espaço de violência, e isso tem sido trabalhado por boa parte do feminismo. A divisão e a desvalorização têm a ver com a expropriação das mulheres como sujeitos coletivos: são expropriadas dos seus próprios corpos, dos seus conhecimentos, dos seus trabalhos. Tudo isso é expropriado e instrumentalizado pelos homens e pelo capitalismo em geral. Para mim, essa reflexão é muito importante.

IVONNE No ecologismo não há uma crítica à família, pelo contrário: ela é reivindicada. Na América Latina e provavelmente em outros países do Sul, a família é distinta da europeia ou *moderna*. Em situações de conflito, tem-se que lutar para que a família tenha uma vida saudável, mais digna e sem tanta carga para as mulheres, para as crianças, para todos.

CRISTINA Eu me sinto muito mais cética em relação à família porque acredito que ela seja um espaço de apoio mas também um lugar bastante violento. Os dados do Equador revelam, inclusive, que a violência contra as mulheres e as meninas ocorre majoritariamente em meio aos familiares. É necessário problematizar, portanto. As famílias são um suporte muito importante, assim como as comunidades, mas o que de fato é um apoio são as mulheres no interior dessas famílias e comunidades.

IVONNE Em nossos países, é um desafio acabar com esses males. Uma maneira de fazer isso é lutar para que as relações na comunidade e dentro das famílias que são parte dela não sejam afetadas por fatores que acarretam violência, a exemplo das doenças, da perda de soberania alimentar, da contaminação, dos deslocamentos, do empobrecimento. A violência talvez não seja intrínseca à família em sentido amplo, e sim fruto dos problemas sociais e ambientais que existem e a afetam.

CRISTINA A família tem mudado com o sistema e, portanto, não se manteve como um reduto. Eu não tenho nostalgia de nenhuma família perdida. O que me interessa na família, assim como em outras formações sociais, é o relacionamento e a manutenção [da vida]. Acredito que isso é algo que podemos propor na família e para além dela. Quando falamos de comunidades, normalmente nos referimos a comunidades indígenas. É muito difícil nos imaginarmos como comunidades em primeira pessoa, pessoas que cooperam para levar a vida cotidiana adiante. Reprodução do humano e do não humano: como entender o impacto?

IVONNE Eu gostaria de voltar ao tema da reprodução da vida não humana, isto é, a da natureza, que tem os seus ciclos próprios de reprodução, distintos do que estávamos comentando sobre a produção que os humanos realizam, a produção da cultura, das famílias etc.

CRISTINA Sim, me lembro de termos falado em "segunda natureza". Na verdade, eu tenho as minhas dúvidas e queria fazer algumas perguntas sobre as dinâmicas próprias da natureza que não envolvem o humano.

IVONNE Não estamos falando de natureza como uma enteléquia: natureza aqui e humanos lá. A natureza é tudo e inclui os humanos. Possui ciclos de reprodução à parte dos que existem nas próprias sociedades humanas.

CRISTINA Seria bom se você desse um exemplo.

IVONNE Pense no fundo dos oceanos ou nas geleiras. Ainda que sofram impactos das mudanças climáticas causadas por atividades humanas, por exemplo, as geleiras possuem de fato seus próprios ciclos de reprodução que não estão necessariamente vinculados à natureza humana.

CRISTINA Vejo aí uma diferença. Se um bebê nasce e o deixamos no frio, na inclemência, ele morre. Nosso corpo tem limites e tem suas próprias condições relacionais de sobrevivência. Por outro lado, e assim como ocorre com as geleiras, nosso corpo também morre se o enchemos de toxinas. Podemos recuperar a ideia de uma materialidade corpórea e natural que interage como um organismo. Se pensamos em nossa própria materialidade corpórea, creio que ela vai revelar exatamente que estamos sendo afetados por uma série de condições que incidem nos próprios limites. Quais são esses limites? Estão muito ligados à organização social, a como vamos nos relacionar uns com os outros. O orgânico sofre transformações, mas talvez mude para situações que não queremos ou não podemos manter.

IVONNE Às vezes, acho que, quando se fala sobre reprodução, as pessoas acabam por associá-la ao humano, à família, aos filhos etc., mas entendo que existe outro âmbito da reprodução que não é nem humano nem social.

CRISTINA Você poderia explicar melhor?

IVONNE A vida não é apenas o "vivo". O que é a vida? Os seres humanos, os animais, os espíritos, as pedras? Para muitos povos indígenas as pedras têm vida, o petróleo tem vida. Não podemos dizer que as rochas não estão vivas. O que me leva a pensar, então: a que estamos nos referindo com *reprodução da vida*?

É útil pensarmos nisso como modo de ação, porque aí vejo uma possibilidade de ancorar e unir lutas que defendem a reprodução em espaços territoriais de humanos e não humanos, de agir para que as pessoas possam seguir vivendo em boas condições. E também nos permite compreender que há impactos em outros espaços que não são necessariamente espaços humanos, mas que também nos afetam. Quando você se vê afetada pela vida de outros seres humanos e pela vida de seres não humanos, isso te dói e te incentiva a agir. Pode ser em prol dos povos isolados, dos botos-cor-de-rosa, dos pescadores ou do fundo do oceano, onde querem minerar. Não se trata apenas de uma ferramenta política, mas permite que você se conecte com essa outra vida, não necessariamente vinculada à sua ou ao social.

CRISTINA Acho que entendo um pouco melhor o seu raciocínio. Há um elemento nessa discussão que tem a ver com a interdependência e o impacto, que era o que estávamos comentando sobre contaminação. Mas você traz um novo elemento, relacionado à autonomia do não humano e como nos envolvemos com a sua mera existência. Há âmbitos onde o humano sequer é relevante, onde a vida flui nos seus próprios termos. Essa autonomia nos envolve de algum modo. Às vezes, por meio das interdependências e dos impactos; outras, pelo sentimento de saber-se parte deste mundo, por meio da ética. Isso me faz pensar na ideia animista de que tudo, em última análise, está conectado a todos, em todos os momentos. Na Galícia, há uma reflexão a respeito: "San Andrés de Teixido: vai de *morto* o que não foi de *vivo*". Suas partículas vão chegar a San Andrés de Teixido de alguma forma, se não em vida, então depois de morta, ou seja, a sua matéria circula e tudo acaba por interferir nela. Tudo está interconectado, e isso nos convida a conceber o humano a partir de outro lugar, nas suas relações (entre humanos) e também com outras existências, animadas e inanimadas. Já não falaremos da vida em um sentido restritivo, mas sim da existência material.

IVONNE De existência e nada mais, pois pode ser material, espiritual, qualquer coisa.

CRISTINA Me interesso por essa vida que transcende o humano, e pelo humano comprometido com essa existência. O Yasuní, mesmo distante, é importante para nós. Temos que considerar tudo isso para questionar o antropocentrismo, o androcentrismo, a ideia de que as mulheres ainda são marginais, de que os homens concebem a si mesmos em relação ao controle de outras coisas; aquilo que não conseguem controlar lhes dá medo e, por isso, se defendem — inclusive antes de serem atacados. Esse é o alicerce do pensamento racional, que se baseia no controle e para o qual tudo aquilo que não se pode conhecer é, imediatamente, uma ameaça. Acho que é preciso explorar por aí as esferas da existência e, como você disse, o modo como nos tocam, a possibilidade de autonomia, a possibilidade de sermos afetadas. Então me pergunto: por que isso nos afeta? Ou seja, por que te afeta, e não a milhares de outras pessoas? De onde vem esse efeito? Porque, se você se contagia com ele e o percebe, existe um vínculo claro de afetação. Mas de onde viria um impacto que não está diretamente relacionado à sua existência? Como os ecologistas são afetados por territórios que jamais viram nem verão?

Você se lembra do que o governo dizia sobre os ecologistas a respeito da defesa do Yasuní? "Eles estão vivendo na cidade e é muito fácil falarem sobre esses territórios quando, na verdade, eles têm carros e fazem o mesmo que qualquer pessoa urbana." Por que os ecologistas são afetados por esses lugares? Será que isso tem a ver com a crítica ao antropocentrismo, ao androcentrismo e ao controle do território? Acho que as mulheres se sentem um pouco mais marginais em relação a esse tipo de pensamento.

IVONNE Não entendo a que você se refere.

CRISTINA Acho que o impacto tem a ver com pensar o mundo de forma relacional, com pensar juntos ou próximos uns dos outros, distintos, em relação de interdependência com outros. Não à toa, o movimento ambientalista é um movimento muito feminino.

IVONNE Acho interessante o que você está dizendo porque nós, mulheres, somos consideradas mais sensíveis, mas não é uma questão de sensibilidade...

CRISTINA Eu acho que as mulheres são menos individualistas. As mulheres e a reprodução nos territórios.

IVONNE As mulheres que de fato estão imersas nesses espaços de reprodução da vida também o fazem por meio de discussões políticas, que, ao que me parece, permitem que se sintam mais envolvidas com a reprodução da vida em espaços completamente estrangeiros ou distantes, ou mesmo com as questões ambientais. Acho que isso acontece não apenas porque somos menos individualistas mas também porque, no fundo, percebemos que a luta travada é a mesma. Como movimento feminista, é o mesmo que lutar pela reprodução da vida em espaços onde não existe necessariamente uma condição social associada.

São as mesmas lutas porque é a mesma vida, porque é a mesma condição de opressão que diz respeito à natureza e que as mulheres sofrem. Quando se entende a natureza como sujeito, como espaço de reprodução da vida humana e não humana, e se entende que as mulheres não são sujeitos por causa do capital, a sintonia se revela. Por isso eu acredito que o movimento ecofeminista, ou essa união entre o ambientalismo e o feminismo, pode ser tão potente. Porque é, realmente, como reunir muitas pessoas que estão lutando pela mesma causa. A luta dos povos indígenas pela defesa dos seus territórios é a mesma luta dos ecologistas, mas com as suas próprias particularidades.

CRISTINA Para mim, as feministas indígenas dizem algo que é muito relevante aqui: o corpo-território. As mulheres estão problematizando a luta pelo território por meio do corpo, e essa ideia tem se espalhado por toda a América Latina. As lutas contra a violência machista estão se espacializando. Compreende-se então que a luta pela reprodução tem a ver com a luta pela integridade e pela manutenção do corpo, especialmente dos corpos vulnerabilizados, ameaçados pelas condições ambientais, pelo domínio masculino, que, como vimos, está entrelaçado com o controle do território e de tudo o que o habita. Esse triângulo entre território, natureza e corpo é algo que os feminismos indígenas ensinam a outros movimentos e outros feminismos. Assim, quando falamos de reprodução, estamos falando da reprodução e da viabilidade de todos os corpos, incluindo o das mulheres. Um elemento de ameaça e de destruição desses corpos é a violência machista, que também se amplia quando os territórios são privados de suas formas próprias de reprodução. Para mim, isso nutre e dá um significado muito poderoso à luta. As feministas indígenas dizem que é possível falar em manutenção da comunidade, do território, mas que, ao mesmo tempo, as mulheres estão sendo violentadas. Desse ponto de vista, a luta pela reprodução tem de ser uma luta pela manutenção dos corpos das mulheres e das crianças. Nos outros feminismos, essas conexões entre o corpo e o território não existem.

IVONNE Ainda existe certa relutância em incorporar o tema do corpo no movimento ecologista. Havia um grafite ao lado da casa da Acción Ecológica que dizia: "Sem soberania do corpo não há soberania alimentar". Ainda estamos discutindo sobre o que a pessoa que o escreveu realmente gostaria de dizer. E penso que devemos seguir conversando e falando a respeito. Vai nos fazer bem.

CRISTINA Falar de reprodução é falar do corpo. Para mim, não existe outra [maneira].

IVONNE Concordo, mas só se também incluirmos outros corpos não humanos. O corpo do boto-cor-de-rosa, por exemplo, que é afetado pelas atividades petrolíferas, assim como o corpo das mulheres.

CRISTINA Sim, agora eu estava me referindo ao [corpo] humano das mulheres. Acho que a discussão sobre reprodução e cuidados tem a ver com tudo isso, com uma forma de conectar as relações de reprodução no território por meio do feminismo. Não podemos defender a vida no território e desconhecer que essa vida está absolutamente ameaçada. Transcender o humanocêntrico não significa que não tenhamos de falar sobre o humano. Com a vinda da Silvia [Federici], falamos das mudanças negativas geradas pelos projetos extrativistas nas relações sociais, tanto para homens como para mulheres, assim como para as relações entre eles. Os homens deixam de caçar, e aí começa uma série de problemas. A contribuição de Rita Segato também vai nesse sentido. Há uma conexão entre a destruição do território e a destruição do corpo das mulheres. É uma contribuição para pensar nas formas de violência que estão ocorrendo hoje.

IVONNE Sim, é uma contribuição e uma estratégia de luta pelos direitos das mulheres. Ao defender o corpo do boto, estou defendendo as condições de vida, de sustento e reprodução das mulheres que também estão sendo vulnerabilizadas pelas empresas petrolíferas. Quando você defende o corpo das mulheres dos efeitos causados pelas empresas petrolíferas ou mineradoras, também está defendendo o boto. Estamos na mesma sintonia, e, mais adiante, quando falarmos de corpos, podemos fazê-lo nesse sentido mais amplo, com maior potência.

CRISTINA Temos desafios mútuos. O feminismo tem o desafio de desenvolver um pensamento não antropocêntrico, e o ecologismo tem o desafio de pensar a reprodução conectando-a com a manutenção das mulheres, do corpo das mulheres. Porque há resistência e, como você mesma disse, há uma forte resistência em conectar o corpo com o território, com as lutas pelos territórios.

Outro desafio que temos em comum é pensar a questão urbana; o urbano como um território também. Os territórios não estão lá, apenas, mas aqui também. E nos cabe pensar e imaginar o nosso território de outro modo, nossos cuidados, nossa reprodução, nossas famílias. Eu gostaria de [pensar] na e além da família, sobretudo porque não tenho a minha família aqui, mas tenho uma família querida, ampliada, o que é muito importante para mim no cotidiano. Como o conceito de família está tão sobrecarregado de casais, heterossexualidade, então é preciso pensar além. É um desafio importante: como tecer comunidades no cuidado e no urbano.

IVONNE Claro, nas hortas urbanas no terraço da sua casa, no cuidado coletivo dos bebês, mas também na defesa dos espaços verdes, que são como as nossas florestas nas cidades. Transformá-los em espaços onde a vida é reproduzida por meio da diversão e do prazer. É por aí que devemos seguir conversando.

19

ESPELHOS UMAS DAS OUTRAS: AUTOCONSCIÊNCIAS NO COLETIVO MINERVAS

Gabriela Veras Iglesias
Lorena Rodríguez Lezica
TRADUÇÃO Manuela M. M. Silveira

INTRODUÇÃO

Queremos compartilhar aqui algumas de nossas reflexões sobre as experiências de autoconsciência que viemos *sentipensando* com o coletivo Minervas, no Uruguai. Somos um coletivo de mulheres feministas, diversas em idades, cores e vivências, organizadas desde 2012. A ideia é buscarmos juntas, entre nós e também com outras mulheres, novas maneiras de canalizar nossos sentires e inquietações políticas. Nós nos organizamos porque queremos transformar tudo (Furtado, 2017) e, como escrevemos em um dos panfletos do coletivo,

> para dizer "basta!", para não sermos obrigadas a fazer as coisas que se espera que façamos enquanto mulheres, tanto em casa como no trabalho assalariado. Deixamos de fazer o esperado, inclusive de nos calarmos. Dizemos "basta!" a uma vida repleta de precariedades na moradia, na saúde, no trabalho e na educação. Dizemos "basta!" e não pedimos licença. Recuperamos uma ferramenta potente do movimento feminista: a autoconsciência, esses espaços e

momentos que nos oferecemos para parar, olhar e escutar a nós mesmas, para compartilhar nossas tristezas, preocupações e nossas alegrias, para fazermos perguntas e ensaiarmos as respostas, para que cada uma possa se espelhar nas outras e nas histórias tantas vezes semelhantes. A autoconsciência favoreceu uniões cada vez mais fortes e compreensões mútuas que nos ajudaram a administrar nossas diferenças, fortalecer essa trama entre mulheres, que é tão urgente e necessária para enfrentar as violências cotidianas.

Para escrever este texto, começamos pela busca dessa ferramenta de luta em suas origens, mais especificamente na prática de feministas radicais dos Estados Unidos. Em seguida, reunimos *sentipensares* nas vozes de quatro integrantes do Minervas — Alicia, Andrea, Dava e Rossana —, com quem compartilhamos uma série de perguntas com o objetivo de estabelecer um diálogo recíproco sobre nossa prática de autoconsciência. A escolha das companheiras que seriam entrevistadas considerou a diversidade dentro do coletivo: selecionamos mulheres de vinte, trinta e acima dos quarenta anos que fossem integrantes da comissão de autoconsciência, ou seja, que pudessem participar no planejamento dessas experiências e que tivessem participado com frequência das atividades propostas pela comissão.

RECUPERANDO UMA FERRAMENTA DE LUTA

As práticas de autoconsciência como ação de luta foram propostas, pela primeira vez, no final da década de 1960, pelo grupo New York Radical Women [Mulheres radicais de Nova York], que pertencia ao Women's Liberation Movement [Movimento de libertação das mulheres]. Essas mulheres propuseram encontros de autoconsciência como forma de abordar os problemas pessoais em uma perspectiva política, ou seja, para refletir sobre como a vida privada estava marcada pelos mandatos patriarcais. No texto "Lo personal es político",[1] Carol Hanisch faz

1 O título do texto foi dado por Shulamith Firestone e Ana Koedt, editoras da publicação.

uma defesa da autoconsciência como uma prática necessária para a libertação da mulher. Ela reivindica essa experiência como uma terapia política que se diferencia de uma terapia individual, e assim responde à crítica levantada por alguns grupos de esquerda:

> A palavra terapia é, evidentemente, inapropriada se considerarmos a sua definição lógica. A terapia pressupõe que alguém esteja doente e que nela esteja sua cura, como uma solução pessoal. Ofende-me enormemente que eu ou qualquer outra mulher pense que precisa de uma terapia, em primeiro lugar. As mulheres têm problemas, não estão doentes! O que precisamos é que as condições objetivas sejam modificadas, e não que nos ajustemos a elas. A terapia está se acomodando como alternativa ao mal-estar pessoal. [...] estas sessões de análise foram uma forma de ação política. (Hanisch, 2016)

Ao focalizar, por meio de uma perspectiva crítica, os problemas objetivos que as mulheres enfrentam no âmbito privado, eles ganham uma dimensão política e torna-se possível buscar soluções coletivas. O processo de politizar o privado se torna um dos lemas mais conhecidos do movimento feminista: "o pessoal é político". Isso passa a representar um projeto político e uma reconstrução da sujeita feminina. O lema inaugura uma nova bandeira de luta, ampliando as reivindicações do feminismo para a dimensão cotidiana da mulher em todas as suas esferas. Além disso, coloca sobre a mesa questões como sexualidade, maternidade, criação dos filhos, trabalho, matrimônio, ou seja, desvela as várias formas de opressão que fazem parte dos alicerces das instituições do sistema patriarcal em diversas esferas da vida.

Campagnoli explica como funcionam as dinâmicas de autoconsciência:

> Caracterizavam-se por um trabalho em pequenas células com sessões de denúncia. Guiavam-se por critérios organizativos informais: estavam compostas exclusivamente por mulheres, com base no trabalho coletivo. Eram numericamente reduzidas, denunciavam certas práticas de poder associadas até então à moralidade individual e colocadas à margem da discussão pública. (Campagnoli, 2005, p. 156)

O "dever ser" da mulher passa a ser questionado segundo a própria experiência pessoal. Ao compartilhar as vivências em práticas de autoconsciência, as opressões vivenciadas de forma individual ganham uma dimensão coletiva, o que abre a possibilidade de construção de novas subjetividades.

Campagnoli estabelece uma relação interessante entre a autoconsciência e as categorias foucaultianas. O processo de tornar públicos aspectos da vida privada "permitiu desvelar a neutralidade do público e evidenciar o caráter sócio-histórico das relações íntimas e da construção de subjetividades" (Campagnoli, 2005, p. 160). A autora resgata a categoria de biopolítica para contextualizar as formas de dispositivos de poder centrados nos corpos por meio da sexualidade, por exemplo. Em *História da sexualidade*, Foucault descreve como as instituições e seus discursos vigentes (médicos, jurídicos e religiosos) atuaram como potentes dispositivos sobre os corpos e criaram subjetividades vinculadas a determinadas condutas socialmente esperadas. Campagnoli ressalta a potência que o conceito de governabilidade propicia ao processo de resistência:

> A noção de governabilidade destaca a dimensão de *constituição subjetiva* do sujeito, de autoprodução na intersubjetividade. Essa dimensão é construída pelos coletivos feministas dos anos 1960 e 1970, que, por meio de uma prática de intersubjetivação, produzem um *nós* e abrem uma nova possibilidade para o olhar pessoal das mulheres [...] podemos considerar a conscientização como uma tecnologia de si mesma. (Campagnoli, 2005, p. 163)

Onde se exerce poder, há resistência. Nesse sentido, a autora identifica a potência das autoconsciências como *tecnologias de si*: pelo ato de falar de si mesma, os jogos de poder que alicerçam os comportamentos esperados são revelados, e isso possibilita o processo de ruptura e de criação do novo. Assim, torna-se uma ferramenta de luta para promover a constante reconstrução do sujeito feminino.

UM OLHAR PARA DENTRO: AUTOCONSCIÊNCIAS NO COLETIVO MINERVAS

Em forma de diálogo, compartilhamos aqui um exercício de reflexão sobre nossa prática de autoconsciências. Solicitamos a algumas companheiras uma definição própria das autoconsciências, com a finalidade de conhecer seu *sentipensar* a respeito. Perguntamos sobre o surgimento dessa ferramenta política em nosso coletivo, sobre a importância que cada uma de nós dá a esse espaço: foi um convite à reflexão sobre as autoconsciências como ferramenta de luta.

Em alguns encontros de autoconsciência, os temas que trabalhamos nos marcaram significativa, coletiva e individualmente. Na verdade, as memórias aqui compartilhadas derivam dessas experiências. Também perguntamos às companheiras sobre suas transformações "pessoais" promovidas por esse exercício, e elas responderam de que maneira essas mudanças afetaram o coletivo, seja o próprio Minervas, sejam outros espaços. Ademais, procuramos saber como essas práticas são importantes para fortalecer os vínculos entre os coletivos de mulheres e para o movimento feminista em seu conjunto.

Entendemos que o corpo é um elemento-chave no processo de autoconsciência, já que o ato de narrar também envolve expressar o que o corpo sente e o que vivenciou. Assim, concebemos o corpo como território dessa experiência que nos mobiliza a construir outras "nós" nessa trama de mulheres. Nesse sentido, perguntamos às companheiras como o corpo é mobilizado nas práticas de autoconsciência.

Como surge o trabalho com a autoconsciência?

ALICIA Não foi algo que surgiu, não sentamos para planejar um modo de implementar as autoconsciências; aconteceu quase espontaneamente. Depois, sem saber de antemão, percebemos que ele também se relacionava com a história do feminismo dos anos 1970 e com os grupos de conscientização. Mas isso soubemos depois; no início, foi uma demanda espontânea. Houve uma reunião em que uma companheira estava particularmente mobilizada por questões pessoais e de trabalho, e, por seguirmos uma lógica mais quadrada de organização, tínhamos uma ordem do dia, uma pauta para discutir. E, bem, foi impossível, porque o afeto, a angústia e o mal-estar foram ativados. O que foi bom, porque, diferentemente de outros coletivos — ao menos outros coletivos e espaços militantes pelos quais circulo —, tivemos a sensibilidade de dizer: "Bem, vamos parar um pouco, o que está acontecendo aqui? O que está acontecendo com essa companheira? O que está acontecendo com o restante de nós ao escutar isso?". Assim começou a surgir essa necessidade de incluir a escuta mútua e abrir espaço para os sentimentos, as emoções, os afetos. Depois isso começou a ganhar corpo no planejamento, nas propostas de prática política do Minervas, até que formamos a comissão de autoconsciência no coletivo. Começamos a pensar em trabalhar esses temas de forma planejada e a estruturar um pouco mais a ideia do trabalho de autoconsciência. Creio que tenha sido uma descoberta e não acho que foi casual começar a militar de outra forma, colocando o corpo, incluindo o afeto de maneira a não dissociar essas duas coisas, porque elas sempre estão presentes, mas não dissociadas como costumávamos fazer.

As autoconsciências para nós, mulheres:

ANDREA Para mim, uma autoconsciência é um processo em que todas partimos de nós mesmas para poder compartilhar e ter uma visão política coletiva comum a esse grupo de mulheres. [...] Todas relatamos uma dor, uma alegria, uma forma de pensar sobre determinada realidade ou momento particular de qualquer etapa de nossa vida. Debatemos, e isso é o que nos permite espelharmo-nos umas nas outras, para que possamos sentir que nossos problemas não são somente nossos, que nossas potências não são apenas nossas e que, conversando com outras mulheres, é possível encontrar soluções e aumentar nossa força.

DAVA Nesse espaço, nos descobrimos entre outras mulheres e empatizamos umas com as outras. Com empatia, politizamos as opressões e as resistências, as dores e as alegrias, e as modificamos. Colocamos para fora, nos expomos, nos vemos e nos transformamos. E vemos as formas de resistência que também criamos entre nós, que fomos criando, além das transformações e das coisas que podemos fazer em meio a todas, ou seja, sem planejamento mesmo e não necessariamente com um objetivo a ser alcançado. Isso cria uma confiança nas companheiras: ao compartilharem sua dor, sua opressão, sua vivência, cria-se uma espécie de vínculo muito mais sólido.

ROSSANA Eu acho que é uma prática que nos permite ver questões nossas, das nossas vivências, das nossas vidas, dos nossos vínculos em um ambiente de muita confiança. Eu acho que se cria um clima que estimula a confiança. [...] Depois de cada exercício de autoconsciência, tem-se uma compreensão mais profunda, digamos, das demais companheiras e de si mesma. De certa forma, permite que você sinta coisas que aconteceram com você e que não aconteceram somente com você. Às vezes, você também percebe a diferença das coisas vividas, e isso permite que você se reposicione. De repente, você já viveu aquelas mesmas questões de outra maneira, e isso faz com que se ressignifiquem. É como encontrar outro sentido para aquilo, e isso no que diz respeito à esfera mais pessoal. Acho que fortalece os vínculos entre nós, e a confiança política ganha um sentido mais profundo. E acredito que dizer "o pessoal é político" significa levar isso para a prática, ser capaz de conversar e de compartilhar o que acontece na sua vida cotidiana em termos políticos.

Sobre a importância das autoconsciências para nosso coletivo:

ANDREA Em cada experiência, vamos aprendendo um pouquinho mais sobre nós mesmas de maneira individual, e sobre nós coletivamente, como companheiras. Considero esse saber importante para qualquer processo de emancipação da mulher, para qualquer movimento que se entenda como feminista. Porque nós vivemos as opressões dessa forma, cotidianamente no nosso corpo, então, o que nos permite torná-lo um movimento político é poder compartilhar coletivamente.

DAVA Considero importante para o Minervas e para as mulheres em geral. No caso do Minervas, damos sentido, vamos construindo um significado nas autoconsciências e também nas reuniões e formações. Mas nas autoconsciências também se expressam todas as coisas que vamos aprendendo, que vamos pensando. As lutas que vamos travando vêm à tona nos temas da autoconsciência: como você processa tudo isso com o corpo, como você processa com a mente. O seu corpo vive isso, não é somente uma questão de ter lido mas sim de você estar vivendo aquilo. Então, seu corpo está se transformando, e isso, de certa forma, estimula as outras mulheres; estimula mudanças nas outras. Eu me sinto muito potencializada com as mudanças das minhas companheiras — me oferecem um espelho, assim como me espelham e me vejo. Dessa forma, posso mudar e ser melhor. Precisamos nos transformar. Não podemos deixar de mudar nesse sistema machista, patriarcal. Impossível! Não podemos não mudar, não nos enxergar.

ROSSANA Para mim, o trabalho de autoconsciência é muito importante, faz com que os vínculos sejam de muita confiança entre as companheiras. Isso não quer dizer que seja um espaço em que uma pessoa fala, a outra escuta e ajuda a dar um sentido ao outro — isso seria mais a prática psicológica, e eu sou psicóloga. Trata-se de um espaço muito mais horizontal, em que eu escuto mas também sou escutada. Acho que isso contribui para enriquecer e fortalecer os vínculos políticos entre nós.

ALICIA Considero fundamentais, porque têm a ver com o tipo de feminismo que temos tentado construir nestes anos. Acho que a autoconsciência foi uma descoberta e uma reinvenção, de qualquer forma. Foi como voltar a fazer parte dessa longa história do feminismo, de encarnar o lema "o pessoal é político", de fazer a política atravessar nossos corpos, nossas histórias, nossos afetos e desarmá-los coletivamente, falando sobre eles, compartilhando, e não apenas pela palavra, mas também por meio de outras linguagens, outros modos. Quando nós começamos a pensar sobre alguns temas centrais da agenda feminista — o aborto e a violência são os dois que me vêm à mente, mas obviamente existem muitos outros —, encontramos essas resistências em nós mesmas, que tinham a ver também com a necessidade de compreender como esses temas se relacionavam com nossas histórias pessoais, familiares, coletivas, e que partes de tudo isso poderiam ser curadas, reinventadas ou restituídas para transformar a dor em força.

Autoconsciências como ferramenta política:

ROSSANA Num momento como o atual, em que as pessoas estão solitárias, em que os vínculos tendem a se diluir e que todo mundo vive correndo contra o relógio, às vezes você não tem tempo de se dedicar a quem mais lhe importa na vida. Mesmo assim, pensamos: vamos nos reunir, vamos discutir sobre esse assunto, compartilhar reflexões, destinar um tempo para isso, e essa ação é, em si mesma, uma potência e uma ferramenta política porque vai na contramão não somente do patriarcado, mas de tudo. Fazemos isso porque queremos, nos reunimos porque temos vontade [...]. Acho que existe, sim, o desejo de se reunir, de conversar, de se encontrar, e isso é uma ferramenta política.

ANDREA Provavelmente a autoconsciência muitas vezes é o que se poderia fazer com amigas, né? Mas fazer em meio a um coletivo político significa buscar uma solução para todas, uma solução que possa ser compartilhada também com aquelas que não estão presentes no momento da troca. O que surge de positivo, sempre desejamos difundir. E é um exercício, uma ida e volta entre o que somos, sentimos, fazemos e queremos. Assim projetamos nosso desejo. Acho que a autoconsciência tem disso: sou, sinto, penso, mas penso com outras, e não sozinha.

Momentos que nos marcaram:

DAVA Uma situação que me marcou individualmente, e que foi muito pesada, foi a do aborto. Eu não percebia isso de forma tão explícita e não tinha podido conversar sobre o assunto abertamente. Nas vezes em que abortei, eu não podia falar a respeito, exceto com poucas pessoas, e fiz tudo sozinha. Foi muito diferente falar sobre isso num espaço tão grande e repleto de dor, porque todas chorávamos. Para mim foi libertador, foi totalmente libertador. Depois disso eu nunca mais voltei a me sentir mal. Não quer dizer que eu saí gritando para todo mundo "Eu abortei", e sim que não me sinto culpada por isso. Não me sinto mais culpada, já entendi, eu não queria passar por isso. [...] Outra experiência que achei importante para o coletivo foi a das bolsas, dos *kepis*.[2]

[2] Bolsas feitas de *aguayo*, tecido tradicional andino. Aqui, trata-se de uma referência ao exercício performático proposto por Raquel Gutiérrez Aguilar em uma oficina com o coletivo Minervas, em que as bolsas atuam como metá-

[...] Quando você pode enxergar a essência da outra pessoa, quando ela se mostra e você pode ver que ela se desestrutura, não sei, é como se você passasse a gostar mais dela. Eu sinto que gosto mais dela porque a pessoa mostra para você que está toda quebrantada. Então, não sei, é alguém que está tentando fazer o que pode com todo o peso que carrega. Então você passa a gostar mais dela e passa compreendê-la melhor. Você se torna mais tolerante e conversa com mais amor. Eu me sinto mais próxima, sinto muito mais confiança.

ROSSANA Eu me lembro da primeira [vez] que fui. [...] O que senti lá era que estava falando com mulheres que mal conhecia. Fazia uns dois meses que eu tinha começado e, no entanto, estava podendo falar e compartilhar coisas, o que era uma surpresa para mim. Também me surpreendia que outras companheiras tinham pensado e vivenciado coisas que eu jamais teria perguntado para elas. Me lembro de toda a questão da pílula. No meu caso, tomei pílula por muitos anos e sempre a vi como uma coisa libertadora, como um problema a menos. E, de repente, passei a enxergar de outra perspectiva. Você ingere um monte de coisas por um montão de anos! Esse dia foi muito lindo, longuíssimo, terminamos supertarde. Foi uma experiência em que senti que me encontrei num grupo de mulheres! Outra situação importante e mais recente foi a dos *kepis*, quando a maioria de nós trouxe a figura da mãe. Isso foi muito curativo para mim, porque tinham coisas que eu tinha trabalhado por um enfoque terapêutico, e isso meio que me reconciliou com a pro-

/////

fora da relação entre mulheres mediada pelo sistema patriarcal. Na dinâmica, várias bolsas (*kepis*) eram usadas de forma grudada ao corpo, o que representou a carga de tarefas assumidas pelas mulheres e que impedia a aproximação entre elas. [N.T.]

funda ambivalência de exercer a maternidade e ser filha [...]. Depois disso, me senti mais em paz comigo.

Um antes e depois das autoconsciências, transformações pessoais e coletivas:

DAVA Antes era como se não conseguíssemos enxergar as outras companheiras [...] e sinto que, desde que entrei no Minervas e comecei a participar das autoconsciências, admiro muito mais a essência da companheira, o que ela está querendo dizer [...], por qual motivo talvez se sinta de determinada maneira. Antes eu era diferente. Primeiro, o que fazia era fechar a porta e julgar a outra, essa lógica bem machista de se relacionar com as mulheres [...] e depois com o meu corpo. Comecei a gostar muito do meu corpo. Eu, tipo, me amo! (*ri*) Antes eu não gostava de mim mesma, não gostava nem um pouco do meu corpo. Nada. E agora gosto da minha barriga, gosto de mim como sou. Não gostava do meu cabelo, adoro meu cabelo agora, [...] é como ir ganhando confiança de que você é você e pronto! Aos poucos. E acho que isso é graças às autoconsciências.

ROSSANA O que me gerou foi uma enorme confiança ou uma espécie de aposta no que significa o encontro entre mulheres, a potência desse encontro. Acho que isso fez com que agora eu tenha muito mais o hábito de buscar o acordo, a união com as mulheres nos diferentes espaços em que transito, ser mais companheira, por assim dizer [...]. [E] procurar as formas de cuidar de si, de se defender ao lado de outra companheira.

O lugar do corpo nas autoconsciências:

DAVA Considero o corpo muito importante, porque, se você não se conecta com o que acontece com o corpo ou com as próprias dores que sente no corpo, é muito difícil ver qual é a raiz da carga, da dor, do peso, daquilo que você está carregando, do que está te acontecendo. Se você não pode voltar ao seu corpo, pensar no seu corpo e nas distintas partes, vai ser mais difícil. Vai ser mais difícil entender por onde a vida te atravessa. [...] No capitalismo, há cada vez mais desconexão, então para mim é totalmente necessário voltar ao corpo: como me atravessa? O que dói? Que doenças tenho? Agora eu estou pensando muito nas doenças, no corpo, por que adoecemos, por que tomamos tantos remédios e essas coisas. Se você se olhar, as partes que doem todos os dias ou o que sempre dói tem a ver com uma carga ou com a forma como você vive a vida. Não sei, acho que se você não sabe, é mais difícil compreender a raiz ou se livrar disso.

ANDREA Para mim é muito difícil trabalhar com o corpo. [...] É um processo necessário para mim, porque o meu corpo dói, os meus ombros doem, a minha coluna dói, a minha cabeça dói, os meus braços doem e agora a minha garganta dói. E acho que isso me relaxa. Embora seja difícil processar essas dores no meu corpo e por isso viva tão enrijecida, estou aberta. Sim, preciso desse processo, preciso que isso toque o meu corpo, que essa outra companheira ou essa outra sensação ou essa emoção me aliviem de alguma maneira. Estou disposta a deixar que meu corpo ocupe o centro.

ROSSANA Eu acho que se mobilizam diferentes concepções de corpo. Às vezes, o trabalho é feito com o corpo no sentido mais concreto [...], por uma dinâmica de se tocar, de se olhar. E está planejado bem concretamente, é parte da autoconsciência. Mas acho que o corpo é mobilizado também em outro sentido, baseado justamente na ideia de corpo vivido, de corpo sentido. O que aconteceu comigo, como eu o percebi, como eu o vivi e estou lá, falando com o corpo. Eu acho que é assim, não sei se dá para entender. Não é só porque tem uma dinâmica corporal, mas sim porque simplesmente se fala, e quando se faz autoconsciência, não tem como deixar o corpo de lado. Em outra situação, você pode dizer "eu faço essa leitura política", está mais relacionado ao lóbulo frontal, mas na autoconsciência, não. Na autoconsciência você fala com base em si mesma e de repente traz coisas. Existem coisas que lhe causam dor e coisas de si mesma que a machucam, além de coisas que você não gosta em si mesma. Você se expõe um pouco e acho que isso não é em vão. Depois disso, você entende melhor com quem você está.

PARA QUE CONTINUEMOS NOS ESPELHANDO UMAS NAS OUTRAS: OS DESAFIOS DE CONSTRUIR NOVAS SUBJETIVIDADES

Queremos transformar tudo. Gritamos uma vez para o mundo e continuamos a fazê-lo, apostando na construção de novas subjetividades por meio de nossa prática de autoconsciência, entre outras ferramentas. E tem sido um desafio, não sem tensões, como uma das companheiras compartilhou:

ALICIA Acho que um primeiro desafio é quando as autoconsciências se estruturam, por assim dizer. Essa tensão de poder definir temas que entrem na agenda e no planejamento das tarefas do Minervas, mas sem que se burocratizem. Acho que isso sempre representou uma tensão: como administrar o "queremos trabalhar determinados temas", "quando queremos trabalhá-los" ou "quando é o melhor momento". Acho que essa tensão é mais sobre relacionar as temáticas, a vida, o devir, os tempos e espaços da organização, digamos. Além disso, acho que outro tema que também começou a ser um desafio, principalmente quando o coletivo começou

> a crescer mais e nos últimos anos em que começou a se diversificar: [...] nós começamos com um formato de autoconsciência muito intimista, muito de grupo de conscientização, de grupo pequeno. Conversamos sobre isso uma vez, e acho que essa questão tem alguns limites. Não é a mesma coisa falar quando somos quinze e quando somos cinquenta. Tanto pela quantidade de gente como pelos vínculos que se estabelecem. Acho que outra questão é a geracional e as distintas experiências etárias. [...] Tem momentos do ano em que somos devoradas pela loucura, pelo turbilhão de coisas a fazer, e é muito difícil separar um tempo próprio para as autoconsciências. [...] Outra tensão tem a ver com a dificuldade para sistematizar, e, bem, isso que vocês estão fazendo é um esforço de sistematizar. Em algum momento, pensamos em criar uma espécie de registro das técnicas utilizadas, e isso acabou por ser um pouco difícil, mas acho que é fundamental.

Como coletivo, compartilhamos a importância de realizar um esforço para sistematizar nossas práticas político-afetivas coletivas por meio das autoconsciências. Reconhecemos que são práticas que, sem sabermos de antemão, herdamos das feministas dos anos 1970. Assim como elas, ensaiamos uma outra forma de militância com essa ferramenta, de modo que o corpo e as emoções passam a ter um papel fundamental. Como compartilhamos, a criação de um ambiente de confiança foi central: foi o que nos permitiu estabelecer espelhamentos e fazer de nossas dores e resistências pessoais dores e resistências coletivas. As autoconsciências acabaram sendo muito potentes para, com o corpo, reconhecer as violências vivenciadas e as formas de resistência geradas. Com as experiências compartilhadas, politizamos o pessoal-individual e o tornamos coletivo. Continuamos em busca da construção de um feminismo *desde abajo*, que possa nos servir como ferramenta de apoio a nossas vidas. O que nos motiva é o fortalecimento de nossos vínculos dentro do coletivo e também com outras companheiras e outros coletivos de mulheres, irmanadas contra as opressões diárias que nos são impostas pela sociedade e sustentadas por suas instituições patriarcais. Encontramos nas autoconsciências uma ferramenta de luta em que nosso corpo, primeiro território em resistência, é protagonista dessa transformação tão desejada.

REFERÊNCIAS

CAMPAGNOLI, Mabel Alicia. "El feminismo es un humanismo: la década del 70 y 'lo personal es político'". *In*: ANDÚJAR, Andrea; D'ANTONIO, Débora; DOMÍNGUEZ, Nora; GRAMMÁTICO, Karin; LOZANO, Fernanda Gil; PITA, Valeria; RODRÍGUEZ, María Inés & VASSALLO, Alejandra (org.). *Historia, género y política en los '70*. Buenos Aires: Feminaria, 2005, p. 154-68.

HANISCH, Carol. "Lo personal es político", trad. Insu Jeka, jul. 2016.

FURTADO, Victoria. "'Nosotras queremos cambiarlo todo': entrevista al colectivo Minervas", *SURda*, 16 mar. 2017.

SOBRE AS AUTORAS

AGUSTINA ARAUJO é atriz e membro do grupo Magdalenas, no Uruguai.

ALICIA MIGLIARO GONZÁLEZ é professora assistente no Instituto de Psicologia Social da Universidad de la República (Udelar) em Montevidéu, Uruguai. Dedica-se a pesquisar ecofeminismo, conflitos socioambientais, ecologia política e desigualdades sociais, com ênfase em temáticas vinculadas a ruralidade, bens naturais e autogestão.

ANA LUCÍA RAMAZZINI é socióloga, mestra em política e doutoranda em ciências sociais na Universidad de San Carlos de Guatemala. É pesquisadora do Programa de Estudos de Gênero e Feminismos da Flacso-Guatemala, com ênfase em temas relacionados à pedagogia feminista, como a violência contra meninas, adolescentes e mulheres, o combate às masculinidades hegemônicas e à gravidez forçada, entre outros.

CECILIA DURÁN JAURENA é coordenadora e diretora do projeto Corpografías: narrar desde el cuerpo, uma iniciativa artístico-feminista uruguaia que transforma em peças audiovisuais e sonoras os relatos das diversas violências e opressões que marcam o corpo das mulheres.

CRISTINA CUCURÍ é indígena do povo Puruhá, na província de Chimborazo, no Equador. É liderança de terras e territórios e esteve na dirigência da Confederación Kichwa de Ecuador (Ecuarunari) entre 2016 e 2019.

CRISTINA VEGA era militante feminista na Espanha até se mudar para o Equador, há quase uma década. É membro do editorial da revista feminista *Flor del Guanto* e professora no Departamento de Sociologia e Estudos de Gênero da Flacso-Equador.

DELMY TANIA CRUZ HERNÁNDEZ é feminista, antirracista, educadora popular, ecologista do Sul, animalista e acompanha processos de mulheres que defendem seus territórios, além de militante feminista *desde abajo* e à esquerda. É doutoranda em antropologia social no Centro de Investigaciones y Estudios Superiores en Antropología Social (Ciesas-México), coordenadora do Programa Pedagogia do Sujeito do Centro de Estudios para el Desarrollo Rural (Cesder-Puebla) e membro do movimento Mujeres Transformando Mundos, em Chiapas, México. É também cocoordenadora do Grupo de Trabalho Corpos, Territórios e Feminismos do Clacso e membro do Colectivo Miradas Críticas del Territorio desde el Feminismo.

DINA MAZARIEGOS GARCÍA tem mestrado em antropologia social pela Universidade Federal de Santa Catarina (UFSC). É pesquisadora do Instituto Universitario de la Mujer, na Universidad de San Carlos de Guatemala, e doutoranda em ciências sociais na mesma universidade.

ELVIRA CUADRA LIRA é socióloga e pesquisadora do Centro de Investigaciones de la Comunicación (Cinco) e do Instituto de Estudios Estratégicos y Políticas Públicas (IEEPP), na Nicarágua. Suas pesquisas enfatizam temas como democracia, governabilidade, análise de conflitos, movimentos sociais, juventude e cultura política.

EVA VÁZQUEZ é feminista, ambientalista e animalista. Integrante do movimento Acción Ecológica en Ecuador, dedica-se há anos a combater a mineração. Coordena a seção operacional e política da Red Latinoamericana de Mujeres defensoras de Derechos Sociales y Ambientales e é membro do editorial da revista feminista *Flor del Guanto*.

FELISA MURALLES é moradora da aldeia El Carrizal, em San Pedro Ayampuc, na Guatemala. Conhecida como dona Licha, é uma importante voz do movimento La Puya, uma iniciativa de resistência popular aos projetos de mineração em sua região.

GABRIELA NÚÑES DE MORAES é membro do grupo Magdalenas, no Uruguai.

GABRIELA RUALES é mestra em geografia pela Universidade Federal de Goiás (UFG) e professora auxiliar na Pontificia Universidad Católica del Ecuador. Atuou como servidora pública no Gobierno Autónomo y Descentralizado de la Provincia de Esmeraldas e é integrante do Colectivo de Geografía Crítica de Ecuador.

GABRIELA VERAS IGLESIAS é feminista, militante dos coletivos Minervas e Desmadre. Licenciada em ciências sociais pela Universidade de São Paulo (USP), é mestranda na Udelar. Sua linha de pesquisa é voltada para a interseção entre economia social e solidária, economia feminista e produção dos comuns. É também integrante do grupo interdisciplinar Mujeres, Luchas Sociales y Feminismos, no qual pesquisa maternidades feministas.

GIULIA MARCHESE é doutora em geopolítica pela Universidad Nacional Autónoma de México (Unam) e em geografia pela Universität Frankfurt am Main. Atua como docente universitária e consultora internacional em temas como feminicídio, violência contra as mulheres e migração. É integrante da GeoBrujas — Comunidad de Geógrafas.

IÑIGO ARRAZOLA é integrante do Colectivo de Geografía Crítica de Ecuador e doutorando em geografia na Universidade Federal da Bahia (UFBA). Sua pesquisa tem ênfase nos temas de sociologia e economia política rural, agronegócio, conflitos territoriais e religiosidade popular.

IVONNE YÁNEZ é cofundadora e integrante da Acción Ecológica há mais de trinta anos. Seu trabalho direciona-se a temas como florestas, energia, mudança climática, serviços ambientais, mineração, mercantilização da natureza e produção de conhecimento e reflexão por meio da ecologia política.

JONATAN RODAS é doutor em antropologia social pelo Ciesas-México. É professor universitário e pesquisador nas áreas de ciências sociais, migrações, fronteiras e movimentos sociais.

JULIANA DÍAZ LOZANO é doutora em ciências sociais pela Universidad Nacional de La Plata, na Argentina, na qual atualmente integra grupos de pesquisa direcionados à economia política do desenvolvimento e à economia feminista. Estuda o cotidiano de mulheres militantes em organizações pela defesa do território, analisando como se dedicam à dupla presença da participação política e do trabalho não remunerado de cuidados.

LISSET COBA é mestra em estudos da cultura pela Universidad Andina Simón Bolívar, em Quito, e doutora em ciências sociais pela Flacso-Equador, onde também é professora de antropologia. É membro do comitê editorial da revista *Antropología Cuadernos de Investigación*, periódico acadêmico vinculado à Pontificia Universidad Católica del Ecuador.

LORENA RODRÍGUEZ LEZICA é doutora em estudos sociais agrários pela Universidad Nacional de Córdoba. Na Udelar, pesquisa desigualdades de gênero em processos de trabalho agroindustriais uruguaios e é professora de sociologia rural na Universidad del Trabajo del Uruguay. É também militante feminista no coletivo Minervas.

LUCÍA BAFFIGO é ativista em prol dos direitos das mulheres, membro do grupo Magdalenas, no Uruguai, e divulgadora do Teatro de las Personas Oprimidas.

MANUEL BAYÓN JIMÉNEZ é geógrafo, mestre em estudos urbanos pela Flacso-Equador e doutorando na Universität Leipzig. Sua pesquisa abrange produção cartográfica quantitativa, mapeamentos comunitários e do corpo, conflitos urbanos, territórios indígenas e urbanização estendida. É membro do Colectivo de Geografía Crítica de Ecuador.

MARIANO FÉLIZ é ativista argentino e militante da Frente Popular Darío Santillán. Doutor em economia e em ciências sociais, é professor e pesquisador da Universidad Nacional de La Plata, onde dirige grupos de pesquisa dedicados à análise e à crítica da economia desenvolvimentista na América Latina.

MAURICIO ARELLANO NUCAMENDI é pesquisador do Centro de Estudios Superiores de México y Centroamérica (Cesmeca) da Universidad de Ciencias y Artes de Chiapas (Unicach) e doutorando em desenvolvimento rural na Universidad Autónoma Metropolitana (UAM), em Xochimilco.

MELISSA MOREANO é integrante do Colectivo de Geografía Crítica de Ecuador e também de outras organizações, como o GenderCC — Women for Climate Justice. É doutora em geografia pela King's College, de Londres, e leciona na Universidad Andina Simón Bolívar em Quito, Equador.

MIRIAM GARCÍA-TORRES é ativista, especialista em estudos socioambientais e ecologia política feminista. É jornalista e escreve sobre defesa ambiental, lutas por justiça social e ecofeminismo. É membro do Colectivo Miradas Críticas del Territorio desde el Feminismo.

MIRIAM LANG é professora do Departamento de Ambiente e Sustentabilidade da Universidad Andina Simón Bolivar. Com Anna Kucia, organizou o livro *Mujeres indígenas y justicia ancestral* (Unifem, 2009).

NOE SPNIILLO é ativista e pesquisa feminismos, teoria feminista, movimentos sociais e em prol da soberania alimentar.

NORINA TORRES PAZ é atriz, dramaturga, diretora de teatro e professora de artes cênicas. Atuou em peças teatrais, no cinema e na televisão. A necessidade de conciliar o trabalho artístico com a tarefa social a levou a coordenar oficinas com crianças, adolescentes e adultos, e também com mulheres privadas de liberdade e pessoas com deficiência. É fundadora do grupo Magdalenas, no Uruguai, e disseminadora do Teatro de las Personas Oprimidas, metodologia baseada no trabalho de Augusto Boal.

ROSA H. G. GOVELA GUTIÉRREZ doutora em desenvolvimento rural pela UAM-Xochimilco, foi colaboradora da Coordinación Interregional Feminista Rural (Comaletzin) e do Centro de Estudios para el Desarrollo Rural (Cesder). Rosi, como era conhecida por seus colegas, faleceu quando o livro estava em processo de publicação.

ROSSANA CANTIERI CAGNONE é mestra em trabalho social pela Facultad de Ciencias Sociales da Udelar. É disseminadora de projetos de desenvolvimento rural sustentável e trabalha com pequenos agricultores no Uruguai.

SOFÍA ZARAGOCIN é geógrafa feminista decolonial. É membro do Colectivo de Geografía Crítica de Ecuador, professora visitante e pesquisadora associada ao Departamento de Sociologia e Estudos de Gênero da Flacso-Equador.

WALDA BARRIOS-KLEE foi uma pioneira nos estudos feministas na América Latina. Criou em Chiapas, no México, uma das primeiras revistas sobre o tema, importante espaço de luta contra a violência e que reuniu mulheres urbanas, rurais, universitárias, marginalizadas ou refugiadas da guerra civil da Guatemala. Foi condecorada com a medalha da Oficina Nacional de la Mujer (Onam), homenagem do governo da Guatemala para defensoras dos direitos das mulheres. Doutora em sociologia, coordenou o Programa de Estudos de Gênero e Feminismos da Flacso-Guatemala de 2009 até 2021, ano de seu falecimento.

[cc] Editora Elefante, 2023

Esta obra pode ser livremente compartilhada, copiada, distribuída e transmitida, desde que as autorias sejam citadas e não se faça uso comercial ou institucional não autorizado de seu conteúdo.

Primeira edição, setembro de 2023
São Paulo, Brasil

Dados Internacionais de Catalogação na Publicação (CIP)
Angélica Ilacqua CRB-8/7057

Corpos, territórios e feminismos: compilação latino-americana de teorias, metodologias e práticas políticas / organizado por Delmy Tania Cruz Hernández, Manuel Bayón Jiménez; tradução de Joana Emmerick Seabra, Joana Salém Vasconcelos, Lina P. Machado Magalhães, Manuela M. M. Silveira e Sislene Costa da Silva. — São Paulo: Elefante, 2023.
400 p.

ISBN 978-85-93115-88-2

1. Ciências sociais 2. Mulheres 3. Feminismo
I. Título II. Hernández, Delmy Tania Cruz
III. Jiménez, Manuel Bayón IV. Seabra, Joana Emmerick

23-1756 CDD 300

Índices para catálogo sistemático:
1. Ciências sociais

elefante

editoraelefante.com.br
contato@editoraelefante.com.br
fb.com/editoraelefante
@editoraelefante

Aline Tieme [comercial]
Samanta Marinho [financeiro]
Sidney Schunck [design]
Teresa Cristina [redes]

FONTES Separat, Mabry e Signifier

PAPÉIS Cartão 250 g/m² & Lux Cream 60 g/m²

IMPRESSÃO BMF Gráfica